Ouvrage publié avec le soutien du Centre national du livre – ministère français chargé de la culture.

Dieses Buch erscheint mit freundlicher Unterstützung des Centre national du livre – ministère français chargé de la culture.

GEORGES CANGUILHEM

DIE ERKENNTNIS DES LEBENS

Aus dem Französischen von Till Bardoux,
Maria Muhle und Francesca Raimondi

August Verlag

INHALT

Anhang

VORBEMERKUNG

zur ersten französischen Ausgabe von 1952

Das vorliegende Werk vereint mehrere Vorträge oder Artikel verschiedenen Datums, die sich einer gemeinsamen Inspiration verdanken, so dass uns ihre Zusammenstellung nicht unnatürlich erscheint. Die Studie „Das Experimentieren in der Tierbiologie" ist die Ausarbeitung eines 1951 anlässlich der Tagung zur Koordinierung der philosophischen und naturwissenschaftlichen Lehre am *Centre international pédagogique* in Sèvres gehaltenen Vortrags. „Die Zelltheorie" ist 1945 in den von der Straßburger *Faculté des lettres* herausgegebenen *Mélanges* erschienen. „Das Normale und das Pathologische" ist dem ersten Band der 1951 durch die *Éditions de la Diane Française* herausgegebenen *Somme de médecine contemporaine* entnommen. Wir danken hiermit den Herausgebern, deren großzügige Erlaubnis den Abdruck dieser beiden Texte ermöglicht hat. Die anderen drei Studien, „Aspekte des Vitalismus", „Maschine und Organismus" und „Das Lebendige und sein Milieu", sind Vorträge, die 1946–1947 am *Collège philosophique* gehalten wurden; bisher unveröffentlicht geblieben, können sie dank der freundlichen Zustimmung von Jean Wahl erscheinen.

Da diese verschiedenen Essays alle zu ihrer Aktualisierung wie auch zu ihrer Abstimmung aufeinander durchgesehen, überarbeitet und vervollständigt wurden und allesamt mehr oder weniger von ihrer ersten Fassung oder Veröffentlichung abweichen, kann ihre

jetzige Zusammenstellung Anspruch auf eine gewisse Einheit und Originalität erheben.
Wir waren sorgsam darauf bedacht, dem Titel der Buchreihe, die dieses Büchlein großzügig aufnimmt,[1] gerecht zu werden: zum einen durch die Verwendung und Verzeichnung von möglichst präzisen wissenschaftlichen Informationen, zum anderen durch den Willen, die Unabhängigkeit der philosophischen Themen zu verteidigen, auf deren Erhellung wir dieses Wissen ausgerichtet haben.

G. C.

[1] Es handelte sich um die von Ferdinand Alquié herausgegebene Reihe „Science et Pensée".

VORBEMERKUNG

zur zweiten französischen Ausgabe von 1965

Seit langem vergriffen, wird dieses Werk mit der freundlichen Erlaubnis der *Librairie Hachette* durch die *Librairie philosophique Joseph Vrin* wiederaufgelegt. Wir haben am ursprünglichen Text keinerlei Änderung vorgenommen, mögen wir auch hier und da versucht gewesen sein, es zu tun. Es gibt Besseres zu tun, als in einen alten Text ein paar reumütige Korrekturen oder bereichernde Zusätze einzustreuen – und zwar, dieselbe Frage ganz neu anzugehen. Ist dies nicht geschehen, so ist es ehrlicher, das, was man dereinst meinte denken zu können und zu müssen, so zu belassen, wie man es damals dargelegt hat.
Indessen haben wir unserem Text von 1952 eine fünfte philosophische Studie, „Die Monstrosität und das Monströse", hinzugefügt. Einige Verweise und bibliographische Angaben sind in dieser zweiten Ausgabe neu aufgenommen worden. Sie sind durch einen Asterisk (*) in der Fußnote gekennzeichnet.

G. C.

ANMERKUNG DER ÜBERSETZER

Wie jede Übersetzung, so sieht sich auch diese mit spezifischen Schwierigkeiten konfrontiert. Jene Übersetzungsprobleme, die nur punktuell an bestimmten Stellen des Textes auftreten, werden in den Fußnoten der jeweiligen Aufsätze diskutiert. Die wichtigsten, immer wiederkehrenden Ausdrücke aus Canguilhems Sprache, die eine besondere Herausforderung für eine Übertragung ins Deutsche darstellen, sind hier vermerkt:

Vivant: Das Französische vereint unter einem einzelnen Ausdruck die verschiedenen Bedeutungen ‚lebendig', ‚lebend' bzw. ‚Lebendiges', ‚Lebendes' und ‚Lebewesen'. Da dies im Deutschen nicht der Fall ist, wurden hier je nach Kontext unterschiedliche Ausdrücke verwendet.

Originalité: Der frz. Ausdruck verbindet mit eventuell variierender Gewichtung die Bedeutungen ‚Ursprünglichkeit', ‚Eigenständigkeit' und ‚Eigentümlichkeit'. Obgleich der deutsche Ausdruck ‚Originalität' nur Letzteres konnotiert, haben wir uns in diesem Fall dafür entschieden, ihn durchgehend als Übersetzung für *originalité* zu verwenden, um den Zusammenhang dieser verschiedenen Konnotationen anzuzeigen, den Canguilhem meistens anvisiert (beispielhaft etwa: „*originalité de la vie*") und für den es im Deutschen schlicht keine Entsprechung gibt.

Expérience: Das frz. Wort hat ein breites Bedeutungsspektrum, das von ‚Erfahrung' über ‚Versuch' bis hin zu (wissenschaftlichem) ‚Experiment' reicht. Canguilhems Verwendung dieses Ausdrucks stellt an manchen Stellen bewusst einen Zusammenhang zwischen diesen unterschiedlichen Konnotationen her. Auch in diesem Fall sind je nach Kontext verschiedene Ausdrücke verwendet worden.

Für die vorliegende Ausgabe wurden die im französischen Original fehlenden Zitatnachweise, wenn möglich, ergänzt, und die bibliographischen Verweise den heute üblichen Standards angepasst. Wo es sinnvoll erschien, wurden neuere Ausgaben herangezogen. Alle fremdsprachigen Zitate, für die keine Übersetzung existiert (oder die verfügbare allzu veraltet scheint), sind von uns ins Deutsche übertragen worden.

EINLEITUNG
DAS DENKEN UND DAS LEBENDIGE

Erkennen ist Analysieren. Das ist leichter gesagt als begründet, denn es ist ein Zug aller mit Problemen der Erkenntnis befassten Philosophie, dass die Aufmerksamkeit, die dabei den Verfahren des Erkennens zuteilwird, mit einer Vernachlässigung des Sinns des Erkennens einhergeht. Bestenfalls kommt es vor, dass letzterem Problem mit einer Beteuerung der Selbstzweckhaftigkeit und Reinheit des Wissens begegnet wird. Und dennoch ist Wissen um des Wissens willen kaum sinnvoller als Essen um des Essens willen oder Töten um des Tötens willen oder Lachen um des Lachens willen, denn einerseits gibt man damit zu, dass Wissen einen Sinn haben müsse, andererseits weigert man sich, für dieses Wissen einen anderen Sinn zu finden als es selbst.

Wenn die Erkenntnis Analyse ist, dann jedoch nicht, um es bei dieser bewenden zu lassen. Zerlegen, zurückführen, erklären, identifizieren, vermessen, in Gleichungen bringen muss für den Verstand durchaus ein Gewinn sein, denn für den Genuss ist es offensichtlich ein Verlust. Man genießt nicht die Gesetze der Natur, sondern die Natur, nicht Zahlen, sondern Qualitäten, nicht Relationen, sondern Wesen. Letzten Endes lebt man nicht vom Wissen. Ist das vulgär? Mag sein. Blasphemisch? Aber inwiefern? Muss man glauben, dass der Mensch wirklich allein in der Wissen-

schaft und durch sie lebt, nur weil gewisse Menschen ihr Leben dem Wissen geweiht haben?
Zu leicht räumt man die Existenz eines grundlegenden Konfliktes zwischen der Erkenntnis und dem Leben in dem Sinne ein, dass deren gegenseitige Aversion nur zur Zerstörung des Lebens durch die Erkenntnis oder zur Verhöhnung der Erkenntnis durch das Leben führen könne. Dann gäbe es allerdings nur die Wahl zwischen einem kristallinen, das heißt transparenten und erstarrten Intellektualismus und einem trüben, zugleich aktiven und verworrenen Mystizismus. Nun besteht der Konflikt allerdings nicht zwischen Denken und Leben im Menschen, sondern zwischen Mensch und Welt im menschlichen Bewusstsein vom Leben. Denken ist nichts anderes als eine Loslösung des Menschen von der Welt, die den Abstand, die Befragung, den Zweifel (denken ist abwägen usw.) angesichts eines aufgetauchten Hindernisses erlaubt. Konkret besteht die Erkenntnis in der Suche nach Sicherheit durch Verringerung von Hindernissen, in der Konstruktion von Anpassungstheorien. Sie ist also eine allgemeine Methode zur direkten oder indirekten Auflösung der Spannungen zwischen Mensch und Milieu. Doch die Erkenntnis so zu definieren heißt, ihren Sinn in ihrem Endzweck zu finden, der darin besteht, dem Menschen ein neues Gleichgewicht mit der Welt, eine neue Form und eine neue Organisation seines Lebens zu ermöglichen. Es stimmt nicht, dass die Erkenntnis das Leben zerstört. Vielmehr nimmt sie die Erfahrung des Lebens auseinander [*défait*], um daraus, durch die Analyse des

Scheiterns, Gründe zur Vorsicht (Weisheit, Wissen usw.) und eventuell Gesetze für den Erfolg zu abstrahieren und somit dem Menschen bei der Neueinrichtung [*refaire*] dessen zu helfen, was das Leben ohne ihn, in ihm oder außerhalb seiner gemacht [*fait*] hat. Wenn sich Denken und Erkenntnis durch den Menschen ins Leben einschreiben, um es zu regeln, so muss man folglich zugestehen, dass dieses selbe Leben nicht die mechanische, blinde und dumme Kraft sein kann, die man sich gern darunter vorstellt, wenn man es dem Denken gegenüberstellt. Wäre es mechanisch, dann könnte es weder blind noch dumm sein. Blind kann nur ein Wesen sein, das nach Licht sucht, dumm nur eines, das vorgibt, Sinn zu artikulieren.

Wie sicher sind wir uns des Lichts, das wir betrachten, dass wir alle anderen Augen als die des Menschen für blind erklären? Wie gewiss sind wir uns der Bedeutung, die wir dem Leben gegeben haben, dass wir alle anderen Verhaltensweisen als unsere eigenen Gesten für dumm erklären? Zweifelsohne vermag das Tier nicht alle Probleme zu lösen, die wir ihm stellen, doch das liegt daran, dass es unsere Probleme sind und nicht die seinen. Würde der Mensch ein Nest besser bauen als der Vogel, ein Netz besser weben als die Spinne? Und bekundet denn, wenn man es recht betrachtet, das menschliche Denken in seinen Erfindungen eine solche Unabhängigkeit vom Drang der Bedürfnisse und vom Druck des Milieus, dass es gegenüber den *infra*-humanen Lebewesen eine von Mitleid getönte Ironie legitimierte? Ist es nicht ein Spezialist für die Probleme der Technik, der schreibt:

„Niemand ist bisher einem Werkzeug begegnet, das in allen Teilen zu einer noch zu findenden Anwendung auf noch zu entdeckende Materialien geschaffen worden wäre"?[1] Und wir fordern unsererseits, dass man über Folgendes nachdenke: Religion und Kunst sind nicht minder ausdrücklich menschliche Brüche mit dem einfachen Leben als die Wissenschaft; welcher aufrichtig religiöse Geist, welcher authentisch schöpferische Künstler hat nun seine Bemühungen um eine Transfiguration des Lebens jemals zum Anlass genommen, das Leben herabzusetzen? Wonach der Mensch sucht, weil er es verloren hat oder genauer, weil er andere Wesen in dessen Besitz wähnt, ist ein problemloses Einvernehmen zwischen Anforderungen und Realitäten, also eine Erfahrung, deren endgültige, solide Einheit durch den fortdauernden Genuss verbürgt wäre, den man aus ihr bezieht, so wie Religion und Kunst sie vermitteln. Solange die Erkenntnis jedoch sich nicht als beteiligte Partei statt als Richter, als Werkzeug statt als Befehlsgewalt versteht, hält sie den Menschen von dieser Erfahrung fern. Und daher kommt es, dass der Mensch sich bald am Lebendigen entzückt und bald, empört darüber, selbst ein Lebewesen zu sein, sich für seinen eigenen Gebrauch die Idee eines getrennten Reiches zurechtschmiedet.

Wenn also die Erkenntnis Tochter der menschlichen Furcht (des Staunens, der Angst usw.) ist, so wäre es gleichwohl wenig klarsichtig, wandelte man diese

[1] André Leroi-Gourhan, *Milieu et Techniques* (Paris: Albin Michel 1945), S. 393.

Furcht in eine irreduzible Abscheu gegen die Verfasstheit von Lebewesen um, die ja zeit ihres Lebens Krisen überwinden müssen, in denen sie Furcht empfinden. Wenn die Erkenntnis Tochter der Furcht ist, dann zur Beherrschung und Organisation der menschlichen Erfahrung und für die Freiheit des Lebens.

So offenbart sich in der Beziehung der Erkenntnis zum menschlichen Leben die universelle Beziehung der menschlichen Erkenntnis zur lebendigen Organisation. Das Leben ist Herausbildung von Formen, die Erkenntnis ist Analyse geformter Materie. Es ist normal, dass eine Analyse niemals über den Prozess der Formierung Rechenschaft ablegen kann und dass man die Originalität der Formen aus dem Blick verliert, wenn man sie bloß als Resultate sieht, deren Komponenten man zu bestimmen trachtet. Da die lebendigen Formen Ganzheiten sind, deren Sinn in dem Streben liegt, sich als solche im Laufe der Konfrontation mit ihrem Milieu zu verwirklichen, können sie nur in einer Vision, einer Zusammenschau, niemals durch Division, durch Zerteilung, erfasst werden. Reizt man die Etymologie des Wortes aus, so bedeutet dividieren ‚leeren'[2], und eine Form, die nur als Ganzes besteht, kann nicht in Teilen geleert werden. „Die Biologie", sagt Kurt Goldstein, „hat mit Individuen zu tun, die existieren und die danach streben zu existieren, das heißt danach, ihre Fähigkeiten in

[2] Canguilhem spielt hier auf die Assonanz von ‚*diviser*', zerteilen, und ‚*vide*', leer, an [A.d.Ü].

einer gegebenen Umwelt bestmöglich zu verwirklichen."[3]
Diese Behauptungen ziehen keinerlei Verbot nach sich. Die Wirkung dieses oder jenes Mineralsalzes auf das Wachstum eines Organismus bestimmen und messen, eine Energiebilanz aufstellen, der chemischen Synthese eines bestimmten Nebennierenhormons nachgehen, nach den Gesetzen der Reizleitung in den Nervenbahnen oder der Konditionierung von Reflexen suchen: Wer würde ernsthaft daran denken, das gering zu schätzen? Doch all das sind an sich noch keine biologischen Erkenntnisse, solange es an Bewusstsein für den Sinn der entsprechenden Funktionen fehlt. Die biologische Erforschung der Ernährung besteht nicht nur darin, eine Bilanz zu erstellen, sondern darin, im Organismus selbst den Sinn der Auswahl zu suchen, die dieser im freien Zustand in seinem Milieu vornimmt, um seine Nahrung aus diesen und jenen Spezies oder Substanzen unter Ausschluss bestimmter anderer zusammenzustellen, die ihm theoretisch notfalls eine gleichwertige Energiezufuhr für seine Erhaltung und sein Wachstum liefern könnten. Die biologische Erforschung der Bewegung kann nur mit der Berücksichtigung der Ausgerichtetheit der Bewegung beginnen, denn sie allein unterscheidet die vitale von der physikalischen Bewegung, das Streben von der Trägheit. In der Regel kann die Tragweite einer analytisch erlangten Erkenntnis

[3] Kurt Goldstein, „Remarques sur le problème épistémologique de la biologie" [1949], in: *Congrès international de philosophie des sciences*, Bd. 1, „Épistémologie" (Paris: Hermann 1951), S. 142.

für das biologische Denken nur aus deren Informationsgehalt hinsichtlich einer in ihrer Ganzheit erfassten organischen Existenz herrühren. „Das, wovon die Biologie im allgemeinsten glaubt ausgehen zu müssen, wird damit das Problematischste", so Goldstein. Denn allein ein Bild des Ganzen macht eine Bewertung der Tatsachen möglich, indem es zwischen jenen, die für den Organismus wesentlich sind, und jenen, die es nicht sind, zu unterscheiden erlaubt.[4] Auf seine Weise hat Claude Bernard eine analoge Idee ausgedrückt: „In der Physiologie würde uns die Analyse, die uns die Eigenschaften der isolierten elementaren Teile des Organismus erkennen läßt, immer nur eine sehr unvollkommene Idealsynthese liefern. [...] Man muß also bei der vitalen Synthese stets experimentell vorgehen, weil ganz spezielle Phänomene das Ergebnis der Vereinigung oder der zunehmend komplexeren Assoziierung der organisierten Phänomene sein können. All das beweist, daß diese Elemente, obwohl sie voneinander geschieden und autonom sind, doch nicht die Rolle von bloßen Teilgliedern spielen und daß ihre Vereinigung mehr bedeutet als eine Summe ihrer getrennten Teile."[5] Doch findet man auch in diesen Sätzen die für Claude Bernards Denken übliche Unentschiedenheit: Einerseits empfindet er durchaus die Unangemessenheit des analytischen Denkens gegenüber jeglichem biologischen Objekt, andererseits bleibt er fasziniert vom Prestige der physikalisch-

4 Kurt Goldstein, *Der Aufbau des Organismus* (Den Haag: Nijhoff 1934), S. 241.
5 Claude Bernard, *Einführung in das Studium der experimentellen Medizin*, übers. v. Paul Szendrö (Leipzig: Barth 1961), S. 132f.

chemischen Wissenschaften, denen die Biologie möglichst gleichen sollte, um, wie er glaubt, die Erfolge der Medizin besser gewährleisten zu können.
Wir unsererseits denken, dass ein vernünftiger Rationalismus seine Grenzen anerkennen und die Bedingungen seiner Ausübung einbeziehen muss. Der Verstand darf sich auf das Leben nur beziehen, wenn er die Originalität des Lebens anerkennt. Das Denken des Lebendigen muss die Idee des Lebendigen dem Lebendigen selbst entnehmen. „So sehr [der Biologe] die zergliedernde Methode in seinen Forschungen anwendet", schreibt Goldstein, „das hinnehmende Erkennen [steht] als Grundlage seiner eigentlichen Erkenntnis, seiner Einsicht in das Geschehen der Natur im Vordergrund."[6] Wir haben den Verdacht, dass es für die Mathematik genügen würde, Engel zu sein; um aber Biologie zu betreiben – selbst mit Hilfe des Verstandes – müssen wir uns zuweilen wie Tiere fühlen [*nous sentir bêtes*].[7]

[6] Goldstein, *Der Aufbau des Organismus*, a.a.O., S. 340.

[7] Der frz. Ausdruck ‚*se sentir bête*' hat den Nebensinn ‚sich dumm fühlen' [A.d.Ü.].

I. METHODE

Selbst um eine einzige ausschließlich dem reinen Denken verdankte biologische Entdeckung wäre man verlegen. Und zeigt uns schließlich das Experiment, wie das Leben es anstellt, ein bestimmtes Resultat zu erreichen, so erweist sich sein Verfahren gerade als das, worauf wir niemals verfallen wären.

Henri BERGSON,
Schöpferische Entwicklung, Einleitung

DAS EXPERIMENTIEREN IN DER TIERBIOLOGIE

Seit Bergson ist es üblich, die *Einführung in das Studium der experimentellen Medizin* (1865) von Claude Bernard als Gegenstück zu Descartes' *Abhandlung über die Methode* (1637) anzusehen: Das eine sei in den Lebenswissenschaften, was das andere in den abstrakten Wissenschaften der Materie ist.[1] Und es ist in der Lehre auch recht gängig, die *Einführung*, wie auch die *Abhandlung*, einzig zum Zweck der Paraphrase, der Zusammenfassung, des wörtlichen Kommentars zu verwenden, ohne sich die Mühe zu machen, sie jeweils wieder in die Geschichte der Biologie oder der Mathematik einzuordnen. Ebenso wird nicht versucht, die Sprache des rechtschaffenen Gelehrten, der sich an rechtschaffene Bürger wendet, mit den konkreten Verfahren in Verbindung zu bringen, die derselbe gelehrte Spezialist bei seiner Suche nach den Konstanten einer physiologischen Funktion oder bei der Überführung eines Problems des geometrischen Ortes in eine Gleichung verwendet hat. Unter diesen Umständen scheint die *Einführung*, ganz so wie nach Gaston Bachelard die *Abhandlung*, einfach „die höflichen Umgangsformen des wissenschaftlichen Geistes", „die offensichtlichen Gewohnheiten des in Gesell-

1 Vgl. Henri Bergson, „Die Philosophie von Claude Bernard", in: ders., *Denken und Schöpferisches Werden*, übers. v. Leonore Kottje (Meisenheim: Westkulturverlag Anton Hain 1948), S. 226–233.

schaft verkehrenden Menschen" zu kodifizieren.[2] Genau dies merkte auch Bergson an: „Wenn Claude Bernard diese Methode beschreibt, wenn er Beispiele dafür anführt, wenn er auf die Anwendungen hinweist, die er von dieser Methode gemacht hat, so erscheint uns alles, was er darlegt, so einfach und so natürlich, daß es uns kaum der Mühe wert erscheint, es auszusprechen: wir glauben, das schon immer gewußt zu haben."[3] Genau genommen wird aber die *Einführung* in der Lehre fast immer auf den ersten Teil reduziert, das heißt auf eine Summe von allgemeinen Aussagen, wenn nicht von Banalitäten, die in den Laboratorien, jenen Salons der wissenschaftlichen Welt, geläufig sind und die ebenso für die physikalisch-chemischen wie für die biologischen Wissenschaften gelten. Dabei sind es eigentlich der zweite und der dritte Teil, die die Charta des Experimentierens in der Biologie enthalten. Schließlich und vor allem wird bei der Würdigung der Bedeutung und spezifischen Tragweite des methodologischen Diskurses von Claude Bernard auf die bewusste Auswahl von Beispielen für ein tatsächlich heuristisches Experimentieren verzichtet, das heißt von Beispielen für Verfahren, die zu ihrer Zeit dem einzig authentischen Wissen, nämlich der Berichtigung des Irrtums, gedient haben. Stattdessen werden nur Beispiele für Experimente von didaktischer Tragweite verwendet, wie sie in den Lehrbüchern verzeichnet

[2] Gaston Bachelard, „Discours d'ouverture du Congrès international de philosophie des sciences", in: *Congrès international de philosophie des sciences* [1949], hg. v. Institut international de philosophie (Paris: Hermann 1951), S. 32.
[3] Bergson, „Die Philosophie von Claude Bernard", a.a.O., S. 227.

sind. Damit entstellt man ungewollt, aber tiefgreifend Sinn und Wert jenes risiko- und gefahrvollen Unternehmens, das das biologische Experimentieren ist. Nehmen wir ein Beispiel. In einer Vorlesung über die Muskelkontraktion wird man die Kontraktion als eine Veränderung der Muskelform ohne Volumenänderung definieren, und bei Bedarf wird man dies gemäß einer Technik, deren illustriertes Schema jedes Lehrbuch wiedergibt, experimentell belegen: Ein isolierter, in einen wassergefüllten Glasbehälter gelegter Muskel kontrahiert bei elektrischer Reizung, ohne dass sich der Wasserspiegel verändert. Man wird sich daran erfreuen, eine Tatsache festgestellt zu haben. Nun ist es aber ein epistemologisches Faktum, dass eine auf diese Weise gelehrte experimentelle Tatsache keinerlei biologischen Sinn hat. Sie ist einfach nur so, wie sie ist. Doch geht man zurück auf den ersten Biologen, der die Idee zu einem Experiment dieser Art hatte, das heißt auf Jan Swammerdam (1637–1680), dann wird dieser Sinn sogleich ersichtlich.[4] Gegen die damaligen Theorien zur Muskelkontraktion wollte er belegen, dass der Muskel bei diesem Phänomen durch keine Substanz vergrößert wird. Ausgangspunkt dieser Theorien wiederum, die alle eine röhrenförmige oder poröse Struktur des Nervs annahmen, durch den irgendein Fluidum, Geist oder Flüssigkeit, zum Muskel gelangen sollte, bildet ein Experiment, das auf Galen (129–199) zurückgeht, eine experimentelle Tatsache, die sich

[4] Vgl. Charles Singer, *A History of Biology* [1931] (Ames: Iowa Univ. Press 1989), S. 165.

unverändert bis auf den heutigen Tag durch Jahrhunderte der Forschung über die neuromuskuläre Funktion zieht: Das Abbinden eines Nervs paralysiert den Muskel, den er innerviert. Hier haben wir eine elementare und zugleich vollständige experimentelle Geste: Unter gleich bleibenden Bedingungen wird der Determinismus einer Konditionierung durch die absichtlich herbeigeführte An- oder Abwesenheit einer künstlichen Veränderung angezeigt. Ein solcher Eingriff setzt einerseits die zu Galens Zeiten recht neue empirische Erkenntnis voraus, dass die Nerven, das Rückenmark und das Gehirn ein einziges Leitungsrohr bilden, dessen Hohlraum mehr Aufmerksamkeit auf sich zieht als die Innenwand; andererseits beruht das Verfahren auf einer psychologischen, das heißt metaphysischen Theorie, der zufolge das Befehlszentrum der Bewegungen des Tieres im Gehirn sitzt. Es ist die stoizistische Theorie des *hegemonikon*, die Galen für die Beobachtung sensibilisiert, die jeder Priester beim Tieropfer oder jeder Chirurg machen kann, und die ihn dazu bringt, das Abbindungsexperiment einzurichten und daraus die Erklärung der tonischen und klonischen Kontraktion durch den Transport des *pneuma* zu gewinnen. Kurzum, wir sehen unser bescheidenes und trockenes Übungsexperiment aus einem steten Hintergrund biologischer Bedeutungsgebung erwachsen, da es unter dem zweifelsohne ein wenig abstrakten Namen des „relationalen Lebens“[5]

[5] „*Vie de relation*“ ist der Begriff, den Xavier Bichat für das nach außen gerichtete Leben im Unterschied zum inneren, organischen Leben eingeführt hat [A.d.Ü.].

um nichts weniger als um Probleme der Haltung und Fortbewegung geht, welche einem tierischen Organismus in seiner gewohnten oder gestörten Umgebung von seinem alltäglichen Leben gestellt werden, mag dieses nun friedlich oder gefährlich, bedroht oder vertraut sein.

Ein derart einfaches Beispiel genügt, um die experimentellen Verfahren, deren Erfindung oder zumindest deren Kodifizierung zu viele Lehrbücher Claude Bernard zuschreiben – übrigens ungeachtet seiner ausdrücklichen Beteuerungen des Gegenteils –, in der Geschichte der menschlichen Kultur sehr weit zurückzudatieren.

Ohne indes bis zu Aristoteles oder Galen zurückzugehen, werden wir einen Text aus dem 18. Jahrhundert, der mehr als einhundert Jahre älter als die *Einführung* ist, nach einer Definition des Sinns und der Technik des Experimentierens befragen. Er ist einer medizinischen Dissertation entnommen, die 1735 von Marcus Paulus Deisch in Halle verteidigt wurde: *Dissertatio inauguralis de splene canibus exciso et ab his experimentis capiendo fructu.*[6] „Es ist nicht erstaunlich, dass sich die unersättliche, mit eisernem Werkzeug gerüstete Erkenntnisleidenschaft bemüht hat, sich einen Weg zu den Geheimnissen der Natur zu bahnen und gegenüber jenen günstig beschaffbaren Opfern der Naturphilosophie, den Hunden, eine legitime Gewalt

[6] *Dissertation über die Entfernung der Milz beim Hund und über den Nutzen, den man aus diesen Experimenten ziehen kann.* Diese wissenschaftliche Arbeit ist in Albrecht von Hallers *Disputationum anatomicarum selectarum*, Bd. III (Göttingen: Typis Jo. Christ. Hilligeri 1748), enthalten.

angewandt hat, um sich – was dem Menschen anzutun ein Verbrechen wäre – nach der Untersuchung fortschreitender Verletzungen bis hin zur operativen Entfernung des betreffenden Organs der genauen Funktion der Milz zu vergewissern und zu prüfen, ob die von diesem oder jenem Autor vorgelegten Erklärungen wahr und gewiss seien. Um diese so schmerzhafte und sogar grausame Untersuchung vornehmen zu können, musste man, so glaube ich, von jener Gewissheit angetrieben sein, die wir hinsichtlich der Funktion der Hoden bei beiden Geschlechtern haben, von denen wir allein schon deshalb sehr bestimmt wissen, dass sie in der Zeugung eine unentbehrliche Rolle spielen, weil es unter Tierhaltern üblich ist, jedes Jahr Tausende von Tieren zu kastrieren, um ihnen für immer die Fruchtbarkeit, wenn nicht gar jegliches Liebesverlangen zu nehmen. So hoffte man, an den Hunden, die die operative Entfernung der Milz überlebten, ebenfalls leicht Beobachtungen zu irgendeinem Phänomen machen zu können, die bei den anderen, unversehrten und mit diesem Organ ausgestatteten Tieren unmöglich wären." Ein inhaltsträchtiger Text. Sein Verfasser hat keinen Namen in der Geschichte der Biologie,[7] was darauf hinzudeuten scheint, dass man mit etwas mehr Belesenheit weitere Texte desselben Genres aus dem 18. Jahrhundert finden würde. Er schreibt der Tiervivisektion eindeutig eine Stellvertreterfunktion zu. Er knüpft die Einrich-

[7] Er taucht in der ausgezeichneten *Medical Bibliography* von Fielding H. Garrison und Leslie T. Morton (London: Grafton & Co. 1943) nicht auf.

tung des Experiments an die Verifizierung der Schlussfolgerungen einer Theorie. Er verweist auf die Funktion der Analogie für diese Einrichtung. Der entscheidende Punkt ist, dass er das Experimentieren zu Zwecken theoretischer Verifizierung in eine Kontinuität mit biologischen Techniken wie Zucht und Kastration stellt.[8] Schließlich stützt er die experimentelle Lehre auf den etablierten Vergleich zwischen Versuchstier und Kontrolltier. Was könnte man mehr verlangen? Zweifelsohne mag die operative Entfernung eines ganzen Organs als ein recht grobschlächtiges Verfahren erscheinen. Doch Claude Bernard ist auch nicht anders vorgegangen. Und wenn 1889 Josef von Mering und Oskar Minkowski auf experimentellem Wege die Diabetes entdeckten und die Beobachtungen einleiteten, die zur Identifizierung der Langerhans'schen Inseln führen sollten, dann deshalb, weil sie einem Hund die gesamte Bauchspeicheldrüse entnommen hatten, die sie als eine einzelne Drüse ansahen, die in der Darmverdauung ihre Rolle spielte.

Tatsächlich kann man, wie Claude Bernard zeigt, biologische Funktionen nur durch das Experimentieren entdecken. In diesem Punkt ist die *Einführung* weit weniger explizit als seine Vorlesungen zur experimen-

[8] Nebenbei sei angemerkt, dass der Verfasser im Fortpflanzungsakt sehr deutlich zwischen Fruchtbarkeit und Potenz unterscheidet. Bekanntlich ist Bouin ausgehend von ähnlich gearteten Beobachtungen im Zusammenhang mit der tierärztlichen Praxis zu jenen Untersuchungen gekommen, die es ihm ermöglichten, im Hoden die interstitielle Drüse – und somit die Zellen zur Hormonsekretion im Unterschied zu denen der Samenerzeugung – histologisch und funktional zu identifizieren.

tellen Physiologie von 1856.[9] Entgegen dem auf Galens *De usu partium* zurückgehenden anatomistischen Vorurteil, dem zufolge der bloße Augenschein des anatomischen Details die kategorische Ableitung der Funktion erlauben sollte, zeigt Claude Bernard, dass dieses Prinzip allenfalls für die Organe zutrifft, in denen der Mensch zu Recht oder zu Unrecht Formen zu erkennen glaubt, die ihn an jene gewisser Werkzeuge erinnern, die seine eigene Kunstfertigkeit erschaffen hat (die Harnblase ist ein Sammelbehälter, der Knochen ein Hebel). Aber selbst in diesen wenig zahlreichen und grob approximativen Spezialfällen ist es die Erfahrung der Rolle und der Verwendung des Werkzeugs in der menschlichen Praxis, welche die analogische Zuschreibung ihrer Funktion an die genannten Organe begründet hat. Kurz: Hinter der anatomisch-physiologischen Deduktion verbirgt sich immer ein Experimentieren. Das Problem in der Biologie liegt also, wie wir sagen würden, nicht darin, experimentelle Begriffe zu benutzen, sondern darin, genuin biologische Begriffe experimentell zu konstituieren. Nachdem Claude Bernard bemerkt hat, dass Strukturen, die selbst auf mikroskopischer Ebene dem Anschein nach gleich sind, nicht notwendigerweise dieselbe Funktion haben (zum Beispiel Pankreas und Speicheldrüsen) und dass umgekehrt ein und dieselbe Funktion durch dem Anschein nach unähnliche Strukturen gewährleistet werden kann (Kontraktilität

9 Vgl. Claude Bernard, *Leçons de physiologie expérimentale appliquée à la médecine* (Madrid: Bailly-Baillière 1855–1856).

der glatten und gestreiften Muskelfaser), behauptet er, dass man die Funktionen eines bestimmten Organs nicht dadurch entdeckt, dass man sich fragt, wozu es dient. Nur indem man die verschiedenen Momente und Aspekte einer bestimmten Funktion verfolgt, entdeckt man das Organ oder Organsystem, das dafür verantwortlich ist. Die glykogene Funktion hat man nicht entdeckt, weil man sich gefragt hat, wozu die Leber diene, sondern weil man den Zuckergehalt des Bluts gemessen hat, das man an verschiedenen Stellen dem Blutkreislauf eines seit mehreren Tagen hungernden Tieres entnommen hatte.

Nebenbei ist festzuhalten, dass Claude Bernard 1856 die Nebennieren als Beispiel für ein Organ anführt, dessen mikroskopische Anatomie bekannt, dessen Funktion aber unbekannt ist. Das Beispiel ist gut und verdient Beachtung. Als im Jahre 1718 die Akademie von Bordeaux die Frage nach der Funktion der Nierendrüsen zum Wettbewerb ausschrieb, betraute sie Montesquieu mit dem Bericht über die bei der Akademie eingegangenen wissenschaftlichen Arbeiten. Hier sein Fazit: „An all dem sieht man, dass es der Akademie nicht vergönnt sein wird, in diesem Jahr den Preis zu vergeben, und dass dieser Tag für sie keineswegs so feierlich ist, wie sie gehofft hatte. Durch die Experimente und Sektionen, die sie unter ihren Augen hat ausführen lassen, hat sie die Schwierigkeit in ihrem vollen Umfang erfahren, und sie hat gelernt, sich nicht darüber zu wundern, dass ihre Aufgabe nicht erfüllt worden ist. Der Zufall wird vielleicht eines Tages das bewerkstelligen, was all ihre Mühen nicht vermocht haben."[10] Nun legte Charles-Édouard Brown-Sequard genau im Jahr 1856 experimentell den Grund für die Erkenntnis der Nebennierenfunktion, allerdings ausgehend von der Abhandlung, in der Thomas Addison im Jahr zuvor die durch den klinischen Zufall an den Tag gekommenen Symptome jener Krankheit beschrieben hatte, mit der sein Name verknüpft bleibt.[11]

Bekanntlich begründen die Arbeiten Brown-Sequards über die inneren Sekretionen gemeinsam mit den Entdeckungen Claude Bernards zur glykogenen Funktion der Leber[12] das Wissen des inneren Milieus. Dieser heute klassische Begriff muss uns auf die Anfänge seiner Formierung zurückverweisen. Wir finden hier das Beispiel eines im eigentlichen Sinne biologischen Begriffs, dessen Ausarbeitung zugleich Wirkung und Ursache des Experimentierens war, aber vor allem auch eine wahrhafte theoretische Wende erfordert hat. „Die Wissenschaft im Altertum konnte nur das äußere Milieu begreifen; man muß aber, um die biologische Experimentalwissenschaft zu begründen, darüber hinaus noch ein *inneres Milieu* begreifen. [...] Das vom Organismus geschaffene innere Milieu ist ein besonderes für jedes Lebewesen.

[10] Charles Louis de Secondat de Montesquieu, „Discours sur l'usage des glandes rénales", in: *Œuvres complètes*, Bd. 8, hg. v. der Societé Montesquieu (Oxford-Neapel: Voltaire Foundation 2003), S. 170.

[11] Vgl. Thomas Addison, *On the Constitutional and Local Effects of Disease of the Supra-renal Capsules* (London: Taylor and Francis 1855). In Wirklichkeit hatte Addison bereits 1849 seine ersten Beobachtungen in einem zweiseitigen Artikel veröffentlicht.

[12] Die Gesamtheit dieser Entdeckungen trug Claude Bernard 1851 den *Grand Prix de Physiologie* ein.

Es ist deshalb das wahre *physiologische Milieu.*“[13] Diesem Punkt ist durchaus Nachdruck zu verleihen. Solange die Wissenschaftler die Funktionen der Organe in einem Organismus nach dem Vorbild der Funktionen des Organismus im äußeren Milieu aufgefasst haben, war es nur natürlich, dass sie die Grundbegriffe, die Leitideen für das Erklären und das Experimentieren in der Biologie der praktischen Erfahrung des menschlichen Lebewesens entnahmen. Denn es ist ein menschliches Lebewesen, das als Lebewesen zugleich auch ein Wissenschaftler ist, der neugierig nach der theoretischen Lösung der ihm vom Leben und seinem Vollzug aufgegebenen Probleme sucht. Ob man nun Finalist oder Mechanist ist, ob man sich für den vorausgesetzten Zweck oder für die Existenzbedingungen der vitalen Erscheinungen interessiert, man kommt über den Anthropomorphismus nicht hinweg. In gewissem Sinn ist nichts menschlicher als eine Maschine, wenn es wahr ist, dass sich der Mensch durch die Konstruktion von Werkzeugen und Maschinen vom Tier unterscheidet. Die Finalisten stellen sich den lebenden Körper als eine Republik von Handwerkern vor, die Mechanisten als eine Maschine ohne Maschinisten. Da aber die Konstruktion der Maschine keine Funktion der Maschine sein kann, ist der biologische Mechanismus, auch wenn er das Vergessen der Finalität ist, noch lange nicht deren radikale Beseitigung.[14] In welcher finalistischen oder

[13] Claude Bernard, *Einführung in das Studium der experimentellen Medizin*, übers. v. Paul Szendrö (Leipzig: Barth 1961), S. 112f.

[14] Siehe dazu auch den Essay „Maschine und Organismus“ in diesem Band.

mechanistischen Perspektive der Biologe zunächst auch stehen mag, die zur Analyse der Funktionen der Gewebe, Organe und Organsysteme ursprünglich benutzten Begriffe hatten unbewusst einen eigentümlich menschlichen, pragmatischen oder technischen Zuschnitt.

Um ein Beispiel zu geben: Das Blut bzw. der Pflanzensaft rinnen wie Wasser. Das kanalisierte Wasser bewässert den Boden, also müssen das Blut und der Pflanzensaft ihrerseits auch „bewässern" [*irriguer*[15]]. Aristoteles war es, der die vom Herz ausgehende Verteilung des Bluts mit der Bewässerung eines Gartens durch Kanäle verglichen hat.[16] Galen dachte nicht anders. Doch den Boden bewässern heißt letztlich, im Boden versickern. Genau da liegt das Haupthindernis für das Verständnis des Blutkreislaufs.[17] Man rühmt William Harvey dafür, das Experiment der Abbindung der Armvenen durchgeführt zu haben, deren Anschwellen unterhalb der Abbindungsstelle einer der experimentellen Beweise für den Blutkreislauf ist. Dieses Experiment wurde nun bereits 1603 von Fabrizio d'Acquapendente gemacht – und es ist gut möglich, dass es noch weiter zurückreicht. Dieser hatte daraus auf die regulierende Rolle der Venenklappen geschlossen, dachte allerdings, dass diese dazu dienten, das Blut daran zu hindern, sich in den hängenden Gliedmaßen und Körperpartien anzusam-

[15] Das frz. ‚*irriguer*' bedeutet in der Tat sowohl ‚bewässern' als auch ‚durchbluten' [A.d.Ü.].

[16] Aristoteles, *De partibus animalium* [Über die Teile der Tiere] III 5, 668a 13 und 34.

[17] Singer, *History of Biology*, a.a.O., S. 116.

meln. Was Harvey den vor ihm gemachten Feststellungen hinzufügte, ist zugleich einfach und entscheidend: In einer Stunde schickt die linke Herzkammer durch die Aorta ein Volumen an Blut in den Körper, das dem dreifachen Körpergewicht entspricht. Woher kommt eine solche Menge Blut, und wohin geht sie? Außerdem blutet der Organismus, wenn man eine Arterie öffnet, vollkommen aus. Daraus entsteht die Idee eines möglicherweise geschlossenen Kreislaufs. „Ich habe mich gefragt", sagt Harvey, „ob sich nicht alles durch eine zirkuläre Bewegung des Bluts erklären ließe."[18] Genau dann gelingt es ihm durch Wiederholung des Abbindungsexperiments, all den Beobachtungen und Experimenten einen kohärenten Sinn zu geben. Man sieht, inwiefern die Entdeckung des Blutkreislaufs zunächst, und vielleicht im Wesentlichen, die Ersetzung des Begriffs der Bewässerung, der direkt aus dem Bereich der menschlichen Technik in die Biologie importiert wurde, durch einen anderen Begriff ist, der entwickelt wurde, um bestimmte an verschiedenen Stellen des Organismus zu verschiedenen Zeitpunkten gemachte Beobachtungen „kohärent zu machen". Die Wirklichkeit des biologischen Begriffs des Blutkreislaufs setzt voraus, dass man sich von der Bequemlichkeit des technischen Begriffs der Bewässerung löst.

Wir denken also genauso wie Claude Bernard, dass die Erkenntnis der Funktionen des Lebens immer experimentell gewesen ist, selbst wenn sie phanta-

[18] Zit. in Singer, *History of Biology*, a.a.O., S. 114.

stisch und anthropomorph war. Für uns gibt es eine Art grundlegende Verwandtschaft zwischen Experiment und Funktion. Wir lernen unsere Funktionen versuchsweise kennen, und unsere Funktionen sind alsdann formalisierte Erfahrungen. Eine solche Erfahrung und Erprobung ist zuallererst die allgemeine Funktion jedes Lebewesens, das heißt seine *Auseinandersetzung**, wie Kurt Goldstein sagt, mit dem Milieu. Der Mensch erfährt die biologische Aktivität zunächst in seiner technischen Anpassung an die Umwelt. Diese Technik ist heteropoietisch, sie richtet sich nach dem Außen und nimmt von dort ihre Mittel oder die Mittel für ihre Mittel. Das aus der Technik stammende biologische Experimentieren ist also zunächst von Begriffen instrumentellen und buchstäblich künstlichen Charakters geleitet. Erst nach einer langen Folge überwundener Hindernisse und erkannter Irrtümer ist der Mensch dazu gekommen, den autopoietischen Charakter der organischen Aktivität zu erahnen und zu erkennen und Schritt für Schritt in Kontakt mit den biologischen Phänomenen die Leitbegriffe des Experimentierens richtigzustellen. Genauer gesagt, weil die menschliche Technik heteropoietisch ist, gibt sie eine minimale Logik vor, denn die Repräsentation des realen Außen, auf dessen Veränderung die menschliche Technik abzielt, erfordert die diskursive, vernunftgeleitete Tätigkeit von Handwerkern, und noch mehr die von Ingenieuren. Doch um die Lebensfunktionen zu verstehen, muss man diese Logik des menschlichen Handelns aufgeben. Charles Nicolle hat den scheinbar alogischen, absurden Charakter der Lebensvollzüge – ihre Absurdität nämlich in Bezug auf eine Norm, die auf das Leben anzuwenden in der Tat absurd wäre – sehr nachdrücklich unterstrichen.[19] Im selben Sinn definiert Goldstein die biologische Erkenntnis als „eine schöpferische Aktivität, ein Vorgehen, das wesentlich der Aktivität verwandt ist, durch die der Organismus so auf die umgebende Welt eingeht, daß er sich selbst verwirklichen, das heißt existieren kann. Die biologische Erkenntnis reproduziert auf bewußte Weise das Vorgehen des lebenden Organismus. Das kognitive Vorgehen des Biologen ist Schwierigkeiten ausgesetzt, die denen analog sind, auf die ein Organismus in seinem Lernen (*learning*) trifft, das heißt in seinen Versuchen, sich an die äußere Welt anzupassen".[20]

Es ist dieses Gebot des Biologen, die biologischen Begriffe durch eine Art Mimetismus schrittweise herauszubilden oder besser zur Reife zu bringen, das Claude Bernard, Bergson zufolge, lehren wollte: „[Er hat] den Abstand zwischen der Logik des Menschen und der der Natur bemerkt und richtig abgeschätzt. Wenn wir nach ihm nicht vorsichtig genug vorgehen können bei der Verifikation einer Hypothese, so können wir andererseits nicht kühn genug sein bei ihrer Erfindung. Was in unseren Augen absurd ist, ist es noch lange nicht notwendig für die Natur: versuchen wir die experimentelle Probe, und wenn die Hypothese bestätigt wird, wird sie auch verständlich und

[19] Charles Nicolle, *Naissance, vie et mort des maladies infectieuses* (Paris: Presses Universitaires de France 1930), S. 237.

[20] Goldstein, „Remarques sur le problème épistémologique", a.a.O., S. 143.

klar werden, in demselben Maße wie die Tatsachen uns zwingen, uns mit ihr vertraut zu machen. Aber vergessen wir auch nicht, daß niemals eine erklärende Idee, so geschmeidig sie auch von uns gefaßt sein mag, die Schmiegsamkeit der Wirklichkeit besitzt."[21] Die Bedeutung der *Einführung* für eine Untersuchung der experimentellen Verfahren in der Biologie liegt im Grunde mehr in den Einschränkungen, die Claude Bernard an den allgemeinen Betrachtungen über die Postulate und die Techniken des Experimentierens vornimmt, als in diesen Betrachtungen selbst. Deshalb übertrifft unserer Meinung nach das zweite Kapitel des zweiten Teils das erste bei weitem an Bedeutung. In diesem Punkt hat Claude Bernard übrigens einen Vorläufer in der Person von Auguste Comte. In der 40. Vorlesung des *Cours de Philosophie positive*, „Philosophische Betrachtungen über das Ganze der Biologie", kann man lesen: „Jedweder experimentelle Versuch ist dazu bestimmt, zu entdecken, nach welchen Gesetzen ein jeder der determinierenden Einflüsse oder eine jede der Modifikationen des Phänomens zu dessen Durchführung beiträgt, und er besteht im Allgemeinen darin, in jede unterbreitete Bedingung eine wohldefinierte Veränderung einzuführen, um die entsprechende Variation des Phänomens selbst direkt zu ermessen. Die Versuche sollen im Allgemeinen für den vorliegenden Fall eine bestimmte Veränderung einführen, um die erfolgende Veränderung des Vorgangs selbst zu ersehen.

[21] Bergson, „Die Philosophie von Claude Bernard", a.a.O., S. 231f.

Die Vernünftigkeit und der Erfolg dieses Kunstmittels beruht auf zwei Voraussetzungen: 1) muss die eingeführte Veränderung sich mit dem Dasein des beobachteten Vorganges vertragen, und 2) müssen die beiden zu vergleichenden Fälle nur nach *einem* Gesichtspunkt voneinander abweichen." Und Comte fügt gleich hinzu: „Nun macht die Natur der biologischen Vorgänge die Verwirklichung dieser beiden Bedingungen beinahe unmöglich, namentlich die der zweiten." [22] Doch wenn auch Comte, vor Bernard und wahrscheinlich unter dem Einfluss der von Bichat in seinen *Recherches physiologiques sur la vie et la mort* (1800) dargelegten Ideen,[23] beteuert, dass sich das bio-

[22] Auguste Comte, *Die Positive Philosophie*, Bd. 1, im Auszuge von Jules Rig, übers. v. J. H. v. Kirchmann (Leipzig: Verlag der Dürr'schen Buchhandlung 1883), S. 373. [Eine vollständige deutsche Übersetzung von Comtes *Cours de Philosophie positive* gibt es bisher nicht. Neben der hier herangezogenen Übersetzung sind 1907ff. im Fischer Verlag eine mehrbändige Ausgabe (übers. v. Valentine Dorn u. eingel. v. Heinrich Waentig) und 1933 (2. Aufl. 1974) eine einbändige Ausgabe bei Kröner (eine noch weiter gekürzte und bearbeitete Fassung von Kirchmanns Übersetzung) erschienen; beide unter dem Titel *Soziologie*. Wie der Titel schon anzeigt, beschränken sich die späteren Ausgaben auf Comtes soziologische Überlegungen unter Auslassung seiner Ausführungen zu Mathematik, Chemie, Astronomie usw. und insbesondere auch zur biologischen Philosophie, auf die sich Canguilhem bezieht und die in der Rig'schen Fassung noch teilweise enthalten sind. Unter Beibehaltung des frz. Originaltitels im Fließtext wurde hier und im Folgenden Kirchmanns Übersetzung herangezogen und durch eigene Übersetzung der fehlenden Passagen aus dem Original ergänzt – A.d.Ü.].

[23] Xavier Bichat, *Recherches physiologiques sur la vie et la mort*, I. Teil, Artikel VII, § 1 („Différence des forces vitales d'avec les lois physiques"): „Hieraus ist leicht zu sehen, dass die Wissenschaft der organisierten Körper in einer ganz anderen Weise behandelt werden muss als jene Wissenschaften, die die anorganischen Körper zum Gegenstand haben. Man müsste dort sozusagen eine andere Sprache verwenden, denn die Mehrzahl der Wörter, die wir aus den physikalischen Wissenschaften in diejenige der tierischen oder pflanzlichen Ökonomie transportieren, rufen uns dort unablässig Ideen in Erinnerung, die sich in keiner Weise mit den Phänomenen dieser Wissenschaft verbinden lassen." [Von Bichats *Recherches* ist bisher nur der zweite Teil über den Tod ins Deutsche übersetzt worden (vgl. Xavier Bichat, *Physiologische Untersuchungen über den Tod*, übers. v. Rudolf Boehm (Leipzig: Barth 1912). Canguilhem bezieht sich in diesem Buch

logische Experimentieren nicht darauf beschränken kann, die Grundsätze und Praktiken des Experimentierens in der Physik oder Chemie zu kopieren, so ist es doch wohl Claude Bernard, der – und zwar zunächst durch Beispiele – lehrt, dass der Biologe seine eigene experimentelle Technik erfinden muss. Die Schwierigkeit, wenn nicht gar das Hindernis liegt darin, durch die Analyse die Annäherung an ein Wesen zu suchen, das weder Teil oder Segment noch Summe der Teile oder Segmente ist, sondern das gerade darin ein lebendes ist, dass es als Eines, das heißt als ein Ganzes lebt. „Der Physiologe und der Arzt dürfen also niemals vergessen, dass das Lebewesen einen Organismus und eine Individualität darstellt. [...] Wenn man den lebenden Organismus durch die Isolierung seiner verschiedenen Teile zerlegt, muss man demnach gut im Auge behalten, dass dies zur Erleichterung der experimentellen Analyse geschieht, aber keineswegs, um die Teile gesondert zu begreifen. Will man einer physiologischen Eigenschaft ihren Wert und ihre wahre Bedeutung geben, muss man sie immer auf das Gesamte beziehen und darf nur im Hinblick auf ihre Wirkungen in dieser Gesamtheit endgültige Schlüsse ziehen.“[24]

Wenn wir nun auf die von Comte und Claude Bernard festgestellten Schwierigkeiten im Detail zurückkommen, ist es angebracht, mit Hilfe von Beispielen zu prü-

allerdings auf den ersten Teil, so dass wir in den Verweisen den Originaltitel beibehalten haben – A.d.Ü.]

[24] Bernard, *Einführung*, II. Teil, Kap. 2, § 1, a.a.O., S. 129f. Siehe auch die Passage zur zwangsläufigen Diskrepanz zwischen Synthese und Analyse, S. 132f.

fen, welche eigentümlichen methodologischen Vorkehrungen im experimentellen Vorgehen des Biologen die Spezifität der lebendigen Formen, die Vielfalt der Individuen, die Totalität des Organismus, die Irreversibilität der vitalen Phänomene nach sich ziehen.

1) *Spezifität*: Gegen Bergson, der denkt, wir müssten von Claude Bernard lernen, dass es „keinen Unterschied zwischen einer guten Beobachtung und einer gut begründeten Verallgemeinerung" gebe,[25] muss gesagt werden, dass in der Biologie die logische Verallgemeinerung durch die Spezifität des Beobachtungs- und Untersuchungsobjekts auf unvorhersehbare Weise begrenzt ist. Man weiß, dass für einen Biologen nichts so wichtig ist wie die Wahl seines Untersuchungsmaterials. Die Wahl dieses oder jenes Tieres für seine Versuche richtet sich nach der relativen Bequemlichkeit einer bestimmten anatomischen oder physiologischen Beobachtung, die von der Lage oder den Dimensionen des Organs, von der Langsamkeit eines Phänomens oder im Gegenteil von der Beschleunigung eines zyklischen Ablaufs herrühren kann. In Wahrheit ist die Wahl nicht immer absichtlich und überlegt; der Zufall ist dem Biologen ebenso wohlgesonnen wie die Zeit. Wie dem auch sei, es wäre oft ratsam und ehrlich, dem Titel eines Kapitels über die Physiologie hinzuzufügen, dass es sich um die Physiologie eines bestimmten Tieres handelt, damit die Gesetze der Phänomene, die hier wie anderswo fast immer den Namen des Menschen tragen, der sie

[25] Bergson, „Die Philosophie von Claude Bernard", a.a.O., S. 227.

formulierte, überdies auch den Namen des für das Experiment benutzten Tieres trügen: der Hund für die bedingten Reflexe; die Taube für den Gleichgewichtssinn; der Polyp für die Regeneration; die Ratte für die Vitamine und für das mütterliche Verhalten; der Frosch, „Hiob der Biologie", für die Reflexe; der Seeigel für die Befruchtung und die Furchung der Eizelle; die Drosophila für die Vererbung; das Pferd für den Blutkreislauf usw.[26]

Wichtig ist hier nun, dass keine experimentell gewonnene Erkenntnis ohne ausdrückliche Vorbehalte verallgemeinert werden kann, ganz gleich, ob nun Strukturen, Formen und Verhaltensweisen von einer Varietät auf eine andere innerhalb ein und derselben Art oder von einer Art auf eine andere oder vom Tier auf den Menschen übertragen werden sollen.

Von Varietät zu Varietät: Wenn man zum Beispiel die Bedingungen für das Eindringen bestimmter chemischer Substanzen in die lebende Zelle untersucht, stellt man fest, dass die fettlöslichen Stoffe unter bestimmten Bedingungen leicht eindringen. Koffein etwa wirkt nicht auf den gestreiften Muskel des Wasserfrosches, solange jener intakt ist; verletzt man aber das Muskelgewebe, zeigt sich eine starke Affinität. Doch was für den Wasserfrosch gilt, trifft auf den Grasfrosch nicht zu: Auf den intakten Muskel des Grasfrosches entfaltet das Koffein seine Wirkung unmittelbar.

[26] Zu diesem Thema lässt sich *Les Animaux au service de la science* von Léon Binet (Paris: Gallimard 1940) zu Rate ziehen.

Von Art zu Art: In vielen Lehrbüchern zitiert man zum Beispiel noch die Pflüger'schen Gesetze über die progressive Ausbreitung der Reflexe (Einseitigkeit, Symmetrie, Ausstrahlung, Verallgemeinerung). Wie nun aber Viktor von Weizsäcker und Charles Sherrington angemerkt haben, erlaubt es das experimentelle Material Pflügers eigentlich nicht, allgemeine Gesetze über Reflexe zu formulieren. Insbesondere das zweite Pflüger'sche Gesetz (Symmetrie), das an Tieren mit hüpfendem Gang wie dem Kaninchen verifiziert wurde, ist im Hinblick auf Hund, Katze oder allgemein Tiere mit diagonalem Gang falsch. „Der grundlegende Koordinationsfaktor ist der Fortbewegungsmodus des Tieres. Die Irradiation [der Reflexe] wird bei Tieren mit demselben Fortbewegungstypus identisch und bei Tieren mit einer unterschiedlichen Fortbewegung unterschiedlich sein."[27] Unter diesem Gesichtspunkt unterscheidet sich die Katze vom Kaninchen, ähnelt aber dem Molch.

Vom Tier zum Menschen: Nehmen wir zum Beispiel das Phänomen der Verheilung von Knochenbrüchen. Eine Fraktur verheilt durch einen Kallus. Bei der Herausbildung eines Kallus unterscheidet man traditionell drei Stadien: das Stadium des bindegewebigen Kallus, das heißt die Organisierung des Hämatoms am Frakturspalt; das Stadium des knorpeligen Kallus; das Stadium des knöchernen Kallus, durch Umwandlung der Knorpelzellen in Osteoblaste. Leriche und

[27] Charles Kayser, „Les Réflexes", in: *Conférences de physiologie médicale sur des sujets d'actualité* (Paris: Masson 1933).

Policard haben nun aber gezeigt, dass es in der normalen Entwicklung eines menschlichen Kallus kein knorpeliges Stadium gibt. Dieses Stadium wurde an Hunden beobachtet, das heißt an Tieren, deren therapeutische Ruhigstellung stets zu wünschen übrig lässt.[28]

2) *Individualisierung*: Innerhalb einer gegebenen lebenden Art besteht die Hauptschwierigkeit in der Suche nach individuellen Repräsentanten, die imstande sind, Versuchen von Addition, Subtraktion und maßvoller Variation der angenommenen Komponenten eines Phänomens standzuhalten, Versuchen, die zum Zweck des Vergleichs zwischen einem absichtlich modifizierten Organismus und einem unverändert seinem spontanen biologischen Schicksal überlassenen Kontrollorganismus vorgenommen werden. Beispielsweise bestehen alle Experimente im Zusammenhang mit der infektionshemmenden Wirkung der Impfstoffe darin, zwei Gruppen von Tieren Mikrobenkulturen einzuimpfen; die zwei Gruppen sind in jeder Hinsicht austauschbar, außer dass die eine vorher mit Impfinjektionen präpariert wurde und die andere nicht. Nun hat die Schlussfolgerung aus dem so hergestellten Vergleich streng genommen nur dann einen Wert, wenn man die einander gegenübergestellten Organismen als Äquivalent dessen ansehen darf, was in Physik und Chemie geschlossene Systeme sind, das heißt Konjunktionen physikalischer

[28] Vgl. die erste Vorlesung in René Leriche, *Physiologie et pathologie du tissu osseux* (Paris: Masson 1939).

Kräfte oder chemischer Elemente, die ordnungsgemäß abgezählt, vermessen oder dosiert sind. Doch wie soll man sich im Vorhinein einer umfassenden Identität zweier individueller Organismen versichern, die, obwohl sie zur selben Spezies gehören, aufgrund der Bedingungen ihrer Geburt (Sexualität, Befruchtung, Vereinigung der Keimzellen) eine einzigartige Kombination von Erbanlagen aufweisen? Mit Ausnahme der Fälle von ungeschlechtlicher Fortpflanzung (Pflanzenstecklinge), Selbstbefruchtung, echter Zwillingsbruderschaft oder Polyembryonie (zum Beispiel beim Gürteltier) muss man auf Organismen zurückgreifen, die bezüglich aller Erbanlagen reinerbig, also vollständige Homozygoten sind. Wenn nun dieser Fall nicht bloß theoretisch ist, muss man zumindest zugeben, dass er rein künstlich ist. Dieses Tiermaterial ist ein menschliches Konstrukt, das Ergebnis einer stets wachsamen Absonderung. In der Tat züchten bestimmte wissenschaftliche Organisationen Arten (im Jordan'schen Sinn des Wortes) von Ratten und Mäusen, die aus einer langen Reihe von Paarungen unter blutsverwandten Tieren erzeugt wurden.[29] Folglich ist die Untersuchung eines solchen biologischen Materials, dessen Elemente hier wie auch in anderen Fällen Gegebenheiten sind, buchstäblich die Erforschung eines *Artefakts*.[30] Und ebenso wie in der Physik

[29] Lucien Cuénot, *L'Espèce* (Paris: Doin 1936), S. 89.

[30] Jacques Duclaux zeigt in *L'Homme devant l'univers* (Paris: Flammarion 1949) sehr triftig, dass die moderne Wissenschaft eher das Erforschen einer *Paranatur* oder einer *Übernatur* ist als der Natur selbst: „Die Gesamtheit der wissenschaftlichen Kenntnisse mündet in zwei Ergebnisse. Das erste ist das Formulieren von Naturgesetzen. Das zweite, sehr viel wichtigere, ist die Erschaffung einer neuen

die vordergründig unschuldige Verwendung eines Instruments wie der Lupe impliziert, dass man, wie Pierre Duhem gezeigt hat, einer bestimmten Theorie anhängt, so impliziert in der Biologie die Verwendung einer vom *Wistar Institute* gezüchteten Albinoratte, dass man der Genetik und dem Mendelismus anhängt, die immerhin, bis jetzt jedenfalls, nur Theorien sind.
3) *Totalität*: Angenommen, man hat die Identität der Organismen herbeigeführt, auf die sich das Experimentieren beziehen soll, dann stellt sich ein zweites Problem. Ist es möglich, den Determinismus eines Phänomens zu analysieren, indem man es isoliert, wenn man doch an einer Ganzheit operiert, die durch jeden Versuch einer Entnahme als solche verändert wird? Es ist nicht sicher, dass ein Organismus nach operativer Entfernung eines Organs (Eierstock, Magen, Niere) derselbe, nur um ein Organ verringerte Organismus ist. Es gibt im Gegenteil allen Grund zu glauben, dass man es nunmehr mit einem ganz anderen Organismus zu tun hat, der, sei es auch nur teilweise, schwerlich mit dem Kontrollorganismus zur Deckung zu bringen ist. Das liegt darin begründet, dass in einem Organismus einerseits dieselben Organe fast immer polyvalent sind – so hat die operative Entfernung des Magens nicht nur Auswirkungen auf die Verdauung, sondern auch auf die Hämatopoese – und dass andererseits alle Phänomene aufeinander bezogen sind. Nehmen wir ein Bei-

Natur, die der ersten aufgesetzt wird und für die man einen anderen Namen finden müsste, eben weil sie nicht natürlich ist und niemals ohne den Menschen existiert hätte." (S. 273)

spiel neuronaler Integration: Die Sektion des Rückenmarks bei der Katze oder beim Hund unterhalb des fünften zervikalen Segments[31] löst einen Schockzustand aus, der durch die Aufhebung der Reflexe in den Regionen unterhalb der Sektion charakterisiert ist und auf den eine Phase der Wiedererlangung des Automatismus folgt. Doch wie von Weizsäcker gezeigt hat, ist diese Wiedererlangung keine Wiederherstellung des alten Zustands, es ist die Bildung eines anderen Typs von Automatismus, desjenigen des „spinalen Tieres". Nehmen wir ein Beispiel endokriner Integration und Polyvalenz: Das von einem Vogel gelegte Ei wächst schnell und umgibt sich mit einer Schale. Die Phänomene der Mobilisierung der Mineral-, Protein- und Lipidbestandteile des Eies sind in den ovarialen Zyklus integriert. Das Follikulin bedingt zugleich die morphologischen Modifikationen des Genitaltrakts und die chemische Mobilisierung der Bestandteile des Eies (Erhöhung der Albuminproduktion durch die Leber; Neubildung des Rückenmarksknochengewebes in den Röhrenknochen). Sobald die Tätigkeit des Follikulins aussetzt, wird der neugebildete Knochen resorbiert und setzt das von der Schalendrüse des Eileiters gebrauchte Kalzium frei. Die operative Entfernung der Eierstöcke beim Vogel hat somit nicht nur Auswirkungen auf die Morphologie des Organismus, sondern auch auf die Gesamtheit der biochemischen Phänomene.

[31] Um die Atemfunktion des Zwerchfells aufrechtzuerhalten.

4) *Irreversibilität*: Wenn die Totalität des Organismus eine Schwierigkeit für die Analyse darstellt, so stellt die Irreversibilität der biologischen Phänomene, sei es hinsichtlich der Entwicklung des Lebewesens, sei es hinsichtlich der Funktionen des erwachsenen Lebewesens, eine weitere Schwierigkeit für die chronologische Extrapolation und für die Vorhersage dar.
In seinem Leben durchläuft der Organismus eine irreversible Entwicklung in der Weise, dass die Mehrzahl seiner angenommenen Komponenten, für sich betrachtet, über Potentialitäten verfügen, die sich unter den normalen Existenzbedingungen des Ganzen niemals zeigen. Die Untersuchung der Entwicklung des Eies oder von Regenerationsphänomenen ist hier besonders aufschlussreich.
Das beste Beispiel für eine irreversible Entwicklung liefert die Abfolge der Stadien von Unbestimmtheit, Bestimmung und Differenzierung beim Seeigelei.
Im Stadium der Unbestimmtheit wird die operative Entfernung eines Ei-Segments kompensiert. Trotz anfänglicher Amputation ist der Organismus am Ende der Entwicklung vollständig. Man kann einen Teil so ansehen, als sei er mit derselben evolutiven Kraft wie das Ganze ausgestattet.
Nach dem Stadium der Bestimmung der Anlagen [*ébauche*] erscheinen die organbildenden Substanzen in sehr abgegrenzten Sektoren lokalisiert. Die Teile des Embryos sind nicht länger äquivalent, da sie nicht mehr totipotent sind. Die operative Entfernung eines Segments kann nicht mehr kompensiert werden.

Im Stadium der Differenzierung treten morphologische Unterschiede in Erscheinung. Hierzu sei angemerkt, dass Experimente dieser Art durch die Offenlegung der ursprünglichen organischen Möglichkeiten, die mit zunehmender Lebensdauer mehr und mehr reduziert werden, eine Brücke zwischen der normalen Konstitution und der monströsen Form bestimmter Organismen schlagen. Diese Experimente erlauben es in der Tat, die Monstrosität als eine Entwicklungshemmung zu interpretieren oder als die Fixierung, die es je nach Alter des Embryos anderen Anlagen erlaubt, Eigenschaften in Erscheinung treten zu lassen, die die gewöhnliche Situierung und die normalen Verbindungen der Anlagen verbieten würden.[32]
Auf die Irreversibilität der Differenzierung folgt beim ausdifferenzierten Lebewesen eine Irreversibilität funktionalen Charakters. Claude Bernard stellte fest, dass nicht nur kein Tier einem anderen derselben Art absolut vergleichbar ist, sondern dass ein und dasselbe Tier je nach dem Zeitpunkt, zu dem man es untersucht, auch mit sich selbst nicht vergleichbar ist.[33] Haben die Arbeiten zur Immunität und zur Anaphylaxie die Gemüter heutzutage mit dieser Idee vertraut gemacht, so muss man gleichwohl anerkennen, dass sie nicht ohne Schwierigkeiten zu einem kategorischen Imperativ der Forschung geworden ist und dass die grundlegenden Entdeckungen, die am meisten zu ihrer Anerkennung beigetragen haben, allein durch die Verken-

[32] Étienne Wolff, *La Science des monstres* (Paris: Gallimard 1948), S. 237.
[33] Bernard, *Einführung*, a.a.O., S. 175.

nung jener Idee möglich gemacht wurden. Denn zwei technische Fehler sind es, denen die Entdeckung der Immunität durch Louis Pasteur (1880) und der Anaphylaxie durch Claude Portier und Charles Richet (1902) zu verdanken ist. Aus Unachtsamkeit injiziert Pasteur Hühnern eine alte Cholera-Kultur, und aus Sparsamkeit beimpft er dieselben Hühner mit einer frischen Kultur. Weil sie wiederum Hunden eine nicht auf Anhieb tödliche Dosis von glyzerinversetztem Extrakt aus Seeanemonententakeln injizierten und in einem zweiten Experiment dieselben Tiere verwendeten, deren Tod wenige Minuten nach der Injektion einer weitaus geringeren Dosis als beim ersten Mal erfolgte, etablieren Portier und Richet eine Tatsache, die man wohl als experimentell ermittelt bezeichnen muss, obgleich das Experiment auf keinem Vorsatz beruhte. Auch wird man nicht vergessen haben, dass die therapeutische Verwendung infektionshemmender Substanzen seit langem gezeigt hat, dass mikroskopische Lebewesen wie Bakterien oder Protozoen in Wechselwirkung mit Antibiotika Veränderungen ihrer Sensibilität und Deformationen des Stoffwechsels, also Resistenz- und sogar Abhängigkeitsphänomene zeigen, die mitunter dazu führen können, dass der Infektionskeim paradoxerweise nur in einem Milieu leben kann, welches künstlich geschaffen wurde, um ihn zu zerstören.[34] Das ist es, was Nicolle vor Augen hatte, als er nachdrücklich beteuerte, man müsse das biologische

[34] Paul Hauduroy, „Les Lois de la physiologie microbienne dressent devant les antibiotiques la barrière de l'accoutumance", in: *La Vie médicale* (1951).

Phänomen der Infektionskrankheit mit biologischem Sinn und nicht allein mit mechanistischem Geist erforschen, und als er schrieb, dass „sich das Phänomen in unseren Händen verändert" und „wir auf einer Straße vorwärtsschreiten, die selbst in Bewegung ist".[35]
Man sieht also, wie die Irreversibilität der biologischen Phänomene, die zur Individualität der Organismen hinzukommt, die Möglichkeit zur Wiederholung und zur Wiederherstellung der determinierenden Bedingungen eines Phänomens bei ansonsten gleichen Umständen einschränkt, was ja eines der charakteristischen experimentellen Verfahren in den Wissenschaften der Materie bleibt.
Es wurde bereits gesagt, dass die Schwierigkeiten beim biologischen Experimentieren keine absoluten Hindernisse sind, sondern zur Erfindung anregen. Die Antwort auf diese Schwierigkeiten sind im eigentlichen Sinne biologische Techniken. In diesem Punkt muss man zugestehen, dass Claude Bernards Denken nicht immer konsequent ist. Zwar wehrt er sich dagegen, die Physiologie von den Chemikern und Physikern vereinnahmen zu lassen, und bekräftigt, dass die Biologie „ihr besonderes Problem und ihren festgelegten Gesichtspunkt" hat; er schreibt allerdings auch, dass nur die Komplexität der Phänomene des Lebens die Spezifität der experimentellen Praxis in der Biologie erforderlich mache.[36] Der springende Punkt ist nun zu wissen, ob nicht die Rede von zunehmender

35 Nicolle, *Naissance, vie et mort*, a.a.O., S. 33.
36 Bernard, *Einführung*, a.a.O., S. 138 u. 143.

Komplexität implizit, wenn auch unbeabsichtigt, eine grundlegende Identität der Methoden behauptet. Etwas kann in Relation auf ein Einfaches nur innerhalb einer homogenen Ordnung komplex genannt werden. Doch wenn Claude Bernard beteuert, dass das Leben „besondere Bedingungen eines Organmilieus" schafft, „das sich mehr und mehr vom kosmischen Milieu abschließt", dass das *quid proprium* der biologischen Wissenschaft in „besonderen physiologischen Entwicklungsbedingungen" besteht und dass man folglich, „um die Phänomene des Lebens zu analysieren, notwendigerweise mit Hilfe der Verfahren der Vivisektion in die lebendigen Organismen eindringen muss",[37] räumt er damit nicht ein, dass die Spezifität des biologischen Gegenstandes eine ganz andere Methode verlangt als die der Physik und Chemie?

Man muss heutzutage der methodologischen Entwicklungen sogar der am wenigsten zur Mystik neigenden Biologen schon sehr unkundig sein, um sich noch ernstlich rühmen zu können, durch physikalisch-chemische Methoden etwas anderes als die physikalisch-chemische Seite von Phänomenen zu ent-

[37] Ebd., S. 142ff. Man ziehe zu diesem Punkt auch Bernards berühmten *Rapport sur le progrès et la marche de la physiologie générale en France* (Paris: Imprimerie impériale 1867) heran, aus dem eine bezeichnende Passage hier wiedergegeben sei: „Man kann die Phänomene des Lebens noch so gut analysieren und ihre mechanischen und physikalisch-chemischen Ausprägungen mit der größten Sorgfalt prüfen; man kann noch so gut die feinsten chemischen Verfahren auf sie anwenden, bei ihrer Beobachtung die größte Genauigkeit walten lassen und die exaktesten graphischen und mathematischen Methoden anwenden; schließlich wird man doch nur dahin gelangen, die Phänomene der lebendigen Organismen wieder in die Gesetze der Physik und der allgemeinen Chemie einzuordnen, was durchaus berechtigt ist; aber so wird man nie die Gesetze finden, die der Physiologie eigen sind."

decken, deren biologischer Sinn sich jeder Reduktion entzieht. Wie Jacques Duclaux sagt: „Auf jeden Fall muss es möglich sein, auf irgendeine Weise die Begriffe, die wir aus der Welt der Minerale haben, auf die Zelle auszuweiten, doch diese Ausweitung darf keine simple Wiederholung sein, sie muss von einem kreativen Bemühen begleitet sein. Wie wir bereits sagten, ist die Erforschung der Zelle kein besonderer Fall, der durch die Anwendung allgemeiner Formeln gelöst werden könnte; es ist im Gegenteil die Zelle, die das allgemeinste System darstellt, in dem alle Variablen gleichzeitig ins Spiel kommen. Unsere Laborchemie beschäftigt sich nur mit einfachen Fällen, die eine beschränkte Zahl an Variablen beinhalten."[38] Lange hat man geglaubt, in einer Anzahl physikalisch-chemischer Gesetze das positive Äquivalent zur Funktion einer lebenden Zellmembran zu haben. Doch das biologische Problem besteht nicht darin, die Durchlässigkeit der Membran aufgrund der gegebenen Gleichgewichte auf ihren beiden Seiten zu bestimmen, es besteht vielmehr darin, zu verstehen, dass diese Durchlässigkeit variabel, angepasst, selektiv ist.[39] Einer eindrücklichen Anmerkung Théophile Cahns zufolge kommt man „in der Biologie selbst dann, wenn man bloß ein physikalisches Prinzip verifizieren möchte, unweigerlich zur Erforschung der Verhaltensgesetze der Lebewesen, das heißt zur Erfor-

[38] Jacques Duclaux, *Analyse chimique des fonctions vitales* (Paris: Hermann 1934), S. X. Das gesamte Bändchen ist lesenswert.

[39] Vgl. Emile Guyénot, „La Vie comme invention", in: *L'invention* (Paris: F. Alcan 1938).

schung der Anpassungsweisen der Organismen an die physikalischen Gesetze auf der Grundlage der beobachteten Reaktionen, also zu den physiologischen Problemen im eigentlichen Sinne".[40]

Nennen wir also kurz die Prinzipien einiger im eigentlichen Sinne biologischer experimenteller Techniken: Sie können allgemein und indirekt sein, so etwa wenn man durch Addition oder Subtraktion eines mutmaßlich elementaren Bestandteils das Milieu modifiziert, in dem ein Organismus oder ein Organ lebt und sich entwickelt; oder aber sie sind speziell und direkt, so etwa wenn man auf eine abgegrenzte Region des Embryos in einem bekannten Stadium der Entwicklung einwirkt.

Die Techniken zur Transplantation und Explantation von Geweben und Organen haben dank der Experimente von Alexis Carrel einen Bekanntheitsgrad erlangt, der in der Öffentlichkeit allerdings von keinem hinreichend genauen Verständnis ihrer Tragweite begleitet ist. Setzt man einen Teil des Organismus, sei es beim selben Individuum oder bei einem anderen, an einer anderen Stelle als der normalen ein, so modifiziert man dessen topographische Verhältnisse in der Absicht, die verantwortlichen Einflüsse und die unterschiedlichen Rollen der jeweiligen Abschnitte und Regionen zu ermitteln. Indem man ein Gewebe oder ein Organ in ein speziell zusammengesetztes, konditioniertes und versorgtes Milieu

[40] Théophile Cahn, *Quelques bases physiologiques de la nutrition* (Paris: Hermann 1946), S. 22.

versetzt, in dem sein Überleben gewährleistet ist (Gewebs- oder Organkultur), befreit man das Gewebe oder das Organ von allen Stimulationen oder Hemmungen, die auf selbiges durch das normale innere Milieu, das heißt durch die koordinierte Gesamtheit der anderen Gewebe oder Organe, die mit diesem einen ganzheitlichen Organismus bilden, ausgeübt werden.

Nehmen wir ein Beispiel wirklichen biologischen Experimentierens und Analysierens. Um die Einwirkung der Hormone des Eierstocks und der Hirnanhangsdrüse auf die morphologische Beschaffenheit der weiblichen Genitalorgane voneinander zu unterscheiden, das heißt um die Elemente eines globalen Determinismus getrennt und einzeln aufzuzählen und zu definieren, führt man an einem Nagetierweibchen eine physiologische Kastration durch, indem man die Eierstöcke transplantiert und auf ein Mesenterium verpflanzt. Man erreicht dadurch, dass alle östrogenen Hormone durch den Blutkreislauf der Pfortader die Leber durchlaufen, welche imstande ist, sie wirkungslos zu machen. Es lässt sich beobachten, dass in der Folge dieser Verpflanzung die Genitalgänge so atrophieren wie im Gefolge einer Kastration. Doch steigert die Hirnanhangsdrüse in Abwesenheit des Regulativs, das für sie das Ovarialhormon darstellt, ihre Sekretion des gonadotropen Hormons. Die Eierstöcke existieren also für die Hirnanhangsdrüse nicht mehr, da ihre Sekretion sie nicht mehr erreicht, doch weil sie gleichwohl immer noch existieren und weil die Hirnanhangsdrüse für sie existiert, insofern deren Sekretion ja zu ihnen gelangt, hypertrophieren sie schließlich in Reaktion auf den Überschuss an gonadotropem Hormon. Durch Modifikation eines exkretorischen Kreislaufs erreicht man also den Bruch eines Aktions- und Reaktionskreises und die Zersetzung eines morphologisch normalen Bildes mittels Atrophie und Hypertrophie.

Natürlich lassen solche experimentellen Methoden ein wesentliches Problem noch ungelöst: nämlich die Frage, in welchem Maße die so etablierten experimentellen, das heißt künstlichen Verfahren den Schluss erlauben, die natürlichen Phänomene würden durch die auf diese Weise sinnlich wahrnehmbar gemachten Phänomene adäquat repräsentiert. Wonach der Biologe sucht, ist die Erkenntnis dessen, was ist, und dessen, was sich entwickelt, unabhängig von den Listen und Eingriffen, zu denen ihn sein Erkenntnisdrang zwingt. Wie kann hier und in anderen Fällen verhindert werden, dass die Beobachtung – die ja Handlung ist, weil sie immer in gewissem Grade vorbereitet ist – das zu beobachtende Phänomen beeinträchtigt? Und genauer: Wie kann vom Experimentellen aufs Normale geschlossen werden?[41] Darum schreibt Étienne Wolff, wenn er über den Produktionsmechanismus der eineiigen menschlichen Zwillinge nachdenkt, die paradoxerweise normale und monströse Lebewesen sind, und zum Zweck einer wechselseitigen Erhellung die Lehren der Teratologie

[41] Vgl. Georges Canguilhem, *Das Normale und das Pathologische*, übers. v. Monika Noll u. Rolf Schubert (München: Hanser 1974), S. 96–100.

und der experimentellen Embryologie einander annähert: „Es ist schwer einzugestehen, dass die zufälligen Faktoren ihr Wirken mit ebensolcher Präzision ausüben wie die experimentellen Techniken. Wenn Letztere es auch erlauben, die idealen Bedingungen für die Analyse der Mechanismen und das Verständnis der Phänomene zu schaffen, ist es doch wahrscheinlich, dass die Natur öfter die indirekten als die direkten Methoden ‚gebraucht'. Der gesamte Embryo ist wahrscheinlich dem Wirken des teratogenen Faktors unterworfen. Die Chancen sind gering, dass ein banaler Unfall dieselbe Arbeit leistet wie eine heikle Operation."[42]

Das Beispiel der eineiigen menschlichen Zwillinge erlaubt es uns nun abschließend, ein Problem aufzuwerfen, das ein Essay über das biologische Experimentieren heutzutage nicht ignorieren kann: das der Möglichkeit und der Zulässigkeit direkter experimenteller Versuche am Menschen.

Das Wissen, auch (und vielleicht insbesondere) das der Biologie, ist einer der Wege, auf dem die Menschheit ihr Schicksal auf sich zu nehmen und ihr Sein in Sollen umzuwandeln sucht. Und für dieses Vorhaben ist das Wissen des Menschen über den Menschen von grundlegender Bedeutung. Das Primat der Anthropologie ist keine Form von Anthropomorphismus, sondern eine Bedingung der Anthropogenese.

In gewissem Sinne müsste man am Menschen experimentieren, um, wie vorhin angemerkt, die Klippe

[42] Wolff, *La Science et les monstres*, a.a.O., S. 122.

einer Extrapolation von Beobachtungen, die an Tieren dieser oder jener Art vorgenommenen wurden, zu umschiffen. Man kennt die ethischen Normen, die die einen als Vorurteile und die anderen als unantastbare Gebote bezeichnen werden, mit denen diese Sorte von Experimenten kollidiert. Was das Problem noch zusätzlich kompliziert, ist die Schwierigkeit, den Begriff des Experimentierens am Menschen, einer Operation mit einer zunächst rein theoretischen Absicht, in seinem Bedeutungsumfang einzugrenzen und es einerseits vom therapeutischen Eingriff (zum Beispiel der Lobotomie) und andererseits von der Technik der hygienischen oder strafrechtlichen Prävention (zum Beispiel der gesetzlich verordneten Sterilisierung) zu unterscheiden. Das Verhältnis von Erkennen und Handeln bekommt – obgleich es hier nicht grundsätzlich verschieden ist von demjenigen in Physik und Chemie – durch die Identität des Subjekts des Wissens mit dem Objekt des Handelns im Menschen einen so direkten, so dringlichen, so bewegenden Charakter, dass der philanthropische Eifer sich mit den humanistischen Vorbehalten überschneidet und die Lösung des Problems eine Idee vom Menschen, das heißt eine Philosophie voraussetzt.

Erinnern wir daran, dass Claude Bernard therapeutische Versuche und chirurgische Eingriffe als Experimente am Menschen ansieht und dass er sie für legitim hält. „Die Moral verbietet nicht die Ausführung von Versuchen am Nächsten oder an sich selbst; im täglichen Leben machen die Menschen dauernd Versuche aneinander. Die christliche Moral verbietet nur eines, seinem Nächsten Leid zuzufügen."[43] Dieses letztere Unterscheidungskriterium zwischen zulässigem und unmoralischem Experimentieren erscheint uns nicht so stichhaltig zu sein, wie Claude Bernard denkt. Es gibt vielerlei Weisen, den Menschen Gutes zu tun, die nur davon abhängen, wie man das Gute definiert und inwieweit man sich berechtigt fühlt, es ihnen aufzuzwingen, selbst um den Preis eines Übels, dessen grundlegende Realität man überdies bestreitet. Erinnern wir nur – und welch traurige Erinnerung – an die massiven Beispiele aus jüngerer Vergangenheit.

Eine Definition des Experimentierens, selbst desjenigen am menschlichen Subjekt, muss dessen spezifischen Fragecharakter, der nicht auf eine unmittelbare Nutzbarmachung der Antwort abzielt, und seinen vom Druck der Umstände freien, intentionalen und willentlichen Gestus bewahren. Ein chirurgischer Eingriff kann Anlass und Mittel eines experimentellen Versuchs sein, doch er selbst ist keiner, weil er nicht den Regeln eines nüchternen Eingriffs in ein indifferentes Material gehorcht. Wie jede von einem Arzt vollzogene therapeutische Handlung folgt der chirurgische Eingriff Normen, die nicht auf die bloße Technik einer unpersönlichen Forschung reduzierbar sind. Der medizinisch-chirurgische Akt ist nicht allein ein wissenschaftlicher Akt, denn der kranke Mensch, der sich mehr noch dem Gewissen als der Wissenschaft seines Arztes anvertraut, ist nicht nur ein zu

[43] Bernard, *Einführung*, a.a.O., S. 148.

lösendes physiologisches Problem, sondern vor allem eine zu lindernde Not. Man wird einwenden, dass es künstlich und heikel sei, zwischen dem Versuch einer medikamentösen oder chirurgischen Behandlung einer gegebenen Erkrankung und der kritischen oder heuristischen Studie der biologischen Kausalverbindungen zu unterscheiden. Das ist zutreffend, solange man sich an die Beobachter- oder Patientensituation hält. Es ist aber nicht mehr zutreffend, wenn man sich an die Stelle des Operierenden versetzt. Er, und er allein, weiß genau, in welchem Moment sich Absicht und Sinn seines Eingriffs ändern. Nehmen wir ein Beispiel. Der amerikanische Chirurg Walter E. Dandy hat im Verlauf eines chirurgischen Eingriffs am optischen Chiasma bei einem siebzehnjährigen Mädchen die vollständige Sektion des Hypophysenstiels durchgeführt. Er hat festgestellt, dass die Sektion das Geschlechtsleben der Frau nicht beeinträchtigt, im Unterschied zu dem, was man bei bestimmten Säugetierarten beobachtet, bei denen der Ovarialzyklus und die Laktation erheblich gestört werden.[44] Um sagen zu können, ob in diesem Fall experimentiert wurde oder nicht, müsste man wissen, ob die Sektion des Hypophysenstiels hätte vermieden werden können oder nicht und was man sich von der Sektion versprochen hat. Einzig der Operierende kann in einem solchen Fall sagen, ob die Operation die strenge chirurgische Geste, das heißt die therapeutische Absicht,

[44] *American Journal of Physiology* 114 (1940), S. 312. Den Hinweis auf dieses und auf einige weitere im Folgenden angeführte Experimente verdanken wir Professor Gaston Mayer von der Medizinischen Fakultät in Bordeaux.

überschritten hat. In dem zitierten Beispiel sagt Dandy dazu nichts.

Um ein gültiges Kriterium für die Legitimität eines biologischen Experimentierens am Menschen zu finden, beruft man sich, wie wir wissen, für gewöhnlich auf die Einwilligung des Patienten, sich in die Position der Versuchsperson zu begeben. Alle Studenten der Bakteriologie kennen das berühmte Beispiel von George und Gladys Dick, die eine erythematöse Angina oder einen typischen Scharlach bestimmen, indem sie bei freiwilligen Probanden den Hals mit einer Streptokokkenkultur aus dem Rachen oder aus einem Panaritium eines an Scharlach Erkrankten einreiben. Während des Zweiten Weltkriegs sind in den Vereinigten Staaten Experimente zur Immunität an Strafgefangenen und an Kriegsdienstverweigerern mit deren Einverständnis vorgenommen worden. Dem möglichen Einwand, dass im Fall von randständigen Individuen, die darauf bedacht sind, sich in irgendeiner Weise zu rehabilitieren, ein volles Einverständnis eventuell nicht gegeben sei, weil es sich nicht um reine Freiwilligkeit handle, könnte man Fälle entgegenhalten, in denen sich Ärzte, Laborforscher, Krankenschwestern, der Ziele und Risiken eines Experiments vollauf bewusst, ohne Zögern zur Verfügung gestellt haben, einzig im Bestreben, zur Lösung eines Problems beizutragen.

Zwischen jenen Grenzfällen augenscheinlicher Legitimität und den entgegengesetzten Fällen manifester Verwerflichkeit, in denen Menschen, die vom Gesetzgeber als sozial deklassiert oder physiologisch minderwertig herabgestuft wurden, zwangsweise als Experimentiermaterial verwendet werden,[45] siedelt sich die unendliche Vielfalt jener Fälle an, in denen es schwierig wird zu entscheiden, ob man mangels einer umfassenden Kenntnis der Elemente des Problems – die der Operierende nicht hat, da er experimentiert, also ein Risiko eingeht – noch von Einwilligung des Patienten in einen halb therapeutischen, halb experimentellen Akt sprechen kann, dem sich zu unterziehen man ihm anbietet.[46]

Schließlich bleibt anzumerken, dass es Fälle gibt, in denen die Zustimmung oder die Kritik sich ebenso auf die Einwilligung der Patienten wie auf die Ermun-

[45] Statt erneut an die grauenerregenden Praktiken zu erinnern, die vielleicht zu ausschließlich der Technokratie oder dem Rassenwahn zugeschrieben werden, ziehen wir es vor, hier auf das althergebrachte Verfahren der menschlichen Vivisektion hinzuweisen. Man weiß, dass Herophilus und Erasistratus, die Köpfe der medizinischen Schule von Alexandria, die Vivisektion an zum Tode Verurteilten vorgenommen haben: „*Longeque optime fecisse Herophitum et Erasistratum qui nocentes homines a regibus ex carcere acceptos, vivos inciderint, considerarintque, etiamnum spiritu remanente, ea quae natura ante clausisset, eorumque positum, colorem, figuram; magnitudinem, ordinem, duritiem, mollitiem, laevorem, contactum, etc.*“ A. Cornelius Celsus, *Artium liber sextus idem medicinae primus*, Prooemium [„Ganz vorzüglich hätten daher Herophilus und Erasistratus gehandelt, indem sie Verbrecher, welche sie von den Königen aus den Gefängnissen empfingen, lebend öffneten und so, während sogar das Atmen noch fortbestand, die Teile betrachteten, welche die Natur vorher dem Auge entzogen hatte, und deren Lage, Farbe, Gestalt, Größe, Anordnung, Härte, Weichheit, Glätte, wie sie sich untereinander berühren [...], genau studierten.“ Aulus Cornelius Celsus, *Über die Arzneiwissenschaft*, 1. Buch, übers. v. Eduard Scheller (Darmstadt: Wissenschaftliche Buchgesellschaft 1967), S. 24.]

[46] Vgl. Emile Guyénot, „L'Expérimentation sur l'homme en parasitologie“, in: ders., *Les Problèmes de la vie* (Genf: Bourquin 1946).

Den Artikel von Professor René Fontaine zum Experimentieren in der Chirurgie („L'Expérimentation en chirurgie“, in: *Somme de Médecine contemporaine*, Bd. 1, hg. v. René Leriche u.a. (Nizza: Éditions de la Diane Française 1951), S. 155) haben wir zu spät gelesen, um ihn verwenden zu können. Er hat das große Verdienst, die Schwierigkeiten nicht zu umgehen und sich weder dem Konformismus noch den Konventionen zu unterwerfen.

terung seitens der Forscher richten könnte. So kamen der Erkenntnis der ersten Stadien der Entwicklung der menschlichen Eizelle Beobachtungen zugute, die unter folgenden experimentellen Bedingungen gemacht wurden. Der Gynäkologe fordert bestimmte Frauen, die er wegen verschiedener Gebärmuttererkrankungen operieren muss, dazu auf, an festgelegten Tagen Geschlechtsverkehr zu haben. Da die operative Entfernung der Gebärmutter zu einem festgelegten Datum erfolgen soll, ist es möglich, das entfernte Teil aufzuschneiden und die Struktur der befruchteten Eier, deren Alter nun leicht zu berechnen ist, zu untersuchen.[47]

Das Problem des Experimentierens am Menschen ist nicht länger einfach ein technisches Problem, es ist ein Werteproblem. Seit die Biologie den Menschen nicht mehr nur einfach als Problem, sondern als Instrument zur Erforschung von Lösungen für ihn betreffende Probleme versteht, stellt sich von selbst die Frage, ob der Preis des Wissens derart hoch ist, dass das Subjekt des Wissens einwilligen könnte, Objekt seines eigenen Wissens zu werden. Hier wird man ohne Weiteres den immer noch offenen Streit um den Menschen als Mittel oder Zweck, Objekt oder Person wiedererkennen. Das bedeutet, dass die

[47] John Rock u. Arthur T. Hertio, „Some Aspects of Early Human Development", in: *American Journal of Obstetrics and Gynecology* 44 (1942), Nr. 6, S. 973–983. John Rock und Miriam F. Menkin haben menschliche Eizellen, die durch Follikelpunktion an zu therapeutischen Zwecken entnommenen Gebärmüttern gewonnen wurden, *in vitro* befruchten und einige Entwicklungen des Eies beobachten können; vgl. „In Vitro Fertilization and Cleavage of Human Ovarian Eggs", in: *American Journal of Obstetrics and Gynecology* 55 (1948), Nr. 3, S. 440–452.

Humanbiologie die Antwort auf die Fragen nach ihrer Natur und ihrer Bedeutung nicht in sich selbst enthält.[48]

Absicht dieser Studie war es, der Originalität der biologischen Methode, der formalen Verpflichtung zur Berücksichtigung der Besonderheit ihres Gegenstands und dem Wert eines bestimmten biologischen Sinns, der der Durchführung der experimentellen Operationen eigen ist, Nachdruck zu verleihen. Je nachdem, ob man sich intellektualistischer oder im Gegenteil empiristischer einschätzen wird als wir selbst, wird man den Anteil, den wir den tastenden Versuchen oder im Gegenteil der Erfindung einräumten, für zu großzügig erachten. Man könnte sagen, dass die Biologie heute eine Wissenschaft ist, die für die Art und Weise, wie das Problem der Erkenntnismittel und des Wertes dieser Mittel philosophisch gestellt wird, entscheidend ist, und zwar deshalb, weil die Biologie autonom geworden ist, weil sie vor allem von der Rückwirkung des Objekts des Wissens auf die Konstitution jenes Wissens zeugt, welches auf die Natur dieses Objekts abzielt, und schließlich weil in ihr Erkenntnis und Technik unauflöslich verbunden sind.

[48] Vgl. Marc Klein, „Remarques sur les méthodes de la biologie humaine", in: *Congrès international de philosophie de sciences*, a.a.O., S. 145.

*Die Medizin löst die analogen Probleme, die von den Techniken der therapeutischen Organverpflanzung gestellt werden, von sich aus nicht besser. Siehe zu diesem Punkt einen sehr schönen Artikel von Jean Hamburger, Jean Crosnier u. Jean Dormont, „Problèmes moraux posés par les méthodes de suppléance et de transplantation d'organes", in: *Revue française d'études cliniques et biologiques* 9 (1964), Nr. 6.

Wir möchten ein Bild zu Hilfe nehmen, um dem Paradox der Biologie näherzukommen. In *Elektra* von Jean Giraudoux sinnt der Bettler, der Mann der Straße, der mit dem Fuß an die überfahrenen Igel stößt, über den Erbfehler des Igels nach, der diesen zur Überquerung der Straße treibt.[49] Wenn diese Frage einen philosophischen Sinn hat, insofern sie das Problem des Schicksals und des Todes stellt, so hat sie im Gegenzug weitaus weniger einen biologischen Sinn. Eine Straße ist ein Produkt der menschlichen Technik, eines der Elemente des menschlichen Milieus, doch hat sie keinerlei biologischen Wert für einen Igel. Igel als solche überqueren keine Straßen. Sie erkunden auf ihre Igelart ihre Igelumwelt, ihren Nahrungs- und Geschlechtstrieben entsprechend. Es sind im Gegenzug die Straßen der Menschen, die das Milieu des Igels, sein Jagdrevier und die Arena seiner Liebschaften durchqueren, so wie sie das Milieu des Hasen, des Löwen oder der Libelle durchqueren. Die experimentelle Methode ist nun – wie es die Etymologie des Wortes ‚Methode' anzeigt – ebenfalls eine Art Straße, die der Mensch als Biologe durch die Welt des Igels, des Frosches, der Drosophila, des Pantoffeltierchens und der Streptokokke zieht. Es ist folglich zugleich unvermeidlich und künstlich, zum Verständnis des Experiments, das für den Organismus sein eigenes Leben darstellt, Begriffe, intellektuelle Werkzeuge zu benutzen, so wie sie von jenem gelehrten

[49] Vgl. Jean Giraudoux, *Elektra*, I. Akt, 3. Szene, übers. v. Herbert Meier, in: ders., *Dramen*, Bd. II (Frankfurt/M.: Fischer 1961), S. 20.

Lebewesen, das der Biologe ist, geschmiedet werden. Man schließe daraus nicht, dass das Experimentieren in der Biologie nutzlos oder unmöglich sei, sondern sage sich, im Rückgriff auf die Formel „Leben ist Schöpfung“ von Claude Bernard,[50] dass sich die Erkenntnis des Lebens durch unvorhersehbare Umkehrungen vollziehen muss, in der steten Bemühung, ein Werden zu begreifen, dessen Sinn sich unserem Verstand niemals so klar offenbart wie dann, wenn es ihn aus der Fassung bringt.[51]

50 Bernard, *Einführung*, a.a.O., S. 135.

51 Eine erste deutsche Übersetzung dieses Textes, die hier zum Vergleich herangezogen wurde, ist in einem Preprint des Max-Planck-Instituts für Wissenschaftsgeschichte erschienen. Vgl. Georges Canguilhem, *Das Experimentieren in der Tierbiologie*, übers. v. Henning Schmidgen, Berlin 2001 [= Preprint 189] [A.d.Ü.].

II. GESCHICHTE

Jede neue Entwicklung in einer Wissenschaft stützt sich notwendigerweise auf das, was bereits existiert. Doch was bereits existiert, macht nicht immer an sehr deutlichen Grenzen halt. Zwischen dem Bekannten und dem Unbekannten gibt es keine definierte Linie, sondern einen verwischten Rand. Bevor der Wissenschaftler die Region erreicht, wo er festen Boden finden kann, um darauf seine Fundamente zu setzen, muss er recht weit zurückgehen, um aus der ungesicherten Zone herauszugelangen, von der gerade die Rede war. Wenn man den wissenschaftlichen Bereich, dem man sich widmet, ein wenig weiter ausdehnen will, muss man zur Absicherung seiner Perspektive bis in die Geschichte zurückgehen, um eine Grundlage zu finden.

Charles SINGER,
A History of Biology, Einleitung

DIE ZELLTHEORIE

Die Wissenschaftsgeschichte hat in Frankreich bisher mehr Ermunterungen als substantielle Beiträge erhalten. Ihr Platz und ihre Rolle in der Kultur werden nicht geleugnet, sind jedoch unzureichend definiert. Selbst ihr Sinn ist fließend: Muss die Wissenschaftsgeschichte als ein gesondertes Kapitel innerhalb der allgemeinen Zivilisationsgeschichte geschrieben werden? Oder muss in den wissenschaftlichen Konzeptionen einer bestimmten Zeit der Ausdruck des allgemeinen Geistes einer Epoche, einer *Weltanschauung** gesucht werden? Das Zuschreibungs- und Zuständigkeitsproblem ist noch offen: Untersteht diese Geschichte dem Historiker als Exegeten, Philologen und Gelehrten (dies vor allem für die Antike) oder aber dem Fachwissenschaftler, der als Sachkundiger zugleich in der Lage ist, das Problem, dessen Geschichte er nachzeichnet, zu beherrschen?
Muss man selbst in der Lage sein, eine wissenschaftliche Frage voranzutreiben, um das historische Zurückschreiten bis zu den ersten ungelenken Versuchen jener, die sie formuliert haben, richtig zu vollziehen? Oder genügt es für die Arbeit eines Wissenschaftshistorikers, den geschichtlichen, gar überholten Charakter eines bestimmten Werkes, einer bestimmten Konzeption herauszustellen und den nicht mehr zeitgemäßen Charakter bestimmter Auffassungen ungeachtet des Fortbestehens der Begriffe offenzulegen? Und was schließlich wäre demzufolge der Wert der

Wissenschaftsgeschichte für die Wissenschaft? Ist die Wissenschaftsgeschichte nichts anderes als das Museum der Irrtümer der menschlichen Vernunft, wenn das Wahre als Ziel der wissenschaftlichen Forschung dem Werden entzogen ist? In diesem Fall würde es sich für den Wissenschaftler nicht lohnen, auch nur eine Stunde Mühe auf die Wissenschaftsgeschichte zu verwenden, denn aus einer solchen Perspektive ist die Wissenschaftsgeschichte zwar Geschichte, aber keine Wissenschaft. In dieser Perspektive könnte man gar so weit gehen zu sagen, dass die Wissenschaftsgeschichte eher eine philosophische Kuriosität denn eine Anregung für den wissenschaftlichen Geist sei.[1] Eine solche Haltung setzt eine dogmatische Konzeption der Wissenschaft voraus und, wenn man so sagen darf, eine dogmatische Konzeption der wissenschaftlichen Kritik, eine Konzeption des „Fortschritts des menschlichen Geistes", die jene der *Aufklärung**, jene des Marquis de Condorcet und von Auguste Comte ist. Was über dieser Konzeption schwebt, ist das Trugbild eines „Endzustands" des Wissens, dem das wissenschaftliche Vorurteil das Urteil aus längst vergangenen Zeiten ist. Etwas ist ein Irrtum, weil es von gestern ist. Zeitliche Vorgängigkeit bedeutet logische Unterlegenheit.[2] Der Fortschritt wird nicht als ein

[1] Siehe die Stellungnahmen von Dominique Parodi und Louis Robin zur Diskussion vom 14. April 1934 über die Bedeutung der Geschichte des wissenschaftlichen Denkens in: *Bulletin de la Société française de philosophie* (1934), S. 73–107.

[2] Diese positivistische These wird von Claude Bernard vorbehaltlos bekräftigt. Vgl. die Seiten in der *Einführung*, in denen er die Geschichte der Wissenschaft und der wissenschaftlichen Kritik abhandelt (II. Teil, Kap. 2, § 10) und insbesondere folgende Passage: „Die Wissenschaft der Gegenwart steht demnach not-

Werteverhältnis aufgefasst, in dem der Übergang von Wert zu Wert für den Wert selbst konstitutiv ist; er wird vielmehr als Besitz eines letzten Wertes bestimmt, der die anderen transzendiert und sie abzuwerten erlaubt. Émile Brehier hat sehr zutreffend angemerkt, dass das, was es in Comtes *Cours de Philosophie positive* an Historischem gibt, weniger eine Bestandsaufnahme wissenschaftlicher als vielmehr vorwissenschaftlicher Auffassungen sei.[3] Ungeachtet der Gleichsetzung des Positiven und des Relativen birgt die positivistische Auffassung von Wissenschaftsgeschichte nach dessen Konzeption einen latenten Dogmatismus und Absolutismus. Demnach gäbe es zwar eine Geschichte der Mythen, aber keine Geschichte der Wissenschaften.

Trotz allem erlaubt die Entwicklung der Wissenschaften über das positivistische Zeitalter der Wissenschaftsphilosophie hinaus kein so gelassenes Vertrauen in den Automatismus eines Fortschritts der theoretischen Abwertung. Um nur ein Beispiel zu zitieren, das die Dimensionen einer Krise angenommen hat, im Zuge derer zahlreiche wissenschaftliche Konzeptionen überarbeitet werden mussten: Wir können nicht sagen, dass in der Optik die Wellentheorie die

wendig höher als die der Vergangenheit, und es gibt keinerlei Grund, nach einer Vermehrung der modernen Wissenschaft in den Erkenntnissen der Alten zu suchen. Ihre Theorien, die zwangsläufig falsch sind, da sie nicht die seither entdeckten Tatsachen einschließen, können für die aktuellen Wissenschaften von keinerlei wirklichem Wert sein." (Ders., *Einführung in das Studium der experimentellen Medizin*, übers. v. Paul Szendrö (Leipzig: Barth 1961), S. 203)

3 Émile Bréhier, „Signification de l'histoire de la pensée scientifique", in: *Bulletin de la Société française de philosophie* (1934).

Emissionstheorie ungültig gemacht hätte, dass Christiaan Huyghens und Augustin-Jean Fresnel Newton endgültig eines Fehlers überführt hätten. Die Synthese dieser zwei Theorien in der Wellenmechanik verbietet die Annahme, eine der beiden Repräsentationen des Lichtphänomens wäre zugunsten der anderen abgeschafft worden. Erlangt eine alte, lange für überholt gehaltene Theorie wieder eine neue, obgleich zuweilen scheinbar paradoxe Aktualität, so bemerkt man, wenn man die Autoren, die diese Theorie vorgeschlagen haben, mit größerer Sympathie wiederliest, dass sie selbst recht oft hinsichtlich des erschöpfenden Erklärungswerts ihrer Theorie gewisse Vorbehalte geäußert haben und dass sie deren etwaige Korrektur und Ergänzung durch andere Ansichten haben erahnen können, welche zu formulieren sie selbst natürlich nicht in der Lage waren.

So entdeckte Newton bei den nach ihm benannten Ringen Beugungs- und Interferenzphänomene, für die die Theorie der Teilchenemission keine Erklärung geben konnte. Er wurde also zu der Vermutung veranlasst, dass es notwendig sei, seine Konzeption durch den Rückgriff auf Elemente periodischer Natur (Theorie der „Anwandlungen leichter Reflexion und leichten Durchgangs")[4] zu ergänzen. Louis de Broglie sieht in dieser Ergänzung „gewissermaßen ein[en] Vorentwurf der Synthese, welche zwei Jahrhunderte später die Wellenmechanik verwirklichen sollte".[5]

[4] Isaac Newton, *Optik*, II. Buch, Prop. XIII (Thun u.a.: Harri Deutsch 1996).

[5] Louis de Broglie, *Licht und Materie*, ohne Übersetzerangabe (Hamburg u.a.: Claassen u. Goverts [7]1949), S. 145.

Gerade bezüglich Newton hat Paul Langevin darauf hingewiesen, dass die Gravitationstheorie einen frappierenden Fall der „Verkalkung von Theorien durch den Dogmatismus" darstelle, wofür allerdings der Verfasser der *Principia* von 1687 nicht persönlich verantwortlich zu machen sei, aufmerksam wie er war gegenüber allen Sachverhalten, die durch die Hypothese der Fernanziehung nicht verständlich gemacht werden konnten. „Es sind seine Anhänger, die angesichts des Erfolgs des Newton'schen Vorschlags diesem einen dogmatischen Charakter verliehen haben, der über das Denken des Autors hinausgeht und einen Rückblick schwieriger machte." Aus dieser Tatsache und bestimmten anderen, ähnlich gelagerten zieht Langevin Schlussfolgerungen, die dem dogmatischen Geist der gegenwärtigen Lehre in den Wissenschaften unmissverständlich ablehnend gegenüberstehen. Um neue Geister auf die wissenschaftliche Arbeit, das heißt auf ein umfassenderes Verständnis der Probleme oder auf eine erneute Hinterfragung bestimmter Lösungen vorzubereiten, ist eine Rückkehr zu den Quellen unerlässlich. „Um den Dogmatismus zu bekämpfen, ist es sehr lehrreich festzustellen, um wie viel mehr und besser als ihre Fortführer und Kommentatoren die Gründer von neuen Theorien über die Schwächen und Unzulänglichkeiten ihrer Systeme Rechenschaft abgelegt haben. Ihre Vorbehalte werden in der Folge vergessen, das, was für sie Hypothese war, wird in dem Maße, in dem man sich weiter von den Ursprüngen entfernt, zu einem immer unantastbareren Dogma, und eine gewaltige

Anstrengung wird notwendig, um sich davon freizumachen, wenn die Erfahrung sich anschickt, die mehr oder weniger fernliegenden Konsequenzen von Ideen zu widerlegen, deren provisorischen und prekären Charakter man vergessen hatte."[6] In der Biologie möchten wir zur Unterstützung der so fruchtbaren Gedanken von Langevin den Fall des Artenproblems zitieren. Es gibt kein elementares Handbuch der Naturgeschichte oder der Wissenschaftsphilosophie, das nicht in Carl von Linné den autoritären Vater des Fixismus anprangerte. Emile Guyénot schreibt in seinem Werk über die Lebenswissenschaften im 18. und 19. Jahrhundert, es sei „der dogmatische Geist Linnés gewesen, der die Vorstellung vom Fixismus der Arten zum Prinzip machte".[7] Doch im Folgenden erkennt Guyénot an, dass Linné ausgehend von Beobachtungen zur Hybridisierung zu „einer Art eingeschränktem Transformismus" gelangte, dessen Mechanismus ihm unbekannt geblieben sei.[8] Charles Singer, der in einer Passage seiner *History of Biology* ebenfalls dem Dogma eines fixistischen Dogmatismus Linnés beipflichtet, bringt an einer anderen Stelle eine Korrektur dieser ersten Interpretation an.[9] Guyénot und Singer stellen Linné John Ray gegenüber, als einen nuancierteren und zurückhaltenderen Fixisten. Tatsache ist jedoch, dass Linné an seinem

[6] Paul Langevin, „La Valeur éducative de l'histoire des sciences" [1926], in: ders., *La Pensée et l'action*, hg. v. Paul Labrenne (Paris: Éd. sociales 1964), S. 194–211.

[7] Emile Guyénot, *Les Sciences de la vie aux XVIIe et XVIIIe siècles* (Paris: A. Michel 1941), S. 361.

[8] Ebd., S. 373.

[9] Charles Singer, *A History of Biology* (Ames: Iowa Univ. Press: 1989), S. 192f. u. 293.

ursprünglichen Fixismus eindeutigere Korrekturen vorgenommen hat als Ray, und zwar mit Bezug auf weitaus bedeutendere biologische Phänomene. Das hat Lucien Cuénot in seinem Werk *L'Espèce* sehr gut gesehen,[10] und dasselbe geht mit bewundernswerter Klarheit aus dem Buch von Knut Hagberg über Linné hervor.[11] Das Nachdenken über die monströsen und „anormalen" Varietäten im Pflanzen- und Tierreich war es, das Linné zum vollständigen Abrücken von seiner ersten Auffassung der Arten führen sollte. Nach Hagberg muss man einräumen, dass Linné, angeblicher Vorkämpfer des Fixismus, „sich selber den Naturforschern anschließt, die an der Beweisbarkeit dieser Auffassung zweifeln". Gewiss gab Linné die Idee bestimmter von Gott geschaffener natürlicher Ordnungen niemals vollständig auf, doch erkannte er die Existenz von Arten und selbst von Gattungen an, die „Kinder der Zeit" seien,[12] und strich schließlich in den letzten, unablässig überarbeiteten Ausgaben der *Systema Naturae* seine Beteuerung, der zufolge sich niemals neue Arten bilden würden.[13] Linné ist nie zu einer wirklich klaren Auffassung der Arten gelangt. Aber sind seine Nachfolger denn sehr viel erfolgreicher gewesen, obgleich sie nicht wie er das Hinder-

[10] Vgl. Lucien Cuénot, *L'Espèce* (Paris: Doin 1936).

[11] Vgl. Knut Hagberg, *Carl Linnaeus*, übers. v. Thyra Dohrenburg (Hamburg: Goverts 1940), insbes. S. 221ff.

[12] Vgl. Carl Linné, *Systema naturae* (Holmiae: Impensis direct. Laurentii Salvii [10]1759).

[13] In Jean Rostands Werk *Esquisse d'une histoire de la biologie* (Paris: Gallimard 1945), S. 40, wird Linné als einer der Gründer des Transformismus angeführt, ohne dass damit eine paradoxe Beschreibung beabsichtigt wäre.

nis des eigenen Ausgangspunktes zu überwinden hatten? Warum sollte folglich der Wissenschaftshistoriker Linné für eine doktrinale Starrheit verantwortlich gemacht werden, die eher auf die pädagogische Vermittlung denn auf den Aufbau der Theorie selbst zurückgeht? Zweifelsohne erlaubte das Werk Linnés, dass man aus ihm den Fixismus ableitete, doch *man hätte aus dem gesamten Werk auch etwas anderes ableiten können*. Die Fruchtbarkeit eines wissenschaftlichen Werks rührt daher, dass es die Wahl der Methoden und Doktrinen nicht aufzwingt, zu der es selbst tendiert. Die Gründe für die Wahl müssen anderswo gesucht werden als in ihm. Das Verdienst einer richtig verstandenen Wissenschaftsgeschichte scheint uns darin zu liegen, die Geschichte in der Wissenschaft offenzulegen – die Geschichte, damit meinen wir den Möglichkeitssinn. Erkennen bedeutet nicht so sehr, auf ein Reales zu stoßen, als einem Möglichen Gültigkeit zu verschaffen, indem man es notwendig macht. Daher ist die Genese des Möglichen genauso wichtig wie der Beweis des Notwendigen. Die Fragilität des einen nimmt ihm nicht die Würde, die dem anderen aus seiner Festigkeit erwächst. Die Illusion hätte eine Wahrheit sein können. Die Wahrheit wird sich vielleicht eines Tages als Illusion erweisen.

In Frankreich haben am Ende des 19. Jahrhunderts und parallel zum Aussterben der letzten Vertreter des eklektischen Spiritualismus Denker wie Emile Boutroux, Henri Poincaré, Henri Bergson und die Gründer der *Revue de Métaphysique et de Morale* mit gutem Grund den Versuch unternommen, Philosophie und

Wissenschaften miteinander zu verbinden. Doch genügt es offenbar nicht, der Philosophie dadurch eine seriöse Haltung zu verleihen, dass man ihr die sprachliche und im schlechten Sinne dialektische Spielerei austreibt. Es wäre nicht verkehrt, wenn die Wissenschaft aus dem Umgang mit der Philosophie auch eine gewisse Freiheit zurückbehielte, die es ihr verbieten würde, die Erkenntnis abergläubisch wie eine lang erhoffte Offenbarung und die Wahrheit wie ein positives Dogma zu behandeln. Es kann also gewinnbringend sein, die Elemente für eine Auffassung von Wissenschaft und sogar von kulturellen Methoden in der Wissenschaftsgeschichte zu suchen – versteht man diese als Psychologie einer progressiven Eroberung der Begriffe in ihrem aktuellen Gehalt, als eine Formierung logischer Genealogien und, um einen Ausdruck Gaston Bachelards zu verwenden, als eine Bestandsaufnahme überwundener „epistemologischer Hindernisse"!
Als ersten Versuch diesen Typs haben wir die Zelltheorie in der Biologie gewählt.

Die Zelltheorie ist sehr gut geeignet, die philosophischen Gemüter hinsichtlich des Wesens der biologischen Wissenschaft zu verunsichern: Ist sie rational oder experimentell? Es sind die Augen der Vernunft, die die Lichtwellen sehen, aber es scheint doch so, als wären es die Augen, also Sinnesorgane, die die Zellen in einem Pflanzenquerschnitt identifizieren. Die Zelltheorie wäre demnach eine Ansammlung von Beobachtungsprotokollen. Das mikroskopbewehrte

Auge sieht die Zusammensetzung des makroskopischen Lebendigen aus Zellen, genauso wie das bloße Auge das makroskopische Lebendige als Bestandteil der Biosphäre sieht. Und dennoch ist das Mikroskop eher die Erweiterung des Verstandes als die Erweiterung des Gesichtssinns. Außerdem will die Zelltheorie nicht bloß behaupten, dass sich Lebewesen aus Zellen zusammensetzen, sondern vielmehr, dass zum einen die Zelle der *einzige* Baustein *aller* Lebewesen ist, sowie zum anderen, dass jede Zelle von einer bereits existierenden Zelle abstammt. Was dies zu behaupten erlaubt, ist jedoch nicht das Mikroskop. Das Mikroskop ist allenfalls eines der Mittel zur Verifikation von etwas, was man bereits behauptet hat. Doch woher kam dann die Idee, derlei zu behaupten, bevor man es verifiziert hatte? Hier gewinnt die Geschichte der Formierung des Begriffs der *Zelle* ihre Bedeutung. Die Aufgabe wird in diesem Fall erheblich erleichtert durch die Arbeit von Marc Klein zur Geschichte der Ursprünge der Zelltheorie.[14]

Was die Zelle betrifft, wird im Allgemeinen Robert Hooke zu viel Ehre erwiesen. Gewiss hat er die Sache entdeckt – ein wenig durch Zufall und ein wenig durch das Spiel einer von den ersten Offenbarungen des Mikroskops amüsierten Neugierde. Nachdem er einen feinen Schnitt durch ein Stück Kork gemacht hat, entdeckt Hooke dessen durch Zwischenwände

14 Vgl. Marc Klein, *Histoire des origines de la théorie cellulaire* (Paris: Hermann 1936).

gegliederte Struktur.[15] Er ist es auch, der das Wort unter dem Einfluss eines Bildes erfindet, indem er das pflanzliche Objekt mit einer Bienenwabe vergleicht, dem Werk eines Tieres, das wiederum mit einem menschlichen Werk verglichen wird, denn eine Zelle ist eine kleine Kammer. Doch die Entdeckung Hookes setzt nichts in Gang, sie bildet keinen Ausgangspunkt. Selbst das Wort geht verloren und wird erst ein Jahrhundert später wiedergefunden werden.

Bereits diese Entdeckung der Sache und diese Erfindung des Wortes laden zu einigen Überlegungen ein. Bei der Zelle haben wir es mit einem biologischen Objekt zu tun, dessen affektive Überdeterminierung unbestreitbar und beträchtlich ist. Die Psychoanalyse der Erkenntnis hat inzwischen genügend Erfolge vorzuweisen, um für sich die Würde eines Genres zu beanspruchen, zu dem man auch ohne systematische Absichten einiges beitragen kann. Ein jeder wird unter seinen Erinnerungen an die Unterrichtsstunden in Naturgeschichte das Bild von der Zellstruktur der Lebewesen finden. Dieses Bild ist von nahezu kanonischer Beständigkeit. Die schematische Darstellung eines Epithels ist das Bild einer Honigwabe.[16] Das Wort ‚Zelle' lässt uns nicht an den Mönch oder den Gefangenen denken, sondern an die Biene. Ernst Haeckel hat darauf hingewiesen, dass die mit Honig

[15] Vgl. Robert Hooke, *Micrographia; or Some Physiological Descriptions of Minute Bodies Made by Magnifying Glass, with Some Observations and Inquiries Thereupon* [1667] (New York: Dover 1961).

[16] Man siehe z.B. Pol Bouin, Auguste Prenant u. Louis Maillard, *Traité d'histologie*, Bd. 1 (Paris: Masson 1904), S. 95 (Abb. 84), oder Max Aron u. Pierre Paul Grassé, *Précis de biologie animale* (Paris: Masson 1935), S. 525 (Abb. 245).

gefüllten Wachszellen die genaue Entsprechung der mit Zellsaft gefüllten pflanzlichen Zellen sind.[17] Indessen scheint uns die Macht, die der Begriff der Zelle über die Geister ausübt, nicht von der Vollständigkeit dieser Entsprechung herzurühren. Könnte nicht der menschliche Geist, als er vom Bienenstock den Begriff der Zelle bewusst entlehnte, um das Grundelement des lebenden Organismus zu bezeichnen, ihm beinahe unbewusst auch die Vorstellung der kooperativen Arbeit, die die Honigwabe erzeugt, entnommen haben? So wie die Wabenzelle Teil eines Baus ist, sind die Bienen nach den Worten Maurice Maeterlincks gänzlich in der Republik aufgehende Individuen. In der Tat liegt dem Begriff der Zelle eine zugleich anatomische und funktionale Konzeption zugrunde, insofern er ein elementares Material einerseits und eine individuelle, partielle und untergeordnete Arbeit andererseits bezeichnet. Sicher ist, dass die affektiven und sozialen Werte der Kooperation und Assoziation mehr oder weniger nah über der Entwicklung der Zelltheorie schweben.

Einige Jahre nach Hooke veröffentlichen Marcello Malpighi auf der einen, Nehemiah Grew auf der anderen Seite zeitgleich (1671) und unabhängig voneinander ihre Arbeiten über die mikroskopische Anatomie der Pflanzen. Ohne Bezugnahme auf Hooke haben sie dieselbe Sache noch einmal entdeckt, verwenden jedoch ein anderes Wort. Der eine wie der andere stel-

17 Vgl. Ernst Haeckel, *Die Lebenswunder* [1904], II. Teil, Kap. 7, in: ders., *Gemeinverständliche Werke*, Bd. 4, hg. v. Heinrich Schmidt (Leipzig u.a.: Kröner 1924), S. 174.

len fest, dass es in den Lebewesen das gibt, was wir jetzt Zellen nennen, doch keiner von ihnen behauptet, Lebewesen seien nichts als Zellen. Mehr noch, laut Klein ist Grew ein Anhänger der Theorie, der zufolge die Zelle eine sekundäre Formation sein soll, die in einem ursprünglichen lebendigen Fluidum entstehe. Ergreifen wir diese Gelegenheit, um das Problem aufzuwerfen, das die eminente wissenschaftliche Relevanz der Geschichte einer biologischen Theorie zu begründen scheint.

Seit man sich in der Biologie für die morphologische Beschaffenheit der lebendigen Körper interessiert hat, oszillierte der menschliche Geist zwischen zwei Vorstellungen: einer grundlegend kontinuierlichen und plastischen Substanz auf der einen Seite und einer Zusammensetzung von Teilen, von organisierten Atomen oder Lebenskeimen auf der anderen Seite. Wie in der Optik stehen sich auch hier die zwei Forderungen des Verstandes nach Kontinuität und Diskontinuität gegenüber.

In der Biologie bezeichnet der Begriff Protoplasma einen Bestandteil der Zelle, die wiederum als atomisches Grundelement in der Zusammensetzung des Organismus betrachtet wird. Doch die etymologische Bedeutung des Ausdrucks verweist uns auf die Konzeption einer ursprünglichen formbildenden Flüssigkeit. Der Botaniker Hugo von Mohl, einer der ersten Autoren, die die Entstehung der Zellen durch Teilung bereits existierender Zellen präzise beobachtete, hat 1843 den Begriff „Protoplasma“ mit Verweis auf die physiologische Funktion eines Fluidums vorgeschlagen, das überall dort, wo Zellen entstehen sollen, den ersten festen Erzeugungen vorausgeht. Dasselbe hatte Félix Dujardin 1835 „Sarkode“ genannt, wobei er darunter eine lebende gelatinöse Masse verstand, die in der Lage ist, sich zu einem späteren Zeitpunkt zu organisieren. Selbst bei Theodor Schwann, der als der Begründer der Zelltheorie angesehen wird, überlagern sich die beiden theoretischen Bilder. Nach Schwann existiert eine strukturlose Substanz, das Zytoblastem, in der die Kerne entstehen, um die herum sich die Zellen bilden. Schwann sagt, dass sich die Zellen in den Geweben dort bilden, wo die Nährflüssigkeit in diese eindringt. Die Feststellung dieses Phänomens theoretischer Ambivalenz selbst bei jenen Autoren, die am meisten dazu beigetragen haben, die Zelltheorie fest zu etablieren, regt Klein zu der folgenden, für unsere Untersuchung höchst bedeutsamen Bemerkung an: „Man findet also eine kleine Anzahl grundlegender Ideen wieder, die bei Autoren, die zu den verschiedensten Gegenständen arbeiten und die sich selbst an sehr unterschiedlichen Standpunkten verorten, beharrlich wiederkehren. Diese Autoren haben sie gewiss nicht voneinander übernommen; diese grundlegenden Hypothesen scheinen konstante Denkmodi darzustellen, die Bestandteil der Erklärung in den Wissenschaften sind.“[18] Wenn wir diese epistemologische Feststellung auf die Ebene der Erkenntnisphilosophie verlegen, müssen wir – entgegen dem empiristischen Gemeinplatz, der von den

[18] Klein, *Histoire des origines de la théorie cellulaire*, a.a.O., S. 53.

Wissenschaftlern, wenn sie sich zu einer Philosophie ihres experimentellen Wissens aufschwingen, oftmals kritiklos übernommen wird – sagen, dass *die Theorien niemals aus den Tatsachen hervorgehen*. Die Theorien entstehen nur aus vorhergehenden, oftmals sehr alten Theorien. Die Tatsachen sind lediglich der (nur selten geradlinige) Weg, auf dem die Theorien auseinander hervorgehen. Diese Abstammung von Theorien aus Theorien wurde durch Comte sehr treffend ins Licht gerückt, als er darauf hinwies, es sei logisch unvermeidlich, dass falsche Theorien den richtigen vorausgingen, denn eine Beobachtungstatsache setze eine die Aufmerksamkeit lenkende Idee voraus. Wir haben bereits gesagt, worin uns die Konzeption Comtes unhaltbar scheint, nämlich in seiner Gleichsetzung von zeitlicher Vorgängigkeit und logischer Unterlegenheit, einer Gleichsetzung, die Comte – unter dem Einfluss eines immerhin durch mathematische Deduktion moderierten Empirismus – dazu führt, den in seinen Augen nunmehr definitiven theoretischen Wert jener logischen Monstrosität, die die „allgemeine Tatsache" [*fait général*] ist, zu sanktionieren.

Zusammenfassend lässt sich sagen, dass wir die authentischen Ursprünge der Zelltheorie anderswo suchen müssen als in der Entdeckung bestimmter mikroskopischer Strukturen der Lebewesen.

1707 ist ein denkwürdiges Datum in der Geschichte der Biologie. Es ist das Jahr, in dem die beiden Naturforscher geboren werden, deren Größe das 18. Jahrhundert beherrscht, Carl von Linné und Georges-Louis Leclerc, Comte de Buffon. 1708 wird ein ihnen

Ebenbürtiger geboren, Albrecht von Haller. In jeweils unterschiedlicher Weise beschäftigten sich alle mit der Einheit der verschiedenen Erscheinungsweisen des Lebens. Man kann sagen, dass keinem von ihnen die Idee einer elementaren Zusammensetzung der Lebewesen fremd war. Doch bei Linné handelt es sich um eine intuitive, beinahe poetische Sichtweise, die in der *Västgöta Resa* [Reise nach Västergötland] von 1746 recht beiläufig formuliert wird: „Wenn Pflanzen und Tiere verwesen, werden sie zu Humus, der Humus wird sodann zur Nahrung der Pflanzen, die in ihn gesät werden und in ihm wurzeln. So sind die mächtigste Eiche und die gewöhnlichste Brennessel durch die Natur oder durch einen Stein der Weisen aus denselben Elementen gemacht, das heißt aus den feinsten Humuspartikeln. Einen solchen Stein hat der Schöpfer in jedem Samenkorn deponiert, um den Humus entsprechend der jeweils eigenen Art der Pflanze zu verwandeln und umzuformen."[19] Es geht hier mithin um das, was Linné selbst an anderer Stelle eine *metempsychosis corporum* nennt. Die Materie bleibt und die Form vergeht. Nach dieser kosmischen Vision liegt das Leben in der Form und nicht in der elementaren Materie. Die Idee eines allen Lebewesen gemeinsamen lebendigen Elements wird von Linné nicht entfaltet. Das liegt daran, dass Linné ein Systematiker ist, der eher die Einheit des Plans für die Zusammensetzung der Arten sucht als das plastische Element für die Zusammensetzung des Individuums.

[19] Carl von Linné, *Västgöta Resa 1746* (Malmö: Malmö Ljustrycksanstalt 1956).

Dagegen haben Haller und Buffon – die damit eher spekulativen Ansprüchen entsprechen als sich den Gegebenheiten der mikroskopischen Anatomie unterwerfen wollten – den Versuch unternommen, die Lebewesen auf eine lebendige Einheit zurückzuführen, welche in der Biologie die Rolle eines Prinzips (im doppelten Sinn von uranfänglicher Existenz und von Intelligibilitätsgrund) spielen sollte.
Haller sieht die Faser als das lebendige Grundelement in der Zusammensetzung von Organismen. Diese auf die Untersuchung der Nerven, der Muskeln, der Sehnen und des lockeren Bindegewebes (das von Haller Zellgewebe genannt wird) gegründete Fasertheorie wird in verschiedener Gestalt bei einigen Biologen bis gegen Mitte des 19. Jahrhunderts fortbestehen. Der ausdrücklich systematische Charakter von Hallers Konzeption springt bereits auf den ersten Seiten der *Anfangsgründe der Physiologie* von 1757 ins Auge: „Die Faser ist für den Physiologen das, was für den Geometer die Linie ist."[20] Das Grundelement der Physiologie weist Hallers Auffassung gemäß dieselbe Uneindeutigkeit hinsichtlich einer empirischen oder rationalen Herkunft auf wie die Elemente der Geometrie nach Euklid. In einer anderen Schrift aus derselben Zeit schreibt Haller: „Die kleinste Faser oder die einfache Faser, *so, wie sie uns eher die Vernunft als die Sinne wahrnehmen lässt*, ist aus terrestrischen Molekülen zusammengesetzt, die der Länge nach zusammenhängen

[20] Albrecht von Haller, *Anfangsgründe der Phisiologie des menschlichen Körpers*, Bd. 1, übers. v. Johann Samuel Haller (Berlin: C. F. Voss 1759), S. 3 [Aktualisierte Übers. – A.d.Ü.].

und durch Körperleim miteinander verbunden sind."[21]

Im Werk Buffons – der, wie Klein hervorhebt, sehr wenig Gebrauch vom Mikroskop gemacht hat – finden wir eine Theorie über die Zusammensetzung der Lebewesen, die ein System in genau dem Sinn ist, den das 18. Jahrhundert diesem Wort gibt. Buffon nimmt Prinzipien an, um eine gewisse Anzahl von Fakten als deren Folgeerscheinungen erklären zu können. Dabei handelt es sich im Wesentlichen um Tatsachen der Fortpflanzung und Vererbung. Die Theorie der „organischen Moleküle" ist in der *Histoire générale des animaux* (1749) dargelegt. Buffon schreibt: „Die Tiere und Pflanzen, die sich durch all ihre Körperteile vervielfältigen und reproduzieren können, sind organisierte Körper, die aus anderen, ähnlichen organischen Körpern zusammengesetzt sind, deren angehäufte Menge wir zwar mit dem Auge ausmachen, deren ursprüng-

[21] Unsere Hervorhebung. Haller verfährt genauso wie Nicolas Steno (1638–1686), der in seiner Abhandlung *De musculis et glandulis observationum specimen* (1664) eine Fasertheorie des Muskels vorlegt hatte, die er in seinem *Elementorum myologiae specimen* (1667) wiederaufgriff und *more geometrico* zur Darstellung brachte. In letztgenanntem Werk ist die erste Definition im geometrischen Sinne des Worts diejenige der Faser.
Wie erinnern daran, dass die Faserstruktur der Tiere und Pflanzen von Descartes in *Über den Menschen* (übers. v. Karl E. Rothschuh (Heidelberg: L. Schneider 1969), S. 134) gelehrt wurde. Dennoch hat man Descartes aufgrund eines Textes aus seiner *Generatio animalium* (ders., *Œuvres*, Bd. XI, hg. v. Charles Adam u. Paul Tannery (Paris: J. Vrin 1974), S. 534) als einen Vorläufer der Zelltheorie darstellen wollen: „Die Ausbildung der Pflanzen und Tiere ähnelt sich darin, dass beide aus Materieteilchen bestehen, die durch die Kraft der Wärme zusammengerollt sind." Wir sind denkbar weit davon entfernt, diese Meinung zu teilen, und überlassen sie der Verantwortlichkeit des Doktor Bertrand de Saint-Germain (vgl. ders., *Descartes considéré comme physiologiste et comme médecin* (Paris: Masson 1869), S. 376). Siehe dazu den Anhang I zum Übergang von der Faser- zur Zelltheorie am Ende dieses Buchs).

liche Teile wir aber nur mit Hilfe des Verstandes wahrnehmen können."[22] Das führt Buffon zu der Annahme der Existenz einer unendlichen Menge lebendiger organischer Teile, deren Substanz dieselbe sei wie die der organisierten Lebewesen. Diese den Tieren und den Pflanzen gemeinsamen organischen Teile sind ursprünglich und unvergänglich, so dass Zeugung und Zerstörung der organisierten Lebewesen nichts anderes als die Verbindung und die Trennung dieser elementaren Lebewesen sind.

Das ist laut Buffon die einzige Annahme, welche die Schwierigkeiten der rivalisierenden Theorien umgehen kann, die vor ihm zur Erklärung der Fortpflanzungsphänomene im Umlauf waren: des Ovismus und des Animalkulismus. Beide nehmen eine einseitige Vererbung an, gehen allerdings darin auseinander, dass die erste im Anschluss an Regnier de Graaf eine mütterliche Vererbung, die zweite hingegen im Anschluss an Antoine van Leeuwenhoek eine väterliche Vererbung annimmt. Buffon, aufmerksam gegenüber Phänomenen der Hybridisierung, geht von einer beidseitigen Vererbung aus.[23] Die Tatsachen drängen eine solche Auffassung auf: Ein Kind kann zugleich seinem Vater und seiner Mutter ähneln. „Die Ausbildung des Fötus vollzieht sich durch die Vereinigung der organischen Moleküle, die in jener Mischung enthalten sind, die sich aus den Samenflüs-

[22] Georges-Louis Leclerc, Comte de Buffon, *Histoire générale des animaux* [1749], Kap. II, in: ders., *Histoire naturelle, générale et particulière, avec la description du Cabinet du Roy*, Bd. II (Paris: Honoré Champion 2008), S. 117.

[23] Ebd., Kap. V.

sigkeiten der beiden Individuen gebildet hat."[24] Aus Buffons eigenem Bericht[25] weiß man, dass seine Theorie zunächst auf eine Idee von Pierre Louis Moreau de Maupertuis zurückgeht, dessen Schrift *Vénus Physique* (1745) eine kritische Abhandlung über die Theorien zum Ursprung der Tiere darstellt. Um die Erzeugung der zufälligen Varietäten, die Erbfolge dieser Varietäten von einer Generation zur nächsten und schließlich die Etablierung und die Zerstörung der Arten zu erklären, sieht sich Maupertuis veranlasst, „das als Fakten anzusehen, was die Erfahrung uns anscheinend anzunehmen zwingt": dass die Samenflüssigkeit jeder Tierart eine Vielzahl von Partikeln beinhaltet, aus der sich durch Zusammenfügung Tiere derselben Art bilden können; dass in der Samenflüssigkeit eines jeden Individuums jene Partikel ähnliche Züge wie die des Inividuums ausbilden, die zahlenmäßig überwiegen und die größte Affinität untereinander haben; dass jedes Teil des Tieres Keime liefert, so dass der Samen des Tieres das Tier in Kleinform enthält.[26]

Zu beachten ist Maupertuis' Gebrauch des Begriffs *Affinität*. Es handelt sich um einen Begriff, der uns heute wie ein bloßes Wort erscheint. Im 18. Jahrhundert ist er ein genuin wissenschaftlicher Begriff, in dem das ganze Gewicht der Newton'schen Mechanik liegt. Denn hinter der Affinität verbirgt sich die Anzie-

[24] Ebd., Kap. X, S. 386.

[25] Ebd., Kap. V, S. 238.

[26] Pierre Louis Moreau de Maupertuis, *Vénus physique*, in: ders., *Œuvres*, Bd. II (Hildesheim: Olms 1965).

hungskraft. Im Denken Buffons ist die Gerichtsbarkeit der Newton'schen Mechanik über die Organisation des Lebendigen noch offenkundiger: „Es ist offensichtlich, dass weder der Blutkreislauf noch die Bewegung der Muskeln oder die tierischen Funktionen durch den Impuls oder die anderen Gesetze der gewöhnlichen Mechanik erklärt werden können; es ist ebenso offensichtlich, dass die Ernährung, die Entwicklung und die Fortpflanzung anderen Gesetzen folgen: Warum will man also nicht in die Körpermassen eindringende und auf sie einwirkende Kräfte annehmen, da wir doch im Übrigen Beispiele dafür in der Schwerkraft der Körper, in den magnetischen Anziehungskräften, in den chemischen Affinitäten haben?“[27] Diese Aggregation [*agrégation*] der organischen Moleküle durch Anziehungskraft gehorcht einer Art Gesetz der morphologischen Konstanz; das ist es, was Buffon die „innere Gussform“ [*moule intérieure*] nennt. Ohne die Hypothese der „inneren Gussform“ in Ergänzung zu jener der organischen Moleküle blieben die Ernährung, die Entwicklung und die Fortpflanzung von Lebewesen unverständlich. „Der Körper eines Tieres ist eine Art innere Gussform, in der sich die Materie, die zu seinem Wachstum dient, gestaltet und dem Ganzen angleicht [...]. Es erscheint uns also als sicher, dass der Körper des Tieres oder der Pflanze eine innere Gussform ist, die eine gleichbleibende Form hat, deren Masse und Volumen aber proportional ansteigen können, und dass sich das

[27] Buffon, *Histoire générale des animaux*, Kap. IV, a.a.O., S. 150f.

Wachstum oder, wenn man so will, die Entwicklung des Tieres oder der Pflanze nur durch die Ausweitung dieser Gussform in all ihren äußeren und inneren Dimensionen vollzieht; dass sich diese Ausweitung durch die Einverleibung [*intussusception*] einer zusätzlichen und fremden Materie vollzieht, welche in das Innere eindringt und ähnlich zur Form und identisch mit der Materie der Gussform wird."[28] Die innere Gussform steht logisch zwischen der aristotelischen Formursache und der lenkenden Idee, von der Claude Bernard spricht.[29] Sie antwortet auf denselben Anspruch des biologischen Denkens, nämlich die morphologische Individualität des Organismus zu erklären. Buffon ist überzeugt, mit einer solchen Hypothese nicht in die Metaphysik zurückzufallen; er ist sich sogar sicher, nicht in Konflikt mit der mechanistischen Erklärung des Lebens zu geraten, vorausgesetzt, dass die Prinzipien der Newton'schen Mechanik mit gleichem Recht anerkannt werden wie jene der kartesianischen Mechanik. „Ich habe in meiner Erklärung der Entwicklung und der Fortpflanzung zunächst die gemeinhin anerkannten mechanischen Prinzipien angenommen, dann das der eindringenden Schwerkraft, das man zwangsläufig anerkennen muss; und durch Analogieschluss habe ich geglaubt sagen zu können, dass es noch andere eindringende Kräfte gab, die in den organisierten Körpern ihre Wirkung ausübten, wie uns die Erfahrung bestätigt."[30] Diese letz-

[28] Ebd., Kap. III, S. 135f.

[29] Vgl. Bernard, *Einführung*, a.a.O., S. 136

[30] Buffon, *Histoire générale des animaux*, Kap. III, a.a.O., S. 144.

ten Worte sind bemerkenswert. Buffon meint, durch Tatsachen, zu denen er durch die Verallgemeinerung von Erfahrungen kommt, bewiesen zu haben, dass eine unendliche Anzahl organischer Teile existiert. In der Tat führt Buffon eine bestimmte Interpretation der Erfahrung auf die Erfahrung selbst zurück, für die allerdings die Erfahrung weit weniger verantwortlich zeichnet als Buffons Lektüren. Buffon hat Newton gelesen, studiert, verehrt;[31] er hat 1740 den *Treatise of the Method of Fluxions* übersetzt und ein Vorwort dazu verfasst.[32] Scharfsichtig spricht Singer dieser Übersetzung eine gewisse Bedeutung für die Geschichte der französischen Biologie zu, kränkt sie doch Voltaire, der in Frankreich das Monopol für die Verbreitung Newton'scher Theorien beanspruchte. Voltaire rühmte Buffon niemals ohne Vorbehalte, machte sich über dessen Mitarbeiter Needham lustig und erhob gegen die geologischen Erklärungen aus der *Théorie de la Terre* und den *Époques de la Nature* Einwände, die zumeist lächerlich waren. Es ist unbestreitbar, dass Buffon danach trachtete, der Newton der organischen Welt zu sein, ein wenig so, wie David Hume zur sel-

[31] Siehe den Ergänzungsband zur *Théorie de la Terre* [1749] mit dem Titel *Des Éléments*, und insbesondere die „Réflexions sur la Loi de l'Attraction", in: Georges-Louis Leclerc de Buffon, *Histoire naturelle, générale et particulière*, Bd. XXX (Paris: Imprimerie Royale 1774), S. 126–42.

[32] Vicq d'Azyr vergisst nicht, dieses Verdienst in seiner *Éloge de Buffon* an der *Académie Française* vom 11. Dezember 1788 zu erwähnen. Louis Roule misst der Tatsache, dass Buffon von der mathematischen Berechnung ausgeht, um zu Physik und Chemie und weiter zu Zoologie, Botanik, Geologie und Mineralogie überzugehen, größte Bedeutung bei; vgl. ders., *Buffon et la description de la nature* (Paris: Flammarion 1924), S. 19. Dieser Aspekt von Buffons Genie ist von Jean Strohl in seiner Studie über Buffon ebenfalls sehr gut gesehen worden (vgl. *Tableau de la Littérature française (XVIIe–XVIIIe siècles)* (Paris: Gallimard 1939)).

ben Zeit danach trachtete, der Newton der psychischen Welt zu sein. Newton hatte bewiesen, dass es dieselben Kräfte sind, die die Sterne bewegen und auf die Körper auf der Erdoberfläche einwirken. Durch die Anziehungskraft erklärte er die Kohäsion der elementaren Massen zu komplexeren materiellen Systemen. Ohne die Anziehungskraft wäre die Realität Staub und nicht Universum.

„Wenn die Materie aufhörte, sich anzuziehen" ist für Buffon eine Annahme, die gleichbedeutend ist mit „wenn die Körper ihre Kohärenz verlören".[33] Als guter Anhänger Newtons geht Buffon von der Stofflichkeit und dem Teilchencharakter des Lichts aus: „Die kleinsten Materiemoleküle, die kleinsten Atome, die wir kennen, sind die des Lichts [...]. Das Licht, obzwar dem Anschein nach von einer Beschaffenheit, die derjenigen der Schwere ganz entgegensteht, das heißt von einer vermeintlich wesentlichen Flüchtigkeit, ist nichtsdestotrotz mit Schwere behaftet wie alle andere Materie, da es jedes Mal, wenn es nahe an anderen Körpern vorbeiführt und sich in der Reichweite ihrer Anziehungssphäre befindet, gebeugt wird [...]. Und so, wie sich alle Materie durch Teilung und Abstoßung ihrer übermäßig zersplitterten Teile in Licht umwandeln kann, wenn diese aufeinanderprallen, so kann sich auch das Licht durch Hinzufügung seiner eigenen, durch die Anziehungskraft der anderen Körper angehäuften Teile in jede andere Materie umwan-

[33] Buffon, *Des Éléments*, Teil 1: „De la Lumière, de la Chaleur et du Feu", a.a.O., S. 2.

deln."[34] Das Licht, die Wärme und das Feuer sind Seinsweisen der gewöhnlichen Materie. Wissenschaft zu betreiben heißt zu erforschen, „wie die Natur mit dieser einzigen Antriebskraft und diesem einzigen Gegenstand ihre Werke endlos variieren kann".[35] Eine Teilchenkonzeption der Materie und des Lichts kann nur für denjenigen eine Teilchenkonzeption der lebenden Materie nach sich ziehen, der meint, dass diese nur Materie und Wärme sei. „Man kann alle Effekte der anorganischen Materie auf die bloße Anziehungskraft und alle Phänomene der lebendigen Materie auf dieselbe Anziehungskraft gemeinsam mit der Kraft der Wärme zurückführen. Unter lebendiger Materie verstehe ich nicht nur die lebenden oder vegetierenden Wesen, sondern auch alle lebenden organischen Moleküle, die in den Rückständen oder Abfallprodukten der organisierten Körper verstreut und verbreitet sind; ich verstehe außerdem unter lebendiger Materie die des Lichts, des Feuers und der Wärme, kurz gesagt alle Materie, die uns aus sich selbst heraus aktiv erscheint."[36]

Dies ist die logische Abstammungslinie, die unserer Meinung nach das Entstehen der Theorie der organischen Moleküle erklärt. Eine biologische Theorie geht aus dem Prestige einer physikalischen Theorie hervor. Die Theorie der organischen Moleküle exemplifiziert eine Erklärungsmethode, die analytische Methode, und privilegiert einen Typus des Denkens,

[34] Ebd., S. 8ff.
[35] Ebd., S. 18.
[36] Ebd., S. 4.

das Denken des Diskontinuierlichen. Die Natur wird auf die Identität eines Grundelements zurückgeführt – „eine einzige Antriebskraft und ein einziger Gegenstand“ –, dessen Komposition mit sich selbst den Anschein der Vielfalt erzeugt – sie kann „ihre Werke endlos variieren“. Das Leben eines Individuums, ob Tier oder Pflanze, ist also eine Folge und kein Prinzip, ein Produkt und keine Essenz. Ein Organismus ist ein Mechanismus, dessen Gesamtwirkung notwendigerweise aus der Zusammenfügung der Teile resultiert. Die wahre lebendige Individualität ist molekular, monadisch. „Das Leben des Tieres oder der Pflanze scheint nur das Resultat all der Handlungen, all der kleinen besonderen Leben (wenn ich mich so ausdrücken darf) eines jeden dieser aktiven Moleküle zu sein, deren Leben urtümlich ist und anscheinend nicht zerstört werden kann; wir haben diese lebendigen Moleküle in allen lebenden oder vegetierenden Wesen gefunden; wir sind sicher, dass all diese organischen Moleküle auch der Ernährung und folglich auch der Reproduktion der Tiere und Pflanzen eigen sind. Es ist also nicht schwierig, sich vorzustellen, dass diese Moleküle, wenn sie in einer bestimmten Anzahl auftreten, ein Lebewesen bilden: Insofern das Leben in jedem der Teile ist, lässt es sich in einem Ganzen und in einer beliebigen Zusammensetzung dieser Teile wiederfinden.“[37]

[37] Buffon, *Histoire générale des animaux*, Kap. X, a.a.O., S. 340.

Wir haben Buffon in die Nähe Humes gerückt.[38] Es ist hinlänglich bekannt, dass Humes Bemühen um die Erfassung und Bestimmung der einfachen Vorstellungen, deren Assoziation den Anschein der Einheit geistigen Lebens erzeugt, seiner Meinung nach durch Newtons Erfolg legitimiert wurde.[39] Diesen Punkt hat Lucien Lévy-Bruhl in seinem Vorwort zu der von Maxime David ins Französische übersetzten Werkauswahl von Hume sehr gut beleuchtet.[40] Buffons biologischer Atomismus ist das spiegelbildliche Gegenstück zu Humes psychologischem Atomismus. Man wäre geneigt, die Symmetrie weiter zu verfolgen und die Theorie der organischen Moleküle als biologischen Assoziationismus zu charakterisieren. Assoziationismus impliziert Assoziation, das heißt die nachträgliche Konstitution einer Gesellschaft aus der getrennten Existenz der teilnehmenden Individuen. Buffon teilt sicherlich die soziologischen Konzeptionen des 18. Jahrhunderts. Die menschliche Gesellschaft ist das Ergebnis der reflektierten Kooperation von denkenden sozialen Atomen, von Individuen, die als solche zur Voraussicht und zur Berechnung fähig sind. „Selbst wenn man sie nur in der Gestalt einer einzelnen Fami-

[38] Buffon traf Hume 1738 in England.

[39] „Hiermit sind die Prinzipien der Vereinigung oder des Zusammenhangs unserer einfachen Vorstellungen bezeichnet; sie treten in der Einbildungskraft an die Stelle jener unlösbaren Verknüpfung, durch die die Vorstellungen in unserer Erinnerung verbunden sind. Es liegt hier eine Art Anziehung vor, welche, wie wir sehen werden, in der geistigen Welt ebenso außerordentliche Wirkungen hat wie in der natürlichen, und sich in ebenso verschiedenen Formen darstellt." (David Hume, *Ein Traktat über die menschliche Natur*, Buch I, übers. v. Theodor Lipps [1904] (Hamburg: Meiner 1989), S. 23.)

[40] Vgl. David Hume, *Œuvres philosophiques choisies*, Bd. 2, übers. v. Maxime David (Paris: o.V. 1912).

lie betrachtet, setzt Gesellschaft im Menschen die Fähigkeit zur Vernunft voraus."[41] Wie der organische ist auch der gesellschaftliche Körper ein Ganzes, das sich aus der Zusammensetzung seiner Teile erklärt. Nicht mit einer Gesellschaft menschlichen Typs würde Buffon jedoch den komplexen Organismus vergleichen, sondern eher mit einer nicht vorsätzlichen Aggregation. Buffon unterscheidet nämlich mit großer Deutlichkeit eine vereinbarte Gesellschaftsbildung wie die der Menschen von einem mechanischen Zusammenschluss wie dem Bienenstock. Man kennt die berühmte Passage, in der Buffon, gegen jeglichen anthropomorphen Vergleich in den Berichten über das Leben der Bienen, die Prinzipien des kartesianischen Mechanismus neu belebt, um die „Wunder" des Bienenstocks zu erklären. Die Gesellschaft der Bienen „ist nur eine von der Natur geordnete physische Zusammensetzung [*assemblage*], die von jeder Voraussicht, jeder Erkenntnis, jedem Denken unabhängig ist."[42] Man achte auf den Begriff „Zusammensetzung", den Buffon verwendet, um die Gesellschaft der Insekten genauso wie den individuellen Organismus zu bestimmen. Der Vergleich der Struktur der Insektengesellschaften mit der mehrzelligen Struktur der Metazoen findet sich bei Alfred Espinas, Henri Bergson, Maurice Maeterlinck, Morton Wheeler. Doch diese Autoren haben eine hinreichend weite und ge-

[41] Georges-Louis Leclerc de Buffon, *Discours sur la nature des Animaux*, „Homo duplex", in: ders. *Histoire naturelle, générale et particulière, avec la description du Cabinet du Roy*, Bd. IV (Paris: Imprimerie Royale 1753), S. 97.

[42] Ebd. S. 93f.

schmeidige Auffassung von Individualität, um auch soziale Phänomene zu umfassen. Nichts dergleichen bei Buffon. Für ihn ist die Individualität keine Form, sie ist eine Sache. Ihm zufolge gibt es Individualität nur auf der letzten Ebene der Wirklichkeit, die die Analyse bei der Zerlegung eines Ganzen erreichen kann. Nur die Elemente haben eine natürliche Individualität, das Zusammengesetzte hat eine bloß künstliche Individualität, sei sie nun mechanisch oder intentional. Es stimmt allerdings, dass die Einführung des Begriffs der „inneren Gussform" in die Theorie der Zeugung dem überhöhten Wert des analytischen Vorurteils Grenzen setzt, das die Konzeption des „organischen Moleküls" begründet. Die innere Gussform ist eine Annahme, die durch das Fortbestehen bestimmter Formen in der andauernden Umgruppierung der Lebensatome erforderlich wird: Sie verrät die Grenzen eines bestimmten methodologischen Anspruchs angesichts der Gegebenheit von Individuen.

Die Hindernisse, auf die eine Theorie stößt, sind zum Verständnis ihrer Zukunft nicht weniger wichtig als die Richtung, die sie einschlägt. Es ist allerdings ihre Richtung, die allmählich eine bestimmte intellektuelle Atmosphäre für eine Generation von Forschern erzeugt. Die Lektüre Buffons musste bei den Biologen den analytischen Geist verstärken, den die Lektüre Newtons in ihnen geweckt hatte.

Singer sagte bezüglich Buffon: „Hätte die Zelltheorie zu seiner Zeit existiert, hätte sie ihm gefallen."[43] Daran

[43] Vgl. Singer, *A History of Biology*, a.a.O., S. 295.

besteht kein Zweifel. Als der Naturforscher aus Montbard nach „der einzigen Antriebskraft und dem einzigen Gegenstand" suchte, die die Natur verwendet, um sich in komplexe Lebewesen zu diversifizieren, konnte er nicht wissen, dass er das suchte, was die Biologen des 19. Jahrhunderts Zelle genannt haben. Und jene, die in der Zelle den letzten Baustein des Lebens gefunden haben, haben zweifelsohne vergessen, dass sie eher einen Traum als ein Projekt Buffons verwirklichten. Selbst die Träume der Wissenschaftler tragen zum Fortbestand einer kleinen Anzahl grundlegender Themen bei. So erkennt der Mensch leicht seine eigenen Träume in den Abenteuern und Erfolgen von seinesgleichen wieder.

Wir haben soeben im Fall von Buffon die Ursprünge eines theoretischen Traums untersucht, den wir prophetisch nennen können, solange wir die Distanz nicht verkennen, die eine Vorahnung, sei es auch eine wissenschaftliche, von einer Antizipation, sei es auch einer groben, trennt. Damit von einer Antizipation im eigentlichen Sinne des Wortes die Rede sein kann, müssen die Fakten, die sie rechtfertigen, und die Wege der Schlussfolgerung von derselben Art sein wie jene, die einer Theorie ihre wenn auch vorübergehende Tragweite verleihen. Für eine Vorahnung genügt das Festhalten an der treibenden Kraft dessen, was Bachelard in *L'Air et les Songes* „eine Bewegung der Einbildungskraft" nennt.[44] Diese Entfernung zwischen Vor-

[44] Gaston Bachelard, *L'Air et les Songes* (Paris: Corti 1943), S. 6.

ahnung und Antizipation entspricht genau der Entfernung, die Buffon von Lorenz Oken trennt.
Singer und Klein – auch Guyénot, obgleich eher summarisch – haben es nicht versäumt, den Anteil zu unterstreichen, der Oken bei der Herausbildung der Zelltheorie zukommt. Oken gehört zu der von Schelling gegründeten romantischen Schule der Naturphilosophen.[45] Die Spekulationen dieser Schule haben auf die deutschen Mediziner und Biologen der ersten Hälfte des 19. Jahrhunderts ebenso viel Einfluss ausgeübt wie auf die Literaten. Zwischen Oken und den ersten Biologen, die das explizite Bewusstsein hatten, in Beobachtungstatsachen die Grundlagen der Zelltheorie zu finden, lässt sich eine kontinuierliche Abstammungslinie ziehen. Matthias Jakob Schleiden, der die Zelltheorie für die Pflanzen formuliert hat,[46] unterrichtete an der Jenaer Universität, wo die Erinnerung an die Lehrtätigkeit Okens noch sehr lebendig war. Theodor Schwann, der die Zelltheorie verallgemeinerte, indem er sie auf alle Lebewesen ausweitete (1839–1842), hatte ständigen Umgang mit Schleiden und Johannes Müller, der sein Lehrer war,[47] und Johannes Müller hatte in seiner Jugend der Schule der Naturphilosophen angehört. Singer kann also sehr zu Recht über Oken sagen, „dass er gewisserma-

[45] Über Oken als Naturphilosophen siehe Jean Strohl, *Lorenz Oken und Georg Büchner* (Zürich: Corona 1936).

[46] Matthias Jacob Schleiden, „Beiträge zur Phytogenesis", in: *Archiv für Anatomie und wissenschaftliche Medizin* (1838), S. 137–176.

[47] *Zu Schwann und der Zelltheorie siehe das grundlegende Werk von Marcel Florkin, *Naissance et déviation de la théorie cellulaire dans l'œuvre de Théodore Schwann* (Paris: Hermann 1960).

ßen das Denken jener Autoren *befruchtet* hat, die an seiner Stelle als die *Begründer* der Zelltheorie anerkannt werden".[48]

Die Fakten, auf die sich Oken beruft, gehören jenem Bereich an, den man seither die Protistologie genannt hat. Man weiß, welche Rolle in der Ausarbeitung der Zelltheorie die Arbeiten Dujardins (1841) gespielt haben, der die Auffassungen Christian Gottfried Ehrenbergs (1838) kritisierte, denen zufolge die Infusorien vollkommene Organismen seien, das heißt vollständige und komplexe, mit koordinierten Organen versehene Tiere. Vor Dujardin verstand man unter Infusorien nicht eine spezielle Gruppe einzelliger Tiere, sondern die Gesamtheit der mikroskopischen Lebewesen, Tiere wie Pflanzen. Dieser Begriff bezeichnete die 1702 beschriebenen Pantoffeltierchen und die 1755 beschriebenen Amöben ebenso wie mikroskopische Algen oder kleine Würmer, die unbestreitbar mehrzellig waren. Zu der Zeit, in der Oken seine Abhandlung *Die Zeugung* schreibt (1805), bezeichnet Infusorium zwar nicht ausdrücklich ein Protozoon, dennoch verwendet Oken das Wort im Sinne eines absolut einfachen und unabhängigen Lebewesens. Zur selben Zeit deckt der seit Hooke (insbesondere durch Gallini und Ackermann) mehrmals wieder neu erfundene Begriff Zelle nicht dieselbe Gesamtheit von Vorstellungen wie in der Folge von Dujardin, Hugo von Mohl, Schwann und Max Schultze, doch versteht ihn Oken

[48] Vgl. Singer, *History of Biology*, a.a.O., S. 333.

ungefähr in demselben Sinn. Wenn man also überhaupt von Antizipation sprechen kann, dann hier.[49] Eine sehr bezeichnende Tatsache ist die folgende: Wenn die Biologiehistoriker ihre Leser durch Zitate davon überzeugen wollen, dass Oken für einen Begründer und nicht bloß für einen Vorläufer der Zelltheorie gehalten werden muss, *zitieren sie nicht dieselben Texte*. Das liegt daran, dass das Verhältnis von Ganzem und Teil auf zweierlei Weise gedacht werden kann: Man kann von den Teilen zum Ganzen gehen oder aber vom Ganzen zu den Teilen. Es läuft nicht auf dasselbe hinaus, ob man sagt, dass ein Organismus aus Zellen zusammengesetzt ist, oder ob man sagt, dass er in Zellen zerfällt. Es gibt also zwei verschiedene Weisen, Oken zu lesen.

Singer und Guyénot zitieren dieselbe Passage aus *Die Zeugung*: „Alle Organismen gehen aus Zellen hervor

[49] Haeckel schreibt in *Natürliche Schöpfungsgeschichte* [1867/8], Erster Teil, IV. Vortrag (Berlin u.a.: De Gruyter 1926), S. 67: „Sie brauchen nun wiederum das Wort Bläschen oder Infusorium nur durch das Wort Zelle zu ersetzen, um zu einer der größten Theorien des neunzehnten Jahrhunderts, zur Zellentheorie, zu gelangen. [...] Die Eigenschaften, die Oken seinen Infusorien zuschreibt, sind eben die Eigenschaften der Zellen, die Eigenschaften der elementaren Individuen, durch deren Zusammenhäufung, Verbindung und mannigfaltige Ausbildung die höheren, wunderbar zusammengesetzten Organismen entstanden sind."
Wir setzen hinzu, dass Friedrich Engels im *Anti-Dühring* unter Berufung auf Haeckel den prophetischen Wert der Intuitionen Okens bekräftigt: „Es ist viel leichter, mit dem gedankenlosen Vulgus à la Karl Vogt über die alte Naturphilosophie herzufallen, als ihre geschichtliche Bedeutung zu würdigen. Sie enthält viel Unsinn und Phantasterei, aber nicht mehr als die gleichzeitigen unphilosophischen Theorien der empirischen Naturforscher, und daß sie auch viel Sinn und Verstand enthält, fängt man seit der Verbreitung der Entwicklungstheorie an einzusehen. So hat Haeckel mit vollem Recht die Verdienste von Treviranus und Oken anerkannt. Oken stellt in seinem Urschleim und Urbläschen dasjenige als Postulat der Biologie auf, was seitdem als Protoplasma und Zelle wirklich entdeckt worden. [...] Die Naturphilosophen verhalten sich zur bewußt-dialektischen Naturwissenschaft wie die Utopisten zum modernen Kommunismus." („Vorwort zu der Auflage von 1885", in: *MEW*, Bd. 20, (Berlin: Dietz 1962), S. 11f. (Anm.)).

und sind aus Zellen oder Bläschen gebildet.“[50] Diese Zellen sind laut Oken der *Urschleim**, die Infusorienmasse, aus der die größeren Organismen gebildet sind. Die Infusorien sind die *Urtiere**. Singer zitiert außerdem die folgende Passage: „Die Art und Weise, in der sich die großen Organismen erzeugen, ist also nur eine regelmäßige Ballung von Infusorien.“[51] Abgesehen von kleinen Abweichungen im Vokabular sagt Oken nichts anderes als Buffon: Es existieren absolut einfache lebendige Einheiten, deren Zusammensetzung oder Ballung die komplexen Organismen erzeugt.

Doch liest man die von Klein zitierten Texte, wandelt sich die Perspektive: „Die Entstehung der Infusorien ist also kein Entwickeln derselben aus Eiern, sondern ein Freiwerden aus den Fesseln des grössern Thiers, ein Zerfallen des Thiers in seine Bestandthiere. [...] Wenn alles Fleisch zerfällt in Infusorien, so läßt sich der Satz umkehren, und es müssen alle höheren Thiere aus diesen, aus ihren Bestandthieren bestehen.“[52] Hier erscheint die Idee der Zusammensetzung der Organismen aus elementaren Lebewesen auf einer Umkehrlogik zu beruhen. Die ursprüngliche Idee ist die, dass das Elementare das Resultat einer Befreiung ist. Das Ganze herrscht über den Teil. Dies bestätigt die Fortsetzung des von Klein zitierten

[50] Dieses Zitat, angeführt bei Guyénot, *Les Sciences de la vie aux XVIIe et XVIIIe siècles*, a.a.O., S. 114, ist in Lorenz Oken, *Die Zeugung* (Bamberg: Goebhardt 1805), nicht nachweisbar; ungefähr in diesem Sinne jedoch S. 217–219 [A.d.Ü.].

[51] Singer, *History of Biology*, a.a.O., S. 332 [vgl. Oken, *Die Zeugung*, a.a.O., S.123].

[52] Klein, *Histoire des origines de la théorie cellulaire*, a.a.O., S. 18f. [vgl. Oken, *Die Zeugung*, a.a.O., S. 19 u. 22].

Textes: „Die Verbindung der Urthiere im Fleische ist nicht zu denken, als etwa eine mechanische Aneinanderklebung eines Thierchens an das andere, wie ein Haufen Sand, in dem keine andere Vereinigung statt findet, als die des Beieinanderliegens mehrerer Körnchen – nein! ähnlich dem Verschwinden des Wasserstoffs und Sauerstoffs im Wasser, des Quecksilbers und Schwefels im Zinnober, ist es eine wahre Durchdringung, Verwachsung, ein Einswerden aller dieser Thierchen, die von nun an kein eignes Leben führen, sondern alle, im Dienste des höhern Organismus befangen, zu einer und derselben gemeinschaftlichen Function hinarbeiten, und diese Function durch ihr Identischwerden selbst sind. Hier wird keines Individualität geschont, diese geht für sich schlechthin zu Grunde, und, aber nur uneigentlich gesprochen, die Individualitäten aller bilden nun nur Eine Individualität – jene werden vernichtet, und diese tritt erst aus jener Vernichtung hervor."[53] Wir sind nun von Buffon weit entfernt. Der Organismus ist keine Summe elementarer biologischer Realitäten. Er ist eine übergeordnete Realität, in der die Grundelemente als solche zunichtegemacht sind. Oken antizipiert mit bemerkenswerter Genauigkeit die Theorie der Individualitätsstufen. Das ist nicht mehr nur eine Vorahnung. Wenn es hier eine Vorahnung gibt, dann betrifft sie die Erkenntnisse, welche die Technik der Gewebe- und Zellkulturen den zeitgenössischen Biologen geliefert hat, nämlich bezüglich der Unter-

[53] Ebd., S. 19 [vgl. Oken, *Die Zeugung*, a.a.O., S. 22f.].

schiede zwischen einem, wie es Hans Petersen nennt, „Eigenleben“ und einem „Berufsleben“ der Zellen.[54] Der Organismus wird von Oken nach dem Bild der Gesellschaft entworfen, doch diese Gesellschaft ist nicht die Assoziation [*association*] von Individuen, wie sie die politische Philosophie der *Aufklärung** denkt, sie ist die Gemeinschaft, wie sie die politische Philosophie der Romantik entwirft.

Dass so sachkundige und reflektierte Autoren wie Singer und Klein ein und dieselbe Doktrin aus so verschiedenen Perspektiven beleuchten können, wird nur jene Gemüter überraschen, die das verkennen, was wir die theoretische Ambivalenz des wissenschaftlichen Geistes genannt haben, eines Geistes, der durch die Neuheit seiner Forschung vor dem Dogmatismus, jenem Symptom von zuweilen vorzeitiger Sklerose oder Senilität, bewahrt wird. Mehr noch: Man sieht bei ein und demselben Autor, nämlich Klein, wie er Oken unter den Biologen seiner Zeit unterschiedlich einordnet. 1839 schreibt der französische Botaniker Charles Brisseau-Mirbel: „Jede Zelle ist ein eigenständiger kleiner Schlauch [*utricule*], und es scheint so, als ob sich zwischen ihnen niemals eine wahre organische Verbindung herstellt. Es sind ebenso viele lebende Individuen, die sich jeweils der Eigenschaft erfreuen, zu wachsen, sich zu vermehren und sich in gewissen Grenzen zu verändern, Individuen, die gemeinsam am Bau der Pflanze arbeiten, deren

[54] Vgl. Hans Petersen, *Histologie und mikroskopische Anatomie* (München: Bergmann 1922–35), S. 62ff.

konstituierendes Material sie werden; die Pflanze ist also ein kollektives Wesen.“[55] Klein kommentiert diesen Text mit dem Hinweis, dass die Beschreibungen von Brisseau-Mirbel in der Schule der Naturphilosophen wärmstens aufgenommen wurden, da sie die experimentelle Bestätigung von Okens allgemeiner Bläschen-Theorie brachten. Doch an anderer Stelle zitiert Klein einen Text von Pierre Jean François Turpin (1826), einem Botaniker, der meint, dass eine Zelle isoliert leben oder sich mit anderen verbünden könne, um die zusammengesetzte Individualität einer Pflanze zu bilden, innerhalb derer die Zelle aber „zu ihrem eigenen Nutzen wächst und sich vermehrt, ohne sich im Geringsten darüber zu bekümmern, was mit ihren Nachbarn geschieht.“ Und er fügt hinzu: „Diese Idee steht im Gegensatz zu Okens Konzeption, der zufolge das Leben der Einheiten, die ein Lebewesen ausmachen, mit dem der anderen verschmilzt und seine Individualität zugunsten des Lebens der Gesamtheit des Organismus verliert.“[56] Der Widerspruch zwischen jener Annäherung von Oken und Brisseau-Mirbel und diesem Gegensatz von Oken und Turpin ist nur ein scheinbarer. Er wäre ein wirklicher Widerspruch, wenn das Verhältnis von Einfachheit und Zusammengesetztheit selbst ein einfaches Verhältnis wäre. Doch genau das ist nicht der Fall, und insbesondere nicht in der Biologie. Das ganze Problem des Individuums steht hier zur Debatte. Durch die theo-

[55] Zit. in Klein, *Histoire des origines de la théorie cellulaire*, a.a.O., S. 26.
[56] Zit. ebd., S. 31.

retischen Schwierigkeiten, die sie hervorruft, verpflichtet uns die Individualität dazu, zwei Aspekte der Lebewesen auseinanderzuhalten, die in der Wahrnehmung derselben unmittelbar und naiv miteinander verschränkt sind: die Materie und die Form. Das Individuum ist das, was hinsichtlich seiner Form nicht geteilt werden kann, obgleich man hinsichtlich der Materie die Möglichkeit der Teilung erkennt. In bestimmten Fällen zeigt sich die für die Individualität wesenhafte Unteilbarkeit erst am Ende der Teilung eines materiell größeren Wesens. Aber ist sie nur die Grenze der einmal begonnenen Teilung oder entzieht sie sich *a priori* jeder Teilung? Die Geschichte des Begriffs der Zelle ist untrennbar mit der Geschichte des Individuums verbunden. Das hat uns bereits zu der Behauptung berechtigt, dass über der Entwicklung der Zelltheorie soziale und affektive Werte schweben.

Wie wäre es möglich, die biologischen Theorien Okens nicht mit den Theorien politischer Philosophie in Verbindung zu bringen, die den von Novalis so stark beeinflussten deutschen Romantikern teuer waren? Novalis' *Glaube und Liebe oder der König und die Königin* erschien 1798, *Die Christenheit oder Europa* erschien 1802 (Okens *Die Zeugung* ist von 1805). Diese Werke beinhalten eine heftige Kritik der revolutionären Ideen. Novalis wirft dem allgemeinen Wahlrecht vor, den Volkswillen zu atomisieren, die Kontinuität der Gesellschaft oder, genauer, der Gemeinschaft zu verkennen. Hegel vorwegnehmend, betrachten Novalis und einige Jahre später Adam-Heinrich Müller[57] den Staat als eine gottgewollte Wirklichkeit, eine Tatsache, die die Vernunft des Individuums übersteigt und der sich das Individuum zu opfern hat. Wenn diese soziologischen Konzeptionen in irgendeiner Analogie mit biologischen Theorien gesehen werden können, dann deshalb, weil die Romantik, wie schon sehr oft bemerkt wurde, die politische Erfahrung ausgehend von einer bestimmten Konzeption des Lebens interpretiert hat. Gemeint ist der Vitalismus. Zum selben Zeitpunkt, als das französische politische Denken dem europäischen Geist den Gesellschaftsvertrag und das allgemeine Wahlrecht andiente, legte die französische Schule der vitalistischen Medizin ein Bild des Lebens vor, das den analytischen Verstand überschritt. Ein Organismus könne nicht als ein Mechanismus begriffen werden. Das Leben ist eine Form, die auf keinerlei Zusammensetzung materieller Teile reduzierbar ist. Die vitalistische Biologie hat einer totalitären politischen Philosophie die Mittel geliefert, wenn nicht gar die Verpflichtung auferlegt, bestimmte Theorien zur biologischen Individualität zu inspirieren. Das bestätigt, dass das Problem der Individualität selbst unteilbar ist.[58]

[57] Vgl. Louis Sauzin: *Adam-Heinrich Müller, sa vie et son œuvre* (Paris: Nizet et Bastard 1937), S. 449ff.

[58] *Zu den Ursprüngen der Zelltheorie siehe die Artikel von J. Walter Wilson: „Cellular Tissue and the Dawn of the Cell Theory“, in: *Isis* 100 (1944), S. 168, und „Dutrochet and the Cell Theory“, in: *Isis* 107/108 (1947), S. 14.

Der Moment ist gekommen, ein recht seltsames Paradox in der Geschichte der Zelltheorie bei den französischen Biologen darzustellen. Die Etablierung dieser Theorie ist durch die Einwirkung Xavier Bichats lange hinausgezögert worden. Bichat war Schüler von Philippe Pinel, dem Verfasser der *Philosophischen Krankheits-Lehre* (1798), die jeder Krankheit eine organische Ursache in Form einer Verletzung zuwies, welche weniger in einem Organ oder einem Organsystem lokalisiert sei als in den gemeinsamen „Membranen" als Komponenten der verschiedenen Organe.[59] Unter diesem Einfluss hat Bichat die *Abhandlung über die Häute* (1800)[60] veröffentlicht, in der er die einundzwanzig Gewebe aufführt und beschreibt, aus denen sich der menschliche Körper zusammensetzt. Laut Bichat ist das Gewebe der plastische Urgrund der Lebewesen und das letzte Element der anatomischen Analyse.

Der Begriff des Gewebes verdient es, dass wir bei ihm verweilen. ‚Gewebe' [*tissu*] kommt, im Französischen wie im Deutschen, vom Verb weben [*tisser*], im Französischen genauer von dessen archaischer Form *tistre*. Wenn uns das Wort Zelle aufgeladen mit impliziten Bedeutungen affektiver und sozialer Natur erschienen ist, so scheint das Wort ‚Gewebe' nicht minder mit außertheoretischen Implikationen aufgeladen zu sein. ‚Zelle' lässt uns an die Biene denken und nicht

[59] Vgl. Philippe Pinel, *Philosophische Krankheits-Lehre des Bürgers Pinel*, übers. v. Thomas Baltasar Fabricius (Kopenhagen: Proft und Storch 1799).

[60] Vgl. Xavier Bichat, *Abhandlung über die Häute*, übers. v. C. F. Doerner (Tübingen: Heerbrandt 1802).

an den Menschen. ‚Gewebe' lässt uns an den Menschen denken und nicht an die Spinne. Das Gewebe ist Menschenwerk *par excellence*. Die Zelle mit ihrer kanonischen sechseckigen Form ist das Bild eines in sich selbst geschlossenen Ganzen. Doch das Gewebe ist das Bild einer Kontinuität, in der jede Unterbrechung willkürlich ist, bei der jedes Erzeugnis aus einer auf weitere Fortführung hin offenen Aktivität hervorgeht.[61] Man kann da oder dort etwas abschneiden, je nach Bedarf. Des Weiteren ist die Zelle etwas Fragiles, dazu geschaffen, bewundert und betrachtet, aber nicht angefasst zu werden, will man sie nicht zerstören. Dahingegen muss man ein Gewebe berühren, betasten, zerknüllen, um seine Struktur, seine Geschmeidigkeit, seine Weichheit zu beurteilen. Ein Gewebe faltet und entfaltet man, man legt es in einander überlagernden Wellen auf dem Verkaufstisch des Stoffhändlers aus.

Bichat liebte das Mikroskop nicht, vielleicht weil er sich seiner schlecht zu bedienen wusste, wie Klein im Anschluss an François Magendie nahelegt.[62] Er bevorzugte vielmehr das Skalpell, und dasjenige, was er das letzte Element in der anatomischen Ordnung nannte, ist das, was das Skalpell zu teilen und abzutrennen erlaubt. Mit der Spitze eines Skalpells findet man eine Zelle genauso wenig wie eine Seele. Wir spielen hier

[61] Das Gewebe ist aus Fäden gemacht, das heißt ursprünglich aus pflanzlichen Fasern. Dass das Wort Faden [*fil*] geläufige Bilder von Kontinuität unterstützt, geht im Französischen aus solchen Ausdrücken wie ‚*fil de l'eau*' (Wasserlauf) oder ‚*fil du discours*' (roter Faden im Redefluss) hervor.

[62] Vgl. Klein, *Histoire des origines de la théorie cellulaire*, a.a.O., S. 41.

nicht ohne Absicht auf ein bestimmtes materialistisches Glaubensbekenntnis an. Bichat stammt über Pinel von Paul-Joseph Barthez ab, dem berühmten vitalistischen Mediziner aus der Schule von Montpellier. Die *Recherches sur la vie et la mort* (1800) sind symptomatisch für diese Herkunft. Wenn der Vitalismus das Leben für ein Prinzip hält, das die Materie transzendiert, das unteilbar und unerfassbar wie eine Form ist, dann vermöchte selbst ein von dieser Idee inspirierter Anatom nicht, in den mutmaßlichen Grundelementen eines Lebewesens dasjenige zu finden, was er als eine Eigenschaft der Ganzheit dieses Wesens ansieht. Das Gewebe, das für Bichat der Stoff ist, aus dem die Lebewesen zugeschnitten sind, ist ein Bild, das der Kontinuität der vitalen Tatsache Genüge tut, die der vitalistische Anspruch fordert.

Bichats Doktrin hat nun, sei es durch direkte Lektüre, sei es durch die Lehre von Henri Marie Ducroty de Blainville, Auguste Comte einige der Themen geliefert, die in der 41. Vorlesung des *Cours de Philosophie positive* dargelegt werden. Comte bekundet dort seine Feindschaft gegenüber der Zelltheorie und dem Gebrauch des Mikroskops, was ihm diejenigen häufig zum Vorwurf gemacht haben, die im weiteren Fortschreiten der biologischen Wissenschaft eine Verurteilung seiner Vorbehalte und Abneigungen gesehen haben. Insbesondere Léon Brunschvicg hat Comte niemals die dogmatischen Verbote verziehen, die dieser gegen bestimmte mathematische oder experimentelle Techniken verhängt hat, ebenso wenig wie seine Treulosigkeit gegenüber der analytischen Methode und seine „falsche Bekehrung“ zum Primat der Synthese – die genau in dem Moment erfolgt, als Comte im *Cours de Philosophie positive* die dem organischen Gegenstand angemessenen Erkenntnisverfahren einer Prüfung unterzieht und die positive Gültigkeit des intellektuellen Vorgehens anerkennt, das darin besteht, „vom Ganzen zu dem Einzelnen“ voranzuschreiten (siehe die 48. Vorlesung).[63] Doch es ist nicht leicht, jeglichen Dogmatismus hinter sich zu lassen, selbst wenn man den Dogmatismus anderer anprangert. Sicherlich ist Comtes Autoritarismus unannehmbar, doch verdienen vielleicht – zumindest im Fall der Zelltheorie – die Vorbehalte, die aus diesem gegen eine bestimmte Tendenz des wissenschaftlichen Geistes erwachsen, einen ehrlichen Verstehensversuch.

Comte hält die Zelltheorie für „eine phantastische Theorie, die übrigens offensichtlich aus der metaphysischen Philosophie stammt“. Und es sind die damaligen deutschen Naturforscher, die „übergeordneten Spekulationen der biologischen Wissenschaft“ nachgingen,[64] die Comte für diesen offenkundigen Irrweg verantwortlich macht. Hier liegt das Paradox. Es besteht darin, nicht zu sehen, dass die Ideen Okens und seiner Schule von ganz anderer Tragweite sind als die Beobachtungen der mikroskopbewehrten For-

[63] Léon Brunschvicg, *Le Progrès de la conscience dans la philosophie occidentale* (Paris: Alcan 1927), S. 543 f.; Auguste Comte, *Die Positive Philosophie*, Bd. 2, im Auszuge von Jules Rig, übers. v. J. H. v. Kirchmann (Leipzig: Verlag der Dürr'schen Buchhandlung 1883), S. 88. Zu dieser Ausgabe siehe „Das Experimentieren“ (Anm. 22), S. 43 in diesem Band [A.d.Ü.].

[64] Vgl. Comte, *Positive Philosophie*, Bd. 1, a.a.O., S. 412.

scher und dass das Wesentliche der Biologie Okens eine bestimmte Konzeption der Individualität ist. Oken stellt sich Lebewesen nach dem Bild einer gemeinschaftlichen Gesellschaft vor. Comte lässt im Gegensatz zu Buffon nicht gelten, dass das Leben eines Organismus die Summe von einzelnen Leben sei, genauso wie er im Gegensatz zur politischen Philosophie des 18. Jahrhunderts nicht gelten lässt, dass die Gesellschaft eine Assoziation von Individuen sei. Ist er darin so weit von den Naturphilosophen entfernt, wie es ihm zunächst erscheinen mag? Wir stellen hier erneut bei ein und demselben Denker die latente und tiefgreifende Einheit seiner Auffassungen von Individualität fest, sei diese nun biologischer oder gesellschaftlicher Natur. Genauso wie in der Soziologie das Individuum eine Abstraktion ist, so sind auch in der Biologie die „organischen Monaden",[65] wie Comte die Zellen nennt, Abstraktionen. „Worin könnte wohl die Organisation oder das Leben einer einfachen Monade bestehen?"[66] Fischer hat nun ebenso wie Albert Policard vor einigen Jahren durch die Technik der Gewebekulturen zeigen können, dass eine zur Vermehrung fähige Gewebekultur eine Mindestquantität an Zellen enthalten muss, unterhalb derer die Zellvermehrung unmöglich wird. Ein in einem Plasmatropfen isolierter Fibroblast überlebt zwar, vermehrt sich aber nicht (Fischer). Überleben, ohne sich zu vermehren, ist das noch leben? Kann

[65] Ebd. Siehe dazu auch Anhang II, S. 341ff. in diesem Band.
[66] Comte, *Positive Philosophie*, a.a.O., S. 413.

man Lebewesen in ihre Eigenschaften zerlegen, ohne ihnen die Eigenschaft der Lebendigkeit zu nehmen? Das sind Fragen, die kein Biologe umgehen kann. Das sind Tatsachen, die zusammen mit etlichen anderen die Herrschaft der Zelltheorie über die Geister geschwächt haben. Inwiefern trägt Comte daran Schuld, diese Fragen geahnt, wenn nicht gar diese Tatsachen antizipiert zu haben? Man hat Comte zu Recht vorgeworfen, die positive Philosophie auf die Wissenschaften seiner Zeit gestützt zu haben, als würden diese ewig währen. Und mit Sicherheit ist es wichtig, die Geschichtlichkeit der Zeit nicht zu verkennen. Doch die Zeit gehört niemandem, ebenso wenig wie die Ewigkeit; und die Treue zur Geschichte kann uns dazu veranlassen, in ihr ein gewisses Wiederkehren von Theorien zu erkennen, das nichts anderes ist als der Ausdruck eines Oszillierens des menschlichen Geistes zwischen bestimmten dauerhaften Orientierungen in der Erforschung bestimmter Bereiche der Existenz.

Man kann also nicht vorsichtig genug sein, wenn man bestimmte Autoren summarisch lobt oder tadelt, deren systematischer Geist weitsichtig genug ist, um sie an der rigiden Schließung dessen zu hindern, was man ihr System nennt. Unbewusste und unbeabsichtigte theoretische Übereinstimmungen können dann zum Vorschein kommen. Der deutsche Botaniker Heinrich Anton de Bary hat 1860 geschrieben, dass es nicht die Zellen sind, die die Pflanzen bilden, sondern umgekehrt die Pflanzen, die die Zellen bilden. Man wird geneigt sein, in diesem Satz einen Aphorismus der romantischen Biologie zu sehen, vor allem wenn man ihn mit einer Bemerkung Bergsons aus der *Schöpferischen Entwicklung* in Verbindung bringt: „Höchstwahrscheinlich indes sind es nicht die Zellen, die das Individuum auf dem Weg der Assoziation schaffen, sondern das Individuum ist es, das durch Dissoziation die Zellen geschaffen hat."[67] Bergsons – übrigens gerechtfertigter – Ruf als Romantiker ist von einer Generation positivistischer Denker, von denen er völlig abstach, begründet worden. Streng genommen kann man sagen, dass es sich um dieselben Denker handelte, die am ehesten geneigt waren, auch bei Comte die Spuren jener biologischen und sozialen Romantik anzuprangern, die ihn vom *Cours de Philosophie positive* über das *Système de Philosophie positive* (1851–54) zur *Synthèse subjective* (1856) führen sollte. Doch wie lässt sich erklären, dass diese romantischen Konzeptionen innerhalb der biologischen Philosophie die Forschung von Wissenschaftlern angeregt haben, die einer szientistischen und materialistischen Doktrin treu geblieben sind, welche unbestreitbar aus dem *Cours de Philosophie positive* hervorgegangen ist? Klein hat gezeigt, dass Charles Robin, der erste Inhaber des histologischen Lehrstuhls an der Medizinischen Fakultät von Paris und Mitarbeiter Emile Littrés beim berühmten *Dictionnaire de médecine* (1873), niemals von einer hartnäckigen Feindseligkeit gegen-

[67] Henri Bergson, *Schöpferische Entwicklung*, übers. v. Gertrud Kantorowicz (Jena: Diederichs 1912), S. 264.

über der Zelltheorie abgelassen hat.[68] Robin räumte ein, dass die Zelle eines der anatomischen Grundelemente des organisierten Lebewesens sei, aber nicht das einzige; er räumte ein, dass die Zelle aus einer bereits existierenden Zelle stammen könne, aber nicht, dass dies immer so sein müsse, da er die Möglichkeit der Zellbildung in einem ursprünglichen Blastem annahm. Die Schüler Robins, wie zum Beispiel Frédéric Tourneux, Professor für Histologie an der Medizinischen Fakultät von Toulouse, haben bis 1922 keine Zelltheorie gelehrt.[69] Auf welches Kriterium soll man sich stützen, um zwischen jenen zu unterscheiden, die aus den Werken Schwanns und Rudolf Virchows andächtig die grundlegenden Axiome der Zelltheorie empfingen, und jenen, die sie zurückwiesen? Auf die Entwicklung der histologischen Forschung? Doch heutzutage sind die Hindernisse für eine Allgemeingültigkeit der Zelltheorie fast ebenso bedeutsam wie die Tatsachen, die sie erklären soll. Auf die jeweilige Wirksamkeit der medizinischen Techniken, die aus den verschiedenen Theorien her-

[68] *Vgl. Robins Artikel „Cellule“ [Zelle] und „Organe“ in: *Dictionnaire encyclopédique des sciences médicales*, hg. v. Amédée Dechambre (Paris: Asselin, Labe, Masson 1864–89).

[69] Tourneux war über Georges Pouchet indirekt ein Schüler Robins. Er war jedoch ein Jahr lang Robins Laborgehilfe in Vertretung von Hermann, der seinen Militärdienst in Lille ableistete. Der *Premier Traité d'histologie* von Tourneux ist in Zusammenarbeit mit Pouchet geschrieben worden. Zum Zeitpunkt seines Todes im Jahr 1922 arbeitete Tourneux an der dritten Auflage seines *Précis d'histologie humaine*. In der zweiten Auflage (1911) unterscheidet er die anatomischen Elemente und die amorphen Stoffe, und unter den anatomischen Elementen die zellulären oder zellförmigen und die nichtzellulären. Demnach kommen der Begriff des anatomischen Elements und der Begriff der Zelle nicht ganz zur Deckung. (Wir verdanken die obigen biographischen Hinweise Jean-Paul Tourneux und Georges Tourneux aus Toulouse.)

vorgegangen sind? Doch die Lehre Tourneux' hat die Medizinische Fakultät von Toulouse – mag sie auch die Gründung einer solchen Schule nicht direkt verursacht haben – zumindest nicht daran gehindert, heute eine ebenso glänzende Schule von Krebsforschern vorzuweisen wie jede andere, deren Lehrtätigkeit auf dem Gebiet der Tumorpathologie von den Arbeiten Virchows stark inspiriert ist. Der Abstand zwischen Theorie und Technik ist groß, und speziell auf medizinischem Gebiet ist es nicht leicht zu beweisen, dass die erzielten Resultate aus den Theorien herrühren, die zur Rechtfertigung von therapeutischen Verfahren herangezogen werden.

Man wird uns vielleicht vorwerfen, bisher eher Denker als Forscher, eher Philosophen als Wissenschaftler zitiert zu haben, obgleich wir gezeigt haben, dass von Letzteren zu Ersteren, von Schwann zu Oken, von Robin zu Comte, eine unbestreitbare und kontinuierliche Abstammungslinie verläuft. Prüfen wir also, was aus der Frage in den Händen von Biologen wird, die der Autorität der Tatsachen ergeben sind – sofern es eine solche Autorität überhaupt geben kann.

Erinnern wir uns kurz daran, was man unter Zelltheorie versteht. Sie umfasst zwei Grundprinzipien, die als hinreichende Lösung für zwei Probleme erachtet werden:

1) Ein Problem der *Zusammensetzung des Organismus*: Jeder lebende Organismus ist eine Verbindung von Zellen, wobei die Zelle als das vitale Grundelement gilt, das alle Charakterzüge des Lebens trägt; dieses

erste Prinzip ist die Antwort auf die Forderung nach einer analytischen Erklärung, die laut Jean Perrin die Wissenschaft dazu veranlasst, „kompliziertes Sichtbares durch einfaches Unsichtbares zu erklären".[70]
2) Ein Problem der *Genese des Organismus*: Jede Zelle stammt von einer vorherigen Zelle ab; „*omnis cellula e cellula*", sagt Virchow; dieses zweite Prinzip ist die Antwort auf die Forderung nach genetischer Erklärung; es geht hier nicht mehr um Elemente, sondern um Ursachen.
Virchow hat erstmals diese beiden Teile der Theorie zusammengeführt.[71] Er erkennt an, dass der erste Teil auf Schwann zurückgeht, und beansprucht den zweiten Teil für sich selbst, wobei er ausdrücklich die Konzeption Schwanns verurteilt, der zufolge die Zellen aus einem ursprünglichen Blastem entstehen können. Mit Virchow und Albert von Kölliker wird das Studium der Zellen eine Spezialwissenschaft, die Zytologie, die sich von dem unterscheidet, was man seit Carl Heusinger Histologie, die Wissenschaft der Gewebe, nannte.[72]
Den beiden vorangegangenen Prinzipien sind zwei Ergänzungen hinzuzufügen:

[70] Jean Perrin, *Die Atome*, übers. v. A. Lottermoser (Dresden u.a.: Steinkopff [3]1923), S. VII.
[71] Rudolf Virchow, *Cellularpathologie* [1858], 1. Vorlesung, (Hildesheim: Olms 1966), S. 1–21.
[72] *Nach dem *Dictionnaire de Médecine* (Paris: Pans [13]1873) von Littré und Robin ist der Begriff „Histologie" 1819 von Mayer geschaffen worden; der Begriff „Histonomie" wurde 1821 von Heusinger geschaffen, um die Untersuchung der Gesetze zu bezeichnen, die die Zeugung und Anordnung der organischen Gewebe regulieren.

1) Die nicht zusammengesetzten Lebewesen sind einzellig. Die bereits zitierten Arbeiten von Dujardin und jene von Haeckel führten der Zelltheorie die Unterstützung der Protistologie zu. Haeckel war der Erste, der Tiere deutlich in Protozoen oder Einzeller und Metazoen oder Mehrzeller unterteilte.[73]
2) Das Ei, aus dem die geschlechtlich differenzierten Organismen hervorgehen, ist eine Zelle, deren Entwicklung sich allein durch Teilung erklärt. Schwann war der Erste, der das Ei als eine Keimzelle betrachtete. Auf diesem Weg folgte ihm Kölliker, der eigentliche Embryologe, dessen Arbeiten maßgeblich zur Vorherrschaft der Zelltheorie beigetragen haben.
Als Datum, an dem diese Herrschaft ihre Weihe erhielt, können wir das Jahr 1874 festhalten, in dem Haeckel mit seinen Veröffentlichungen über die Gastraea beginnt[74] und Claude Bernard in seiner physiologischen Untersuchung der Ernährungs- und Zeugungsphänomene, die Tieren und Pflanzen gemeinsam sind, Folgendes schreibt: „Analysiert man ein physiologisches Phänomen aus der Nähe, stößt man zuletzt immer wieder auf den gleichen Punkt und gelangt zum selben irreduziblen elementaren Agens, dem organisierten Element, der Zelle“.[75] Die

[73] Ernst Haeckel, *Studien zur Gastraea-Theorie* (Jena: Dufft 1877) [insbesondere IV, 20: Protozoen und Metazoen, S. 240–244; A.d.Ü.].

[74] Über den Zusammenhang zwischen den *Studien zur Gastraea-Theorie* und der Zelltheorie siehe Haeckel, „Phylogenetische Klassifikation des Tierreiches. Gasträatheorie“, in: ders., *Natürliche Schöpfungsgeschichte*, Zweiter Teil, XX. Vortrag, a.a.O., S. 374–390.

[75] Claude Bernard, „Phénomènes de la vie communs aux animaux et aux végétaux“, in: *Revue scientifique* 13 (1874), S. 289.

Zelle ist nach Claude Bernard das „Lebensatom“. Im selben Jahr veröffentlicht Charles-Philippe Robin seine Abhandlung zur Zellanatomie und -physiologie,[76] in der die Zelle nicht als der *einzige* Baustein komplexer Lebewesen gilt. Selbst im Moment ihrer beinahe offiziellen Proklamation ist die Herrschaft der Zelltheorie nicht allumfassend.

Sind die Individualitätskonzeptionen, die die bereits untersuchten Spekulationen bezüglich der Zusammensetzung der Organismen inspirierten, bei den Biologen, die den Namen Wissenschaftler verdienen, gänzlich verschwunden? Dies scheint nicht der Fall zu sein.

In den 1878–1879 von Albert Dastre posthum veröffentlichten *Leçons sur les phénomènes de la vie communs aux animaux et aux végétaux* behauptet Claude Bernard das Prinzip der Autonomie der anatomischen Elemente, indem er den Organismus als „ein Aggregat aus Zellen oder elementaren Organismen“ beschreibt. Dies läuft auf die Annahme hinaus, dass sich Zellen in Assoziation so verhalten, wie sie sich in Isolation verhalten würden, wenn ihr Milieu identisch wäre mit jenem, welches durch die Aktivität der benachbarten Zellen in einem Organismus geschaffen wird – kurz, dass die Zellen *in Freiheit genauso leben würden wie in Gesellschaft*. Nebenbei sei darauf hingewiesen, dass, wenn das Milieu einer Zellkultur von freien Zellen – durch Hemmung oder Stimulierung – dieselben regulierenden Substanzen enthält wie das innere Milieu

[76] Vgl. Charles-Philippe Robin, *Anatomie et Physiologie cellulaires* (Paris: Baillière 1873).

eines Organismus, man schwerlich behaupten kann, die Zelle lebe in Freiheit. In der Absicht, sich mittels eines Vergleichs besser verständlich zu machen, regt Claude Bernard zu einer Betrachtung des komplexen Lebewesens „als ein Stadtstaat mit seinem eigentümlichen Gepräge" an, in dem sich die Individuen gleich ernähren und dieselben allgemeinen Vermögen ausüben, jene des Menschen, wo aber ein jedes durch seine Arbeit und seine Fähigkeiten auf unterschiedliche Weise am sozialen Leben teilhat.

1899 schreibt Haeckel: „[Die Zellen sind] die wahren, selbsttätigen Staatsbürger, die, zu Milliarden vereinigt, unseren Körper, den ‚Zellenstaat', aufbauen."[77] Vielleicht sind die Vereinigung autonomer Bürger oder der Staat mehr als Bilder und Metaphern. Eine politische Philosophie beherrscht eine biologische Theorie. Wer könnte sagen, ob man Republikaner ist, weil man Anhänger der Zelltheorie ist, oder ob man Anhänger der Zelltheorie ist, weil man Republikaner ist?

Räumen wir ein, falls dies verlangt wird, dass Bernard und Haeckel nicht frei von jedweder philosophischen Versuchung oder Sünde sind. Im *Traité d'Histologie* von Auguste Prenant, Pol Bouin und Louis Camille Maillard (1904), von dem Klein sagt, dass er neben den *Leçons sur la cellule* von Louis-Félix Henneguy (1896) das erste klassische Werk war, das in die Lehre der Histologie in Frankreich die Zelltheorie hat einfließen

[77] Ernst Haeckel, *Die Welträtsel* [1899], in: *Gemeinverständliche Werke* (Leipzig u.a.: Kröner 1924), S. 33.

lassen,[78] ist das zweite, auf die Zelle bezogene Kapitel von Prenant geschrieben. Die Sympathien des Autors für die Zelltheorie lassen ihn nicht jene Sachverhalte vergessen, die ihrer Reichweite Grenzen setzen könnten. Mit bewundernswerter Klarheit schreibt er: „*Es ist der Charakter von Individualität, der in der Vorstellung der Zelle dominiert*, er genügt sogar für deren Definition".[79] Aber auch jedes Experiment, das offenbart, dass die scheinbar in sich selbst geschlossenen Zellen in Wirklichkeit, nach den Worten von Wilhelm His, zueinander „offene Zellen" sind, trägt dazu bei, die Zelltheorie abzuwerten. Daher die Schlussfolgerung: „Die individuellen Einheiten können ihrerseits von verschiedenem Grad sein. Ein Lebewesen wird als Zelle geboren, Zell-Individuum; anschließend verschwindet die zelluläre Individualität in dem Individuum oder der Person, die auf Kosten der persönlichen Individualität aus einer Vielzahl von Zellen geformt ist; diese kann wiederum in einer Gesellschaft von Personen durch eine soziale Individualität aufgelöst werden. Was sich zuträgt, wenn man die aufsteigende Folge der Vielfachen einer Zelle untersucht (die Person und die Gesellschaft), findet sich in deren Divisoren wieder: Die Teile der Zelle besitzen ihrerseits einen gewissen Grad an Individualität, welche teilweise in die höhere und mächtigere Individualität der Zelle einverleibt wird. Von oben nach unten

78 Klein hat jüngst in einem verdienstvollen Artikel zu diesem Punkt ergänzende Informationen veröffentlicht. Vgl. ders., „Sur les Débuts de la théorie cellulaire en France", in: *Thalès* 6 (1951), S. 25–36.

79 Auguste Prenant, Pol Bouin u. Louis Camille Maillard, *Cytologie générale et speciale* (Paris: Reinwald 1904), S. 37.

existiert Individualität. Das Leben wäre nicht möglich ohne Individuation dessen, was lebt.“[80]
Sind wir so weit entfernt von Okens Ansichten? Ist das nicht die Gelegenheit, zu wiederholen, dass das Problem der Individualität selbst nicht teilbar ist? Es ist vielleicht nicht hinreichend beachtet worden, dass die Etymologie des Wortes aus dem Begriff des Individuums eine Negation macht. Das Individuum ist ein Wesen an der Grenze zum Nicht-Sein, weil es etwas ist, was nicht weiter aufgeteilt werden kann, ohne die eigenen Merkmale zu verlieren. Es ist ein Seinsminimum. Aber kein Wesen ist an sich ein Minimum. Das Individuum setzt notwendigerweise in sich seine Beziehung zu einem umfassenderen Sein voraus. Es fordert, es verlangt (in dem Sinn, den Octave Hamelin diesen Worten in seiner Theorie von der Gegensätzlichkeit der Begriffe gibt) nach einem Kontinuitätsgrund, von dem sich seine Diskontinuität abheben kann. In diesem Sinn gibt es keine Gründe, der Macht der Individualität an den Grenzen der Zelle Einhalt zu gebieten. Indem er 1904 den Teilen der Zelle einen gewissen Grad an Individualität zuerkannte, welche von der Individualität der Zelle absorbiert werde, antizipierte Prenant die neueren Konzeptionen zur ultramikroskopischen Struktur und Physiologie des Protoplasmas. Die Biologen fragen sich, ob die Virenproteine lebendig oder nicht lebendig sind. Das läuft

[80] Ebd., S. 47. Im selben Jahr, 1904, findet der Text von Prenant eine Entgegnung in Haeckels *Die Lebenswunder*, II. Teil, Kap. 7, „Lebenseinheiten. Organische Individuen und Assoziationen. Zellen, Personen, Stöcke. Organellen und Organe“, a.a.O., S. 171f.

auf die Frage hinaus, ob die Nukleoproteinkristalle individualisiert sind oder nicht. „Wenn sie lebendig sind", sagt Jean Rostand, „repräsentieren sie das Leben im einfachsten Zustand, der sich vorstellen ließe; wenn sie es nicht sind, repräsentieren sie einen Zustand an chemischer Komplexität, in dem sich bereits das Leben ankündigt".[81] Doch warum sollte man die Virenproteine zugleich lebendig und einfach wollen, da ihre Entdeckung gerade die Erschütterung der Annahme eines zugleich einfachen und lebendigen Elements bedeutet – nämlich jenes Elements, das unter dem Namen ‚Zelle' firmiert? Warum sollte man sie zugleich lebendig und einfach wollen, wenn man doch anerkennt, dass jede Ankündigung des Lebens in ihnen mit ihrer Komplexität zusammenhängt? Kurz, die Individualität ist kein Grenzstein, kein Endpunkt, sie ist ein Element in einer Beziehung. Als solches darf sie allerdings nicht mit dem Element jener Forschung verwechselt werden, die sie als etwas Wesenhaftes darzustellen sucht.[82]

Gibt es letztlich in dem von uns zitierten Text von Prenant weniger biologische Philosophie als in bestimmten Passagen eines Werkes des Comte de Gobineau, das so unbekannt wie verstörend ist in sei-

[81] Jean Rostand, „Les Virus protéines", in: ders., *Biologie et Médecine* (Paris: Gallimard 1939). Für eine gute Darstellung der Partikelkonzeption der Zelle siehe: ders., „La Conception particulaire de la cellule", in: ders., *Les grands Courants de la biologie* (Paris: Gallimard 1951).

[82] Canguilhem spielt an dieser Stelle mit dem französischen Wort ‚*terme*', das auf denselben Wortstamm wie ‚*terminer*' (beenden, abschließen) zurückgeht und u.a. ‚Begriff', ‚Terminus', ‚Element' (vor allem im mathematischen Sinne) bedeutet [A.d.Ü.].

ner Mischung aus oftmals phantasierter Linguistik und zuweilen scharfsinnigen biologischen Ansichten, der „Untersuchung über verschiedene Äußerungen des sporadischen Lebens“ (1868)?[83] Gobineau kennt und anerkennt die Zelltheorie. Im Zuge seiner Aufzählung der Entwicklungsstufen organisierter Wesen in umgekehrter Reihenfolge schreibt er: „Nach dem spermatischen Entozoon kommt die Zelle, letzter bisher entdeckter Grenzstein im Zustand der Genese, und die Zelle ist ebenso das Bildungsprinzip des Pflanzen- wie des Tierreichs.“[84] Doch Gobineau begreift die Individualität nicht immer als eine mit sich selbst identische Realität, er begreift sie vielmehr als ein Element in einem beweglichen Zusammenhang, der verschiedene Realitäten mit unterschiedlichen Beobachtungsmaßstäben verbindet. Das andere Element des Zusammenhangs nennt er „Milieu“. „Damit es einem individuellen Wesen gewährt ist zu existieren, genügt es nicht, daß es mit der vollen Gesamtheit der Elemente versehen ist, die ihm zukommen. Ohne ein besonderes Milieu ist es nicht, und wenn es wäre, würde es keine Sekunde überdauern. Es besteht darum absolute Notwendigkeit, daß alles, was lebt, in einem Milieu lebt, das ihm zuträglich ist. Folglich ist für die Erhaltung der Wesen, das heißt für den Fortbestand des Lebens, nichts wichtiger als die Milieus. Ich sagte soeben, daß die Erde, die himmlischen

[83] Arthur Comte de Gobineau, „Untersuchung über verschiedene Äußerungen des sporadischen Lebens“, in: *Zeitschrift für Philosophie und philosophische Kritik* 52 (1868), S. 17–35 u. 181–204 sowie 53 (1868), S. 1–41.

[84] Gobineau, „Untersuchung“, a.a.O., Bd. 53, S. 24f.

Sphären, der Geist ebensolche Hüllen dieser Natur darstellten. Doch auf dieselbe Weise sind auch der menschliche Körper und der Körper aller Wesen Milieus, in denen der stets komplexe Mechanismus der Existenzen funktioniert. Und die Tatsache ist so unbestreitbar, daß es einem nur unter großer Mühe und Abstraktion von einer Menge Bedingungen des Lebens gelingt, die Zelle, den so nahen Verwandten der Monade, abzutrennen, zu isolieren und für sich zu betrachten, um in ihr die mit Sicherheit recht rudimentäre, erste vitale Form zu verzeichnen, während sie indessen, da sie noch immer die Dualität präsentiert, selbst als ein Milieu verzeichnet werden muß."[85]
Gobineaus Werk konnte keinerlei Einfluss auf das Denken der Biologen ausüben. Das französische Original ist bis in die letzten Jahre unbekannt geblieben. Eine deutsche Fassung ist 1868 in der von Immanuel Hermann Fichte in Halle herausgegebenen *Zeitschrift für Philosophie und philosophische Kritik* erschienen, fand allerdings keinerlei Echo. Doch scheint es interessant, durch den Vergleich hervorzuheben, dass das Problem der Individualität in Gestalt des Problems der Zelle so unterschiedlichen Gemütern wie dem eines reinen Histologen und dem eines mehr auf metaphysische Verallgemeinerungen als auf bescheidene und geduldige Beobachtungen bedachten Anthropologen analoge Hypothesen nahelegt.

Wie steht es heutzutage mit der Zelltheorie? Erinnern wir zunächst nur an die bereits älteren Kritiken von

[85] Gobineau, „Untersuchung", a.a.O., Bd. 52, S. 27f.

Julius Sachs, der den Begriff der Zelle durch den der *Energide* ersetzt, das heißt durch ein zytoplasmatisches Areal, das ohne strikte topographische Abgrenzung die Einflusszone eines gegebenen Zellkerns darstellt; dann an die Forschungen von Martin Heidenhain aus dem Jahr 1902 über die Metaplasmen, das heißt solche interzellulären Substanzen wie die Basissubstanzen von Knorpeln, Knochen und Sehnen, Substanzen, die auf irreversible Weise jede Beziehung zu den Zellkernformationen verloren haben; schließlich an die Arbeiten Clifford Dobells seit 1913 und an seine Weigerung, die Zelle der Metazoen, den Protisten und das Ei als aus anatomischer und physiologischer Sicht äquivalent anzusehen – da der Protist als ein wirklicher Organismus mit den Dimensionen einer Zelle gesehen werden muss und das Ei als eine ursprüngliche Entität, die sowohl von der Zelle als auch vom Organismus verschieden ist –, so dass „die Zelltheorie verschwinden muss; sie hat nicht nur aufgehört, gültig zu sein, sie ist wirklich gefährlich".[86] Weisen wir noch kurz auf die wachsende Bedeutung hin, die den Flüssigkeiten des inneren Milieus und den Substanzen in Lösungsform zugeschrieben wird, die nicht alle Produkte der zellulären Sekretion und doch allesamt für die Struktur und das Leben des Organismus unentbehrliche „Elemente" sind.

Wir wollen dann weiter an einige Arbeiten aus der Zwischenkriegszeit erinnern, die auf drei Autoren

[86] Vgl. Clifford Dobell, *The Intestinal Protozoa of Man* (New York: William Wood & Co. 1921).

zurückgehen, welche in ihrem Geist genauso verschieden sind wie in der speziellen Ausrichtung ihrer Forschungen: den Artikel von Rémy Collin (1929) über die Zelltheorie und das Leben,[87] die Betrachtungen über die Zelle von Hans Petersen in den ersten Kapiteln seines Werks *Histologie und mikroskopische Anatomie* (1922–35)[88] und den Vortrag von Octave Duboscq über den Ort der Zelltheorie in der Protistologie (1939).[89] Ausgehend von unterschiedlichen oder unterschiedlich zur Geltung gebrachten Argumenten konvergieren diese Ausführungen in einer analogen Lösung, die zu formulieren wir Duboscq überlassen: „Man ist auf dem falschen Weg, wenn man die Zelle für eine notwendige Einheit in der Konstitution der Lebewesen hält." Zunächst lässt sich der Organismus der Metazoen schwerlich mit einer Zellenrepublik oder mit einem aus der Summierung individualisierter Zellen hervorgehenden Konstrukt vergleichen, berücksichtigt man den Stellenwert, den in der Konstitution essentieller Systeme wie des Muskelsystems die plasmodischen oder synzytialen Formationen einnehmen, das heißt die mit Zellkernen bestreuten kontinuierlichen Zytoplasmaschichten. Im menschlichen Körper sind im Grunde nur die Epithelien deutlich zellularisiert. Zwischen einer freien Zelle wie der Leukozyte und einem Synzytium wie dem Herzmuskel

87 Rémy Collin, „Théorie cellulaire et la Vie", in: *La Biologie médicale* (1929). Derselbe Autor hat danach die Frage in seinem *Panorama de la biologie* (Paris: Édition de la Revue des Jeunes 1945), S. 73ff., wieder aufgegriffen.

88 Petersen, *Histologie und Mikroskopische Anatomie*, a.a.O. [insbesondere der 2. Abschnitt: „Die Zelle, ihr Bau, ihre Leistungen", S. 18–132 – A.d.Ü.].

89 *Bulletin de la Société zoologique de France* 64 (1962), Nr. 2.

oder der oberflächlichen Schicht der Chorionzotten der fötalen Plazenta können alle Zwischenformen auftreten, insbesondere die Riesenzellen mit mehreren Zellkernen (Polycaryozyten), ohne dass man genau sagen könnte, ob die synzytialen Schichten aus der Fusion *zuvor unabhängiger* Zellen hervorgehen *oder das Gegenteil der Fall ist.* In der Tat lassen sich beide Mechanismen beobachten. Selbst im Laufe der Entwicklung des Eies ist nicht sicher, ob jede Zelle aus der Teilung einer bereits existierenden Zelle entsteht. Émile Rhode hat 1923 zeigen können, dass sehr oft – bei Tieren wie bei Pflanzen – individualisierte Zellen aus der Unterteilung eines primitiven Plasmodiums stammen.

Doch die anatomischen und ontogenetischen Aspekte des Problems machen nicht die gesamte Frage aus. Selbst Autoren, die wie Petersen annehmen, dass die Entwicklung des Metazoenkörpers das eigentliche Fundament der Zellenlehre ist, und die in der Erzeugung von Chimären, das heißt von Lebewesen, die durch die künstlich herbeigeführte Koaleszenz von Zellen aus Eiern verschiedener Arten hervorgegangen sind, ein Argument zugunsten der „additiven" Zusammensetzung von komplexen Lebewesen sehen, sind gezwungen zuzugeben, dass *die Erklärung der Funktionen dieser Organismen der Erklärung ihrer Entstehung widerspricht*. Wenn der Körper wirklich eine Summe unabhängiger Zellen ist, wie soll man dann erklären, dass er ein einheitlich funktionierendes Ganzes bildet? Wenn die Zellen geschlossene Systeme sind, wie kann dann der Organismus als ein Ganzes leben und agieren? Man kann versuchen, das Problem zu lösen, indem man im Nervensystem oder in den hormonalen Sekretionen den Mechanismus für diese Totalisierung sucht. Doch was das Nervensystem anbelangt, muss man anerkennen, dass die meisten Zellen auf einseitige, nicht-reziproke Weise daran angebunden sind. Und was die Hormone betrifft, muss man zugeben, dass etliche vitale Phänomene, insbesondere jene der Regeneration, durch diesen Regulationsmodus, gleich welchen komplexen Aufbau man für ihn entwirft, ziemlich schlecht erklärt werden. Das bringt Petersen dazu, Folgendes zu schreiben: „Vielleicht kann man überhaupt sagen, daß alle die Vorgänge, bei denen der Körper als Ganzes auftritt – und es gibt z.B. unter den krankhaften Vorgängen wenige, bei denen das nicht der Fall ist –, durch die Zellenlehre, vor allem in ihrer Form als *Zellenstaatlehre* oder Lehre von den *Zellen als Elementarorganismen* nur schwer verständlich werden [...]. In der Art aber, wie er [der vielzellige Organismus] sich verhält, wie er lebt, arbeitet, sich unter den Angriffen der Umwelt behauptet und wieder herstellt, sind die Zellen Organe eines einheitlichen Körpers".[90] Man sieht hier, wie das Problem der lebendigen Individualität wieder auftaucht und wie der Aspekt einer Ganzheit, die ursprünglich jeder Teilung widersteht, die Oberhand über den Aspekt der Atomizität, den mutmaßlichen Endpunkt einer Teilung gewinnt. Es geschieht also mit Bedacht, wenn Petersen Julius

[90] Petersen, *Histologie und mikroskopische Anatomie*, a.a.O., S. 73f.

Sachs' Ausführungen aus dem Jahr 1887 zu den mehrzelligen Pflanzen zitiert: „Es hängt daher ganz von unserer *Betrachtungsweise* ab, ob wir die Zellen als selbständige sogenannte Elementarorganismen oder bloß als Teile betrachten wollen".[91]

In den letzten Jahren konnte man beobachten, wie sich die Vorbehalte und Kritiken an der Zelltheorie in ihrer klassischen Ausprägung, das heißt in der dogmatischen und starren Ausprägung, die ihr die Lehrbücher selbst an den Hochschulen gegeben haben, intensiviert haben.[92] Die Berücksichtigung nichtzellulärer Elemente in der Ordnung der konstituierenden Substanzen des Organismus und die Aufmerksamkeit, die man möglichen von Protoplasmamassen ausgehenden Zellbildungsmodi zuwendet, treffen heute auf weitaus weniger Einwände als in der Zeit, als Virchow in Deutschland Schwann vorhielt, die Existenz eines ursprünglichen Zytoblastems zuzulassen, und als in Frankreich Charles Robin als rückständiger Nörgler galt. 1941 hat Tivadar Huzella in seinem Buch *Die zwischenzellige Organisation* gezeigt, dass die interzellulären Beziehungen und die außerzellulären Substanzen (zum Beispiel die interstitielle Lymphflüssigkeit oder eben das, was sich im Binde-

[91] Ebd., S. 74.

[92] * Die folgenden Zeilen wurden unserem Artikel von 1945 hinzugefügt. Sie passen sich auf natürliche Weise in ihn ein. Wir weisen nicht darauf hin, um Anspruch auf irgendeine prophetische Gabe zu erheben, sondern ganz im Gegenteil um zu unterstreichen, dass gewisse Neuheiten ein wenig älter sind, als es einige Claqueure, die mehr auf deren Ausbeutung als auf deren Verständnis bedacht sind, behaupten.

gewebe nicht auf Zellen zurückführen lässt) biologisch gesprochen mindestens ebenso wichtig sind wie die Zellen selbst, so dass beispielsweise die bei mikroskopischen Präparaten beobachteten interzellulären Leerräume alles andere als ein histologisches und funktionales Nichts sind. 1946 meint Paul Busse Grawitz in seinen *Experimentellen Grundlagen zu einer modernen Pathologie*[93] aus seinen Beobachtungen schließen zu können, dass Zellen in nichtzellulären Grundsubstanzen erscheinen können. Nach der Zelltheorie muss man davon ausgehen, dass die Grundsubstanzen (zum Beispiel das Kollagen der Sehnen) von den Zellen ausgeschieden werden, ohne dass man genau erläutern könnte, wie sich diese Sekretion abspielt. Hier ist der Zusammenhang genau umgekehrt. Natürlich ist das experimentelle Argument negativer Natur; es vertraut den Vorkehrungen, die getroffen wurden, um die Einwanderung von Zellen in die nichtzelluläre Substanz zu verhindern, in der man sie zunehmend erscheinen sieht. In Frankreich hatte Jean Nageotte beobachtet, dass sich im Laufe der Entwicklung des Hasenembryos die Hornhaut des Auges zunächst als eine homogene Substanz präsentiert, die während der drei ersten Tage keine Zellen enthält, doch auf Grund des Virchow'schen Axioms dachte er, dass die später erschienenen Zellen dort eingewandert seien. Eine solche Einwanderung hatte man jedoch niemals feststellen können.

93 Dieses in Basel veröffentlichte Werk trägt als Untertitel *Von der Zellular- zur Molekularpathologie*. Es ist die deutsche Fassung des spanischen Originals.

Schließlich muss man erwähnen, dass das Andenken und der Ruf Virchows in letzter Zeit von Seiten russischer Biologen angegriffen worden ist und immer noch wird. Es handelt sich dabei um Angriffe, die durch die Aufmerksamkeit, die für gewöhnlich den von der marxistisch-leninistischen Dialektik inspirierten Entdeckungen zuteilwird, eine Wichtigkeit bekommen haben, die gegenüber ihrer tatsächlichen Bedeutung – gemessen an den Lehren der Geschichte der Biologie (die, in der Tat, von *Bourgeois* geschrieben wurde) – etwas unverhältnismäßig wirkt. Seit 1933 widmet Olga Lepeschinskaja ihre Forschungen dem Phänomen der Entstehung von Zellen aus nichtzellulären lebenden Materien. Ihr 1945 veröffentlichtes Werk *Die Entstehung von Zellen aus lebender Materie* wurde 1950 neu aufgelegt. Bei dieser Gelegenheit wurden die in ihm enthaltenen Thesen durch die Akademie der Wissenschaften der UdSSR geprüft und anerkannt und als Artikel in zahlreichen Zeitschriften veröffentlicht.[94] Die „idealistische“ Konzeption Virchows wird dort im Namen der Beobachtungstatsachen und im Namen einer doppelten Autorität heftig kritisiert: der Autorität der russischen Wissenschaft – der Physiologe Ivan Mikhaylovich Setschenow hatte bereits 1860 die Ideen Virchows zurückgewiesen –, und der

[94] Wir entnehmen diese Information einem Artikel von Joukov-Berejnikov, Maiski und Kalinitchenko: „Des formes acellulaires de vie et de développement des cellules“, veröffentlicht in einer Sammlung von Dokumenten mit dem Titel *Orientation des théories médicales en U.R.S.S.* (Paris: Editions du Centre Culturel et Economique France-U.R.S.S. 1951). In einem Artikel von André Pierre (*Le Monde*, 18. August 1950) wird man die Verweise auf die Zeitschriftenartikel finden, auf die wir anspielen.

des dialektischen Materialismus – Friedrich Engels hatte im *Anti-Dühring* und in der *Dialektik der Natur* Vorbehalte gegenüber der Allgemeingültigkeit der Zelltheorie geltend gemacht.[95] Die von Olga Lepeschinskaja herangezogenen Fakten resultieren aus Beobachtungen zur Entwicklung des Hühnerembryos. Das befruchtete Eigelb enthalte im Mikroskop sichtbare Eiweißkörner, die in der Lage seien, sich zu Spherulen zu verfestigen, die keine Zellstruktur aufweisen. In der Folge entwickelten sich diese Spherulen zur typischen Form der Zelle mit Zellkern, unabhängig wohlgemerkt von jedweder Einwanderung jener Zellen in die Masse des Eigelbs, die durch die Teilung der embryonalen Zellen am Rand desselben entstanden sind. Man kann sich fragen, was bei einer solchen Polemik, für die, wie man gesehen hat,

[95] Engels, *Anti-Dühring*, a.a.O., S. 70ff. In dieser Passage behauptet Engels wie alle Verfechter der Zelltheorie, dass „allen organischen Zellengebilden, von der Amöbe [...] bis zum Menschen [...] die Art gemeinsam [ist], wie die Zellen sich vermehren: durch Spaltung" (S. 71). Doch denkt er, dass unter den niedrigsten Organismen eine Menge Lebewesen existierten, deren Organisation unterhalb jener der Zelle liege: „Diese sind sämtlich mit den höhern Organismen nur dadurch verknüpft, daß ihr wesentlicher Bestandteil Eiweiß ist und sie demnach Eiweißfunktionen vollziehn, d.h. leben und sterben" (S. 73). Unter diesen Wesen zitiert Engels „die Protamöbe, ein einfaches Eiweißklümpchen, ohne irgendwelche Differenzierung, eine ganze Reihe andrer Monere und sämtliche Schlauchalgen (Siphoneen)" (ebd.). Siehe auch S. 75ff.: „Leben ist die Daseinsweise der Eiweißkörper, usw." Mühelos erkennt man hier die Ideen Haeckels, bis hin zu der ihm eigenen Terminologie.
In der *Dialektik der Natur* (zumindest wenn wir uns an die Auszüge halten, die in dem in der vorangehenden Fußnote zitierten Artikel wiedergegeben sind) scheinen uns die Ideen von Engels zur Bekräftigung der Möglichkeit einer Entstehung von Zellen aus lebendem Eiweiß und einer Bildung des lebenden Eiweißes aus chemischen Komponenten nicht grundlegend von den Thesen aus dem *Anti-Dühring* abzuweichen [vgl. z.B. *MEW*, Bd. 20, S. 555 u. 560 – A.d.Ü.].
Weder in der einen noch in der anderen Form – gestehen wir in aller Bescheidenheit ein – vermitteln uns diese Antizipationen haeckelscher Art den Eindruck revolutionärer Neuheit.

die Geschichte der Zelltheorie reichlich Beispiele bietet, auf dem Spiel steht. Im Wesentlichen geht es dabei um die Aneignung eines neuen und anscheinend massiven Arguments gegen die zwangsläufige Kontinuität der Zellstammlinien und folglich gegen die Theorie der Kontinuität und der Unabhängigkeit des Keimplasmas. Das ist ein Argument gegen August Weismann und somit eine Unterstützung der Thesen Trofim Lyssenkos zur Vererbung der Merkmale, die der individuelle Organismus unter dem Einfluss des Milieus erlangt hat. Wenn wir auch nicht kompetent genug sind, um aus einer wissenschaftlichen Perspektive die Stichhaltigkeit der herangezogenen Experimente und der verwendeten Techniken zu überprüfen, steht es uns doch zu, hervorzuheben, dass sich auch hier die biologische Theorie unzweideutig in eine soziologische und politische These verlängert und sich die Rückkehr zu alten Arbeitshypothesen paradoxerweise in einer Sprache des Fortschritts legitimiert. Dass die Experimente von Olga Lepeschinskaja und die von ihnen gestützten Theorien der argumentativ gewappneten und gut informierten Kritik der Biologen standhielten, beweist weniger, „dass es auf der Erde ein Land gibt, das der Rückhalt wahrer Wissenschaft ist: die Sowjetunion",[96] sondern ist vielmehr ein Anlass,

[96] *Orientation des théories médicales en U.R.S.S.*, a.a.O., S. 151. Wir können der Versuchung nicht widerstehen, hier weitere aus demselben Artikel herausgegriffene entschiedene Behauptungen zu zitieren: „In der UdSSR war es, dass man das erste Mal begonnen hat, die Frage des Übergangs vom Nicht-Lebenden zum Lebenden zu untersuchen" (S. 148); „Fragen wie jene nach dem Ursprung des Lebens interessieren die Wissenschaftler, die dem Kapital dienen, herzlich wenig; sie trachten in keiner Weise danach, die Biologie im Interesse der mensch-

im Hinblick auf die Zelltheorie und die Ideen Virchows erneut festzustellen, dass, einem berühmten Ausspruch zufolge, „eine Theorie nichts taugt, wenn man nicht beweisen kann, dass sie falsch ist".[97]
Als Haeckel 1904 schrieb: „Seit der Mitte des 19. Jahrhunderts gilt die Zellentheorie allgemein und mit Recht als eine der wichtigsten biologischen Theorien: jede anatomische und histologische, physiologische und ontogenetische Arbeit muß sich auf den Begriff der Zelle als des ‚Elementarorganismus' stützen",[98] fügte er hinzu, dass in dieser Konzeption noch nicht alles klar sei und noch nicht alle Biologen dafür gewonnen seien. Doch was Haeckel als letzter Widerstand rückständiger oder engstirniger Geister erschien, erscheint uns heute eher als eine verdienstvolle Erkenntnis der Engpässe einer Theorie. Der Sinn der Zelltheorie ist gewiss klar: Es handelt sich um die Ausweitung der analytischen Methode auf die Gesamtheit der theoretischen Probleme, die sich durch das Experiment stellen. Doch der Wert dieser Theorie liegt ebenso sehr in den Hindernissen, die sie sich geschaffen hat, wie in den Lösungen, die sie ermöglicht hat, und insbesondere in der Neubelebung der alten Debatte bezüglich der Beziehungen des Kontinuierlichen und des Diskontinuierlichen auf biologischem Terrain. Es ist die biologische Indi-

lichen Gattung weiterzuentwickeln. Die Lakaien des Imperialismus beweisen, dass das Leben auf der Erde zerstört werden muss" (S. 150).

[97] Dieser Ausspruch von Schuster wird von Léon Brunschvicg in: ders., *L'Expérience humaine et la causalité physique* [1922] (Paris: Alcan ³1949), S. 447, zitiert.

[98] Haeckel, *Die Lebenswunder*, II. Teil, 7. Kap. „Lebenseinheiten", a.a.O., S. 173f.

vidualität, die unter dem Namen der Zelle in Frage steht. Ist das Individuum eine Realität? Eine Illusion? Ein Ideal? *Eine* Wissenschaft allein, und sei es die Biologie, kann diese Frage nicht beantworten. Und wenn *alle* Wissenschaften zu deren Erhellung ihren Anteil beitragen können und müssen, ist es fraglich, ob das Problem im eigentlichen und geläufigen Sinn des Wortes ein wissenschaftliches ist.[99]

Der Gedanke ist keineswegs abwegig, dass sich die Biologie bezüglich der Struktur der Organismen auf dem Weg zu einer Vereinigung von Repräsentationen und Prinzipien befindet, analog zu jener, die die Wellenmechanik zwischen den beiden einander scheinbar widersprechenden Konzeptionen von Welle und Teilchen bewerkstelligt hat. Die Zelle und das Plasmid sind eine der beiden letzten Inkarnationen der zwei intellektuellen Bedürfnisse nach Diskontinuität und Kontinuität, die im Laufe der theoretischen Aufklärung einander unablässig gegenüberstehen – jener Aufklärung, die im Gange ist, seit Menschen denken können. Vielleicht trifft es zu, dass wissenschaftliche Theorien sich hinsichtlich der grundlegenden Konzeptionen, die sie in ihre Erklärungsprinzipien aufnehmen, auf antike Bilder stützen – wir würden sogar sagen auf Mythen, wäre dieser Begriff heutzutage nicht mit einiger Berechtigung durch jenen Gebrauch entwertet, den Philosophien, die offenkundig zum Zwecke der Propaganda und der Mystifikation ent-

99 *Seit diese Zeilen geschrieben wurden, hat Gilbert Simondons Dissertation *L'Individu et sa genèse physico-biologique* (Paris: Presses Universitaires de France 1964) erfreulicherweise zur Erhellung dieser Fragen beigetragen.

worfen wurden, davon gemacht haben. Denn ist dieses kontinuierliche ursprüngliche Plasma, das die Biologen unter verschiedenen Namen untersucht haben, seit sich das Problem einer den Lebewesen gemeinsamen Struktur stellte, und das ein Erklärungsprinzip geliefert hat, das in ihren Augen durch die Unzulänglichkeit einer Erklärung durch Teilchen nahegelegt wurde, ist dieses ursprüngliche Plasma letzten Endes etwas anderes als ein logischer Avatar des mythologischen, alles Leben erzeugenden Fluidums, der schäumenden Woge, aus der Venus emporstieg? Charles Naudin, jener französische Biologe, der beinahe vor Gregor Mendel die mathematischen Gesetze der Vererbung entdeckt hätte, sagte, dass das Urblastem der biblische Lehm sei.[100] Das ist der Grund, warum wir denken, dass Theorien nicht aus den Tatsachen hervorgegangen sind, die sie koordinieren. Oder genauer, die Fakten rufen zwar die Theorien hervor, doch sie erzeugen weder die Konzeptionen, die den Theorien ihre innere Einheit geben, noch die intellektuellen Absichten, die sie entfalten. Die Absichten kommen von weit her, die Konzeptionen sind von geringer Zahl, weshalb die theoretischen Themen ihre scheinbare Zerstörung überleben, die Polemik und Widerlegung vollzogen zu haben glauben.[101]

[100] Charles Naudin, „Les Espèces affines et la théorie de l'évolution", in: *Revue scientifique de la France et de l'Étranger* 3 (1875).

[101] „Daher kommt es, daß selbst die freieste Geistesbetätigung, die Phantasie, nie ins Grenzenlose schweifen kann (obschon es der Dichter so empfinden mag), sondern gebunden bleibt an präformierte Möglichkeiten, an Urbilder oder urtümliche Bilder. Die Märchenerzählungen der entlegensten Völker zeigen in der Ähnlichkeit ihrer Motive diese Gebundenheit an gewisse Urbilder. Selbst

Es wäre absurd, daraus zu schließen, es gäbe keinerlei Unterschied zwischen Wissenschaft und Mythologie, zwischen einer Messung und einer Träumerei. Doch wollte man umgekehrt unter dem Vorwand theoretischer Überholtheit antike Intuitionen radikal entwerten, käme man unmerklich, doch unweigerlich an den Punkt, nicht mehr verstehen zu können, wie eine dumme Menschheit eines schönen Tages intelligent geworden ist. Man verjagt das Wunder nicht immer so leicht, wie man glaubt, und um es in den Dingen zu unterdrücken, fügt man es zuweilen in das Denken wieder ein, wo es weniger schockierend und im Grunde nutzlos ist. Man läge also gänzlich verkehrt, würde man aus unserer Studie schließen, dass wir dem Mythos der Venus oder dem Bericht der Genesis größeren theoretischen Wert beimessen als der Zelltheorie. Wir haben einfach zeigen wollen, dass die Hindernisse und die Grenzen dieser Theorie etlichen Wissenschaftlern und Philosophen zu Zeiten ihrer Entstehung nicht entgangen sind, selbst denen, die am zuverlässigsten zu ihrer Ausarbeitung beigetragen haben. So kann der aktuelle Bedarf an einer flexibleren und umfassenderen Theorie nur jene Geister überraschen, die außerstande sind, in der Wissenschaftsgeschichte den Sinn für unterschiedliche theoretische Möglichkeiten aufzuspüren, die von denen abweichen, mit denen die Lehre der ausschließlich letzten Ergebnisse des Wis-

die Bilder, die wissenschaftlichen Theorien zugrunde liegen, zeigen diese Beschränkung, z.B. der Äther, die Energie, ihre Verwandlungen und ihre Konstanz, die Atomtheorie, die Affinität usw." C. G. Jung, *Psychologische Typen* [1921], in: ders., *Gesammelte Werke*, Bd. 6 (Zürich u.a.: Rascher [10]1967), S. 327.

sens sie vertraut gemacht hat – einen Sinn, ohne den es weder eine wissenschaftliche Kritik noch eine Zukunft der Wissenschaft gibt.

III. PHILOSOPHIE

Biologische Erkenntnis ist der dauernd fortgesetzte schöpferische Akt, durch den uns die Idee des Organismus in zunehmendem Maße zum Erlebnis wird, eine Art Schau etwa im Goetheschen Sinne, die immer auf dem Boden sehr empirischer Tatsachen steht.

Kurt GOLDSTEIN,
Der Aufbau des Organismus

ASPEKTE DES VITALISMUS

Für den Philosophen ist es recht schwierig, biologische Philosophie zu betreiben, ohne Gefahr zu laufen, die von ihm verwendeten oder zitierten Biologen zu kompromittieren. Ist eine von einem Philosophen verwendete Biologie nicht bereits eine philosophische, sprich der Phantasie entstammende Biologie? Aber wäre es überhaupt möglich, von der Biologie die Gelegenheit, wenn nicht gar die Erlaubnis einzufordern, grundlegende philosophische Begriffe wie den des Lebens neu zu denken und richtigzustellen – ohne die Biologie dadurch suspekt zu machen? Und kann man es dem Philosophen, der sich in die Schule der Biologen begeben hat, nachtragen, dass er unter den rezipierten Lehren diejenige wählt, die seine Sichtweise am meisten erweitert und geordnet hat?

Daraus folgt unmittelbar, dass man für dieses Ansinnen wenig von einer Biologie erwarten darf, die vom Prestige der physikalisch-chemischen Wissenschaften fasziniert ist und auf die Rolle eines Satelliten dieser Wissenschaften reduziert wird oder sich selbst auf diese Rolle beschränkt. Die logische Folge einer derart eingeschränkten Biologie ist das Verschwinden des biologischen Objekts als solchen, das heißt der Verlust seiner Spezifität. Aber eine Biologie, die im Hinblick auf ihren Gegenstand und auf die Art, diesen zu begreifen, autonom ist – womit nicht eine Biologie gemeint ist, die die Wissenschaften der Materie ignoriert oder geringschätzt –, läuft immer zu einem gewissen Grad Gefahr, als Vitalismus bezeichnet oder desselben beschuldigt zu werden. Dieser Begriff hat aber so vielen Verstiegenheiten als Aushängeschild gedient, dass er nun, da die Wissenschaftspraxis einen Forschungsstil, einen Kodex und eine Deontologie des wissenschaftlichen Lebens durchgesetzt hat, selbst im Urteil derjenigen Biologen einen pejorativen Wert angenommen hat, die am wenigsten dazu geneigt sind, ihren Forschungsgegenstand an demjenigen der Physiker und Chemiker auszurichten. Unter den von ihren Gegnern als Vitalisten bezeichneten Biologen gibt es wenige, die diese Gleichsetzung bereitwillig akzeptieren. Zumindest in Frankreich ist es kein großes Kompliment, den Namen und das Renommee von Paracelsus oder von van Helmont heraufzubeschwören.

Es ist dennoch eine Tatsache, dass die Bezeichnung Vitalismus aufgrund der Bedeutung, die sie im 18. Jahrhundert angenommen hat, eigentlich auf jede Biologie zutrifft, die auf ihre Unabhängigkeit gegenüber den annexionistischen Bestrebungen der Wissenschaften der Materie bedacht ist. Die Geschichte der Biologie ist hier ebenso wichtig wie der aktuelle Stand ihrer Errungenschaften und Probleme. Eine Philosophie, die von der Wissenschaft die Klärung von Begriffen verlangt, kann der Konstruktion der Wissenschaft gegenüber nicht uninteressiert sein. Dadurch erscheint eine bestimmte Ausrichtung des biologischen Denkens bedeutsamer als eine bloße Etappe seiner Entwicklung, auch wenn der Name, den man ihr gibt, nur eine begrenzte historische Wirkung hatte.

Es geht nicht darum, den Vitalismus aus einer wissenschaftlichen Sicht zu verteidigen. Diese Debatte geht eigentlich nur die Biologen etwas an. Es geht darum, ihn aus einer philosophischen Sicht zu verstehen. Mag sein, dass sich der Vitalismus für bestimmte Biologen von heute wie von früher als eine Illusion des Denkens darstellt. Doch diese Kritik am illusorischen Charakter des Vitalismus verbietet ihn nicht oder schließt mit ihm ab, sondern fordert vielmehr eine philosophische Reflexion. Denn die noch heute verspürte Notwendigkeit, den Vitalismus zu widerlegen, kann zweierlei bedeuten. Entweder haben wir es mit dem impliziten Eingeständnis zu tun, dass die fragliche Illusion nicht von derselben Art ist wie der Geozentrismus oder das Phlogiston und dass sie eine ihr eigene Vitalität hat. In diesem Fall muss man philosophisch von der Vitalität dieser Illusion Rechenschaft ablegen. Oder aber es geht um das Eingeständnis, dass die Widerständigkeit der Illusion ihre Kritiker dazu genötigt hat, ihre Argumente und Waffen neu zu schmieden, und das heißt, in dem daraus entstehenden theoretischen oder experimentellen Gewinn einen Nutzen zu erkennen, dessen Bedeutsamkeit nicht unabhängig von der Bedeutsamkeit seines Anlasses sein kann, da er sich auf diesen beziehen und gegen ihn richten muss. In diesem Sinn schreibt ein marxistischer Biologe vom Bergsonismus, der als eine philosophische Spezies der Gattung Vitalismus eingestuft wird: „[Aus der Bergson'schen Finalität] geht eine Dialektik des Lebens hervor, die in ihrem Gesamtgebaren nicht ohne Analogie zur marxistischen Dialektik ist, insofern beide neue Fakten und neue Wesen hervorbringen [...]. Vom Bergsonismus in der Biologie wäre nur die Kritik am Mechanismus von Interesse, wenn diese nicht weitaus früher von Marx und Engels vorgebracht worden wäre. Was seinen konstruktiven Teil anbelangt, so ist er wertlos; wie sich zeigt, ist der Bergsonismus die hohle Gussform des dialektischen Materialismus."[1]

Der erste Aspekt des Vitalismus, den die philosophische Reflexion unserer Meinung nach untersuchen muss, ist also dessen Vitalität.

Von dieser Vitalität zeugt eine Reihe von Namen, die von Hippokrates und Aristoteles zu Hans Driesch, Constantin von Monakow und Kurt Goldstein führt, über Jan Baptist van Helmont, Paul-Joseph Barthez, Johann Friedrich Blumenbach, Xavier Bichat und Jean Baptiste de Lamarck, Johannes Müller und Karl Ernst von Baer sowie, nicht zu vergessen, Claude Bernard. Die biologische Theorie offenbart sich durch ihre Geschichte hindurch als ein geteiltes und oszillierendes Denken. Mechanismus und Vitalismus stehen

[1] Marcel Prenant, *Biologie et Marxisme* [1936] (Paris: Editions d'hier et d'aujourd'hui [2]1948), S. 230f. Prenant hat seither die gleiche Ansicht erneut formuliert: „Was hat Bergson in der *Schöpferischen Entwicklung* getan? Zweierlei: einerseits eine Kritik am mechanischen Materialismus, die unserer Ansicht nach ausgezeichnet ist, die er lediglich zu Unrecht nicht weitergeführt hat, weil er sie einfach auf das Leben angewendet hat. Währenddessen meinen wir, dass sie unter anderen Bedingungen auch auf die unbelebte Welt selbst anwendbar ist. Darüber sind wir folglich einer Meinung. Was wir Bergson schwer anlasten und was seinen Mystizismus ausmacht, ist der Umstand, dass man bei ihm vergeblich nach einer positiven, in irgendeine Erfahrung umwandelbaren Schlussfolgerung sucht." (Aus: *Progrès technique et progrès moral. Textes in-extenso des conferences et des entretiens organisés par les Rencontres internationales de Genève en 1947* (Neuchâtel: Éditions de La Baconnière 1948), S. 431.)

sich im Hinblick auf das Problem der Strukturen und Funktionen gegenüber; Diskontinuität und Kontinuität im Hinblick auf die Abfolge der Formen; Präformation und Epigenese im Hinblick auf die Entwicklung des Seins; Atomizität und Ganzheit im Hinblick auf das Problem der Individualität.

Dieses permanente Oszillieren, das Zurückkehren zu Positionen, von denen sich das Denken scheinbar definitiv verabschiedet hatte, kann unterschiedlich interpretiert werden. In einer Hinsicht kann man sich fragen, ob es wirklich einen theoretischen Fortschritt gibt – abgesehen von der Entdeckung neuer experimenteller Tatsachen, bei denen die Gewissheit ihrer Realität nicht gänzlich über die Ungewissheit ihrer Bedeutung hinwegtrösten kann. In einer anderen Hinsicht kann man dieses augenscheinliche theoretische Oszillieren aber auch als Ausdruck einer verkannten Dialektik betrachten, insofern die Rückkehr zur selben Position nur eine optische Täuschung ist, die darin besteht, dass man einen Punkt im Raum, der sich auf einer Vertikalen ständig verschiebt, mit seiner identischen Projektion auf derselben Ebene verwechselt. Überträgt man den dialektischen Prozess des Denkens in die Wirklichkeit, kann man behaupten, dass der Forschungsgegenstand selbst, das Leben, die dialektische Essenz ist und dass sich das Denken dessen Strukturen zu eigen machen muss. Das Leben geht über die Gegensätze von Mechanismus und Vitalismus, Präformation und Epigenese hinaus und setzt sich bis in die Theorie des Lebens hinein fort.

Die Vitalität des Vitalismus verstehen heißt, sich auf eine Untersuchung der Sinnzusammenhänge zwischen dem Leben und der Wissenschaft im Allgemeinen, dem Leben und der Wissenschaft vom Leben im Besonderen einzulassen.

Der Vitalismus, so wie er von Barthez, Arzt der Schule von Montpellier im 18. Jahrhundert, definiert worden ist, beruft sich ausdrücklich auf die hippokratische Tradition, und diese Abstammung ist zweifelsohne wichtiger als die aristotelische, denn wenn der Vitalismus auch oftmals aus dem Aristotelismus zahlreiche Begriffe entlehnt, so bezieht er doch aus dem Hippokratismus stets den Geist. In diesem Sinne schreibt Barthez: „*Vitales Prinzip* des Menschen nenne ich die Ursache, die alle Phänomene des Lebens im menschlichen Körper erzeugt. Der Name dieser Ursache ist ziemlich unerheblich und kann nach Belieben gewählt werden. Wenn ich den des vitalen Prinzips bevorzuge, dann deshalb, weil er eine weniger begrenzte Vorstellung vermittelt als der Name *impetum faciens (τό ἐνορμῶν)*, den ihr Hippokrates gab, oder andere Namen, mit denen man die Ursache der Funktionen des Lebens bezeichnet hat.“[2]

Es ist nicht uninteressant, im Vitalismus die Biologie des Arztes zu sehen, der der zwingenden Kraft der Heilmittel gegenüber skeptisch ist. In der Pathologie räumt die hippokratische Theorie der *natura medicatrix* der Reaktion des Organismus und seiner Abwehr

[2] Paul Joseph Barthez, *Nouveaux Éléments de la science de l'homme* [1778] (Paris: Goujon et Brunet 1806).

mehr Bedeutung ein als der Krankheitsursache. Die Kunst der Prognose gewinnt die Oberhand über die Kunst der Diagnose, von der sie abhängt. Es ist ebenso wichtig, den Verlauf der Krankheit vorherzusehen, wie deren Ursache zu bestimmen. Die Therapie beinhaltet ebenso Vorsicht wie Mut, denn die Natur ist der erste unter den Ärzten. Vitalismus und Naturheilkunde sind mithin untrennbar. Der medizinische Vitalismus ist der Ausdruck eines (soll man sagen instinktiven?) Misstrauens gegenüber der Macht der Technik über das Leben. Hier gibt es eine Analogie zum aristotelischen Gegensatz von natürlicher und gewaltsamer Bewegung. Der Vitalismus ist der Ausdruck des Vertrauens des Lebendigen in das Leben, der Identität des Lebens mit sich selbst im menschlichen, sich seiner Lebendigkeit bewussten Lebewesen.

Wir wollen also sagen, dass der Vitalismus einen permanenten Anspruch des Lebens im Lebendigen übersetzt, die Identität des dem Lebendigen immanenten Lebens mit sich selbst. So erklärt sich auch eines der Merkmale des Vitalismus, das die mechanistischen Biologen und die rationalistischen Philosophen an ihm kritisieren: seine Verschwommenheit, seine Unschärfe. Wenn der Vitalismus vor allem einen Anspruch darstellt, so ist es normal, dass er gewisse Mühe hat, Bestimmungen zu formulieren. Dies wird aus einem Vergleich mit dem Mechanismus besser ersichtlich.

Wenn der Vitalismus einen permanenten Anspruch des Lebens im Lebendigen zum Ausdruck bringt, dann gibt der Mechanismus eine permanente Haltung des menschlichen Lebewesens gegenüber dem Leben wieder. Der Mensch ist das durch die Wissenschaft vom Leben getrennte Lebewesen, das versucht, durch die Wissenschaft wieder mit dem Leben zusammenzukommen. Während der Vitalismus vage und unausgesprochen bleibt wie ein Anspruch, ist der Mechanismus strikt und gebieterisch wie eine Methode.

Mechanismus kommt, wie man weiß, von *μηχανή*, dessen französische Übersetzung *engin* (Gerät) die beiden Bedeutungen List bzw. Stratagem einerseits und Maschine andererseits miteinander vereint. Man kann sich fragen, ob die beiden Bedeutungen nicht eigentlich eine einzige sind. Ist die Erfindung und Verwendung von Maschinen durch den Menschen, die technische Aktivität im Allgemeinen, nicht das, was Hegel die List der Vernunft nennt?[3] Die List der Vernunft besteht darin, ihre eigenen Zwecke durch die vermittelnde Tätigkeit von Objekten zu verfolgen, die ihrer eigenen Natur entsprechend aufeinander einwirken. Doch auch eine Maschine ist wesentlich eine Vermittlung oder, wie die Mechaniker sagen, ein Relais. Ein Mechanismus schafft nichts (*in-ars*), und darin besteht sein Verdienst; er wird aber nur durch Kunst (*ars*) erzeugt, und das ist eine List. Der Mechanismus, als wissenschaftliche Methode und als Philosophie, ist also das implizite Postulat aller Verwen-

[3] Georg Wilhelm Friedrich Hegel, *Enzyklopädie der philosophischen Wissenschaften im Grundrisse* [1830], 1. Teil: Die Wissenschaft der Logik, § 209.

dung von Maschinen. Die menschliche List kann nur gelingen, wenn die Natur nicht dieselbe List hat. Die Natur kann durch die Kunst nur unterworfen werden, wenn sie nicht selbst eine Kunst ist. Man bringt das Holzpferd nur nach Troja hinein, wenn man Odysseus heißt und wenn man es mit Gegnern zu tun hat, die eher Kräften der Natur ähneln als listigen Ingenieuren. Man hat der kartesianischen Theorie der Tier-Maschine immer die List entgegenhalten, mit der das Tier Fallen aus dem Weg geht.[4] Leibniz, der im Vorwort zu den *Neuen Abhandlungen* die kartesianische These von den ausschließlich zu empirischen Reaktionen (zu bedingten Reflexen, würden wir heute sagen) fähigen Tieren übernimmt, führt als Beweis die Mühelosigkeit an, mit der der Mensch den Tieren erfolgreich Fallen stellt.[5] Umgekehrt läuft die von Descartes in den *Meditationen* formulierte Hypothese vom täuschenden Gott oder vom bösen Geist darauf hinaus, den Menschen in ein von Fallen umgebenes Tier zu verwandeln. Man kann nicht Gott im Hinblick auf den Menschen die List unterstellen, die man dem Menschen im Hinblick auf das Tier beimisst, ohne dabei den Menschen als Lebendigen zu verneinen, da

[4] Vgl. Henry More, *Brief an Descartes* [11. Dezember 1648], in: *Die Vernunft der Tiere*, hg. v. Hans-Peter Schütt, übers. v. Walter Thüringer (Frankfurt/M.: Keip 1990), S. 101–104; Jean de La Fontaine, *Die beiden Ratten, der Fuchs und das Ei*, in: ders., *Sämtliche Fabeln*, übers. v. Ernst Dohm und Gustav Fabricius (München: Winkler 1978), S. 753–55.

[5] Gottfried Wilhelm Leibniz, *Neue Abhandlungen über den menschlichen Verstand*, Erstes Buch, in: ders., *Philosophische Schriften*, Bd. 3.1, hg. u. übers. v. Wolf von Engelhardt u. Hans Heinz Holz (Frankfurt/M.: Suhrkamp 1996), S. XIIIf.

man ihn zur Untätigkeit verurteilt.[6] Aber hat man dann nicht allen Grund zu dem Schluss, dass eine Theorie des Lebendigen als Maschine eine menschliche List ist, die streng genommen das Lebendige aufheben würde? Wenn aber das Tier wie auch die Natur nicht mehr als eine Maschine ist, warum bedarf es dann so vieler menschlicher Anstrengungen, um sie darauf zu reduzieren?

Dass der Vitalismus eher ein Anspruch als eine Methode und vielleicht eher eine Moral als eine Theorie ist, hat Emanuel Rádl treffend erkannt, der, wie es scheint, in Kenntnis der Sachlage sprach.[7]

Der Mensch, sagt er, kann die Natur auf zweierlei Weise betrachten. Entweder er *fühlt sich* als ein Kind der Natur und empfindet sich ihr zugehörig und untergeordnet; er sieht sich also in der Natur und die Natur in sich. Oder aber er *steht* vor der Natur wie vor einem fremden, unbestimmbaren Gegenstand. Ein Wissenschaftler, der gegenüber der Natur ein kindliches Gefühl, ein Gefühl von Sympathie empfindet, betrachtet die Naturerscheinungen nicht als seltsam und fremd, sondern findet in ihnen ganz natürlich Leben, Seele und Sinn. Ein solcher Mensch ist in grundlegender Weise ein Vitalist. Platon, Aristoteles,

6 „[Denn ich weiß ja,] daß ich meinem Mißtrauen gar nicht zu weit nachgeben kann, da es mir ja für jetzt nicht aufs Handeln, sondern nur aufs Erkennen ankommt." (René Descartes, *Meditationen über die Grundlagen der Philosophie*, Erste Meditation, übers. v. Artur Buchenau, durchges. v. Hans Günter Zekl (Hamburg: Meiner [2]1977), S. 38f.)

7 Emanuel Rádl, „Der Untergang der biologischen Weltanschauung", in: ders., *Geschichte der biologischen Theorien in der Neuzeit*, Bd. 1 (Leipzig: Engelmann [2]1913), S. 147ff.

Galen, alle Menschen des Mittelalters und ein Großteil der Menschen der Renaissance waren in diesem Sinne Vitalisten. Sie betrachteten das Universum als einen Organismus, das heißt als ein harmonisches, zugleich durch Gesetze und Zwecke geregeltes System. Sie begriffen sich selbst als einen organisierten Teil des Universums, eine Art Zelle des Weltorganismus; alle Zellen waren durch eine innere Sympathie vereint, so dass ihnen das Schicksal des einzelnen Organs auf natürliche Weise mit den Bewegungen des Himmels zu tun zu haben schien.

Wenn diese Interpretation, in der die Psychoanalyse der Erkenntnis zweifelsohne interessantes Material finden muss, festzuhalten ist, dann deshalb, weil sie sich mit den Kommentaren von Walther Riese zur biologischen Theorie von Constantin von Monakow deckt: „In von Monakows Neurobiologie ist der Mensch ein Kind der Natur, das niemals die Brust seiner Mutter verlässt."[8] Sicherlich ist das grundlegende biologische Phänomen für die Vitalisten die Fortpflanzung, und die Bilder, die es hervorruft, sowie die Probleme, die es aufwirft, wirken sich zu einem gewissen Grad auf die Bedeutung der anderen biologischen Phänomene aus. Ein Vitalist, würden wir vorschlagen, ist ein Mensch, der sich eher durch die Betrachtung eines Eies als durch die Handhabung einer Seilwinde oder eines Schmiedeblasebalgs zum Nachdenken über die Probleme des Lebens angehalten fühlt.

[8] Walther Riese u. André Requet, *L'Idée de l'homme dans la neurologie contemporaine* (Paris: Alcan 1938), S. 8 (siehe auch S. 9).

Dieses vitalistische Vertrauen in die Spontaneität des Lebens, dieser Vorbehalt – und bei manchen sogar das Grauen – davor, das Leben aus einer in Mechanismen zerlegten Natur hervorgehen zu lassen, das heißt aus einer Natur, die nur aus einer Summe von Geräten besteht, analog zu jenen, die die menschliche Absicht, gegen die Natur wie gegen ein Hindernis zu kämpfen, geschaffen hat, finden ihre typische Verkörperung in einem Menschen wie van Helmont. Van Helmont ist einer der drei vitalistischen Ärzte, die die Philosophiegeschichte nicht ignorieren kann: Willis nicht wegen Berkeleys *Siris*; van Helmont nicht wegen Leibniz' *Monadologie*; Blumenbach nicht wegen Kants *Kritik der Urteilskraft*.

Rádl präsentiert van Helmont als einen Mystiker, der in Löwen gegen die Wissenschaft und die Pädagogik der Jesuiten (zu deren Schülern ja Descartes gehörte) revoltiert, indem er jenseits von Descartes, Harvey, Bacon, Galilei, die van Helmont verachtet oder ignoriert, bewusst wieder zu Aristoteles und Hippokrates zurückkehrt. Van Helmont glaubt an die Macht des Mondes, an die Astrologie, an Hexen, an den Teufel. Er hält die experimentelle Wissenschaft und den Mechanismus zugleich für Jesuiten- und Teufelswerk. Er weist den Mechanismus zurück, weil er eine Hypothese ist, das heißt eine List des Verstandes gegenüber dem Wirklichen. Die Wahrheit ist für ihn Wirklichkeit, sie existiert. Und das Denken ist nichts als ein Widerschein. Die Wahrheit durchfährt den Menschen wie ein Blitz. In Sachen Erkenntnis ist van Helmont ganz und gar Realist.

Van Helmont ist weit davon entfernt, wie Descartes die Einheit der natürlichen Kräfte anzunehmen. Jedes Wesen hat seine eigene spezifische Kraft. Die Natur ist eine unendliche Ansammlung hierarchisierter Kräfte und Formen. Diese Hierarchie beinhaltet die Samen, die Fermente, die *Archai*, die Ideen. Der lebendige Körper wird durch eine Hierarchie von *Archai* organisiert. Dieser von Paracelsus übernommene Begriff bezeichnet eine leitende und organisierende Kraft, die eher die eines Heerführers als die eines Arbeiters ist. Damit kehrt er zur aristotelischen Idee vom Körper zurück, der der Seele unterworfen ist wie der Soldat dem Befehlshaber, wie der Sklave dem Herrn.[9] Erinnern wir in diesem Zusammenhang nochmals daran, dass sich die Feindseligkeit des Vitalismus gegenüber dem Mechanismus ebenso und vielleicht mehr noch gegen seine technologische als gegen seine theoretische Form richtet.

Da es keine authentische Vitalität gibt, die nicht fruchtbar wäre, besteht der zweite Aspekt des Vitalismus, für den wir uns interessieren müssen, in seiner Fruchtbarkeit.

Der Vitalismus steht bei seinen Kritikern im Allgemeinen in dem Ruf, eine Chimäre zu sein. Und dieses Wort ist in diesem Fall umso härter, als die Biologen heutzutage durch die Vereinigung von Zellen, die durch die Teilung von Eiern verschiedener Arten ent-

[9] Aristoteles, *Politik*, I 2, 1252a 30ff.

standen sind, *Chimären*[10] herstellen können. Hans Spemann hat die ersten tierischen Chimären erzeugt, indem er Gewebe junger Molchembryonen verschiedener Arten aufeinander transplantierte. Diese Erzeugung von Chimären war ein deutliches Argument gegen den Vitalismus. Worin besteht, wenn man ein Lebewesen zweideutiger Art formt, das vitale Prinzip oder die Entelechie, die das Zusammenwirken zweier Zellenarten lenkt und leitet? Stellt sich die Frage nach dem Vorrang oder der Überlegenheit im Verhältnis der beiden spezifischen Entelechien? Es ist unbestreitbar, dass Spemanns Experimente und seine Theorie des Organisators Anlass gegeben haben, die Tatsache der Keimlokalisation in einem Sinn zu interpretieren, der zunächst anscheinend für die mechanistische Perspektive sprach.[11] Die Dynamik der embryonalen Entwicklung wird von einer lokalisierten Zone gesteuert, im Fall des Molches von der unmittelbaren Umgebung des Urmunds. Nun kann der Organisator einerseits die embryonale Entwicklung einer anderen Art,

[10] Zu den „Chimären" siehe auch den vorausgegangenen Essay über die Zelltheorie, S. 134 in diesem Band [A.d.Ü].

[11] Spemann selbst hat in der Interpretation dieser Fakten größtmögliche geistige Unabhängigkeit bewiesen: „Immer wieder sind Ausdrücke gebraucht worden, welche keine physikalischen, sondern psychologische Analogien bezeichnen. Daß dies geschah, soll mehr bedeuten als ein poetisches Bild. Es soll damit gesagt werden, daß die ortsgemäße Reaktion eines mit den verschiedensten Potenzen begabten Keimstücks in einem embryonalen ‚Feld', sein Verhalten in einer bestimmten ‚Situation', keine gewöhnlichen, einfachen oder komplizierten chemischen Reaktionen sind. Es soll heißen, daß diese Entwicklungsprozesse, wie alle vitalen Vorgänge, mögen sie sich einst in chemische oder physikalische Vorgänge auflösen, sich aus ihnen aufbauen lassen oder nicht, in der Art ihrer Verknüpfung von allem uns Bekannten mit nichts so viel Ähnlichkeit haben wie mit denjenigen vitalen Vorgängen, von welchen wir die intimste Kenntnis besitzen, den psychischen." Hans Spemann, *Experimentelle Beiträge zu einer Theorie der Entwicklung* [1936] (Berlin: Springer 1968), S. 278.

auf die er verpflanzt wurde, stimulieren und regeln, andererseits ist es hierfür nicht notwendig, dass er lebendig ist – die Zerstörung durch Hitze hebt nicht das Organisationsvermögen des Organisators auf –, und letztlich ist es möglich, die Aktivität des Organisators mit den Aktivitäten der chemischen Substanzen aus der Familie der *in vitro* präparierten Sterine gleichzusetzen (wie es John Turberville Needham getan hat). Doch eine Tatsache bleibt nichtsdestotrotz bestehen (und hier stößt die für einen Moment triumphierende mechanistische Interpretation auf ein neues Hindernis): Wenn auch die Tätigkeit des Organisators nicht artspezifisch ist, so ist es doch seine Wirkung. Ein auf einen Molch verpflanzter Froschorganisator induziert die Herausbildung eines axialen Nervensystems eines Molches. Verschiedene Ursachen haben die gleiche Wirkung, verschiedene Wirkungen hängen von einer gleichen Ursache ab. Der auf eine chemische Struktur reduzierte Organisator ist, wenn man so will, durchaus eine Ursache, doch eine Ursache ohne notwendige Kausalität. Die Kausalität gehört zum System, das durch den Organisator und das Gewebe, auf das man ihn transplantiert, konstituiert wird. Die Kausalität besteht zwischen einem Ganzen und sich selbst und nicht zwischen einem Teil und einem anderen Teil. Wir haben hier also einen klaren Fall, in dem die chimärische Interpretation aus ihrer eigenen Asche wieder aufersteht.

Dennoch ist es nur zu wahr, dass die theoretischen Begriffe, die vom vitalistischen Anspruch angesichts der Hindernisse hervorgebracht werden, auf die die theoretischen Begriffe mechanistischen Typs treffen, sprachliche Ausdrucksweisen sind. Von *vitalem Prinzip* zu sprechen wie Barthez, von *vitaler Kraft* wie Bichat, von *Entelechie* wie Driesch, von *Horme* wie von Monakow bedeutet eher, die Frage in die Antwort zu verlagern, als eine Antwort zu liefern.[12] Über diesen Punkt herrscht selbst unter denjenigen Philosophen Einigkeit, die dem Geist des Vitalismus wohlgesonnen sind. Nennen wir lediglich Antoine-Augustin Cournot (*Matérialisme, Vitalisme, Rationalisme*, 1875), Claude Bernard (*Léçons sur les phénomènes de la vie communs aux animaux et aux végétaux*, 1878–1879) und Raymond Ruyer (*Éléments de psychobiologie*, 1946).

Die Fruchtbarkeit des Vitalismus erscheint auf den ersten Blick umso fraglicher, als er sich stets als eine Rückkehr zur Antike darstellt und dies auch auf naive Weise selbst zeigt, indem er immer wieder die Benennung recht obskurer Einheiten, die er glaubt anführen zu müssen, dem Griechischen entlehnt. Der Vitalismus der Renaissance ist eine Rückkehr zu Platon gegen einen allzu logisierten Aristoteles. Der Vitalismus von van Helmont, Georg Ernst Stahl und Barthez ist, wie bereits gesagt, ein Schritt hinter Descartes zurück zum Aristoteles von *De anima*. Für Driesch ist der Sachverhalt bekannt. Doch welche Bedeutung soll man dieser Rückkehr zur Antike geben? Ist es eine Wiederaufwertung chronologisch älterer und mithin eher überholter Konzeptionen, oder eine Nos-

12 In Lucien Cuénot, *Invention et finalité en biologie* (Paris: Flammarion 1941), S. 223, wird man eine nahezu vollständige Liste der von den vitalistischen Biologen ersonnenen sprachlichen Ausdrücke finden.

talgie für ontologisch ursprünglichere Intuitionen, die näher an ihrem Gegenstand liegen? Die Archäologie ist ebenso eine Rückkehr zu den Quellen wie eine Liebe zu Dingen aus längst vergangenen Zeiten. Beispielsweise sind wir angesichts eines behauenen Feuersteins oder eines Querbeils der biologischen und menschlichen Bedeutung des Werkzeugs zweifelsohne näher als angesichts einer Zeitschaltuhr für elektrisches Licht oder einer Kamera. Auf dem Gebiet der Theorien müsste man sich über ihre Ursprünge und die Richtung ihrer Bewegung im Klaren sein, um eine Rückkehr als einen Rückzug und eine Abkehr als eine Reaktion oder einen Verrat zu interpretieren. War nicht schon Aristoteles' Vitalismus eine gegen den Mechanismus von Demokrit gerichtete Reaktion, so wie Platons Finalismus im *Phaidon* eine gegen den Mechanismus von Anaxagoras gerichtete Reaktion war? In jedem Fall ist sicher, dass das Auge des Vitalisten nach einer gewissen Naivität vortechnologischer, vorlogischer Anschauung sucht, nach einer Anschauung des Lebens, die den von den Menschen zur Erweiterung und Konsolidierung des Lebens geschaffenen Instrumenten – dem Werkzeug und der Sprache – vorausgeht. In diesem Sinne nannte Théophile de Bordeu (1722–1776), der erste große Theoretiker der Schule von Montpellier, van Helmont „einen jener Enthusiasten, wie man ihn jedes Jahrhundert bräuchte, um die Scholastiker in Atem zu halten".[13]

[13] Théophile de Bordeu, „Recherches anatomiques sur les différentes positions des glandes et sur leur action", Paris 1751, § 64, zitiert in: Charles Daremberg, *Histoires des sciences médicales,* Bd. II (Paris: J.-B. Baillière 1870), S. 1157 (Anm. 2). Auguste Comte hat gut beobachtet, dass Barthez' Vitalismus „in seinem ersten

In Bezug auf das Problem der Fruchtbarkeit des Vitalismus müsste man die Tatsachen und die Geschichte sprechen lassen. Zunächst muss man darauf achten, dem Vitalismus keine Erkenntnisse zuzuschreiben, die jenen Forschern geschuldet sind, die erst *nach* der Entdeckung dieser Tatsachen und nicht *vorher* als Vitalisten bezeichnet wurden. Die vitalistischen Konzeptionen sind folglich die Konsequenz dieser Erkenntnisse und haben nicht zu ihnen geführt. Beispielsweise wurde Driesch zum Vitalismus und zur Doktrin der Entelechien durch seine Entdeckung der Totipotenz der ersten Blastomeren des in Teilung begriffenen befruchteten Seeigeleies hingeführt. Doch hatte er seine Untersuchungen in der ersten Zeit (1891–1895) in der Absicht betrieben, die Arbeiten von Wilhelm Roux über das Froschei und die Doktrin der *Entwicklungsmechanik** zu bestätigen.[14]
Das heißt, eine Geschichte der biologischen Wissenschaft, die systematisch genug wäre, keiner Perspektive, keiner Voreingenommenheit ein Privileg einzuräumen, würde uns womöglich lehren, dass die Fruchtbarkeit des Vitalismus als solchen alles andere als unerheblich ist. Und dass sie insbesondere von historischen und nationalen Umständen abhängt, welche hinsichtlich ihrer Bedeutung recht schwer

Gedanken einer ungemein progressiven Intention" entspricht, das heißt einer Reaktion auf den Mechanismus von Descartes und Boerhaave. (Comte, *Die positive Philosophie*, 43. Vorlesung) Unsere Übersetzung; die Passage fehlt in der gekürzten dt. Fassung; zu den deutschen Editionen von Comtes *Cours* siehe „Das Experimentieren" (Anm. 22), S. 43 in diesem Band [A.d.Ü.].

[14] Vgl. Hans Driesch, *Die Philosophie des Organischen* [1909] (Leipzig: Engelmann [4]1928), S. 41ff.

abzuschätzen sind und überdies nur recht mühsam in den engen Rahmen der Theorie von Rasse, Milieu und Moment oder in den flexibleren des historischen Materialismus hineinpassen.[15]

Seine Zustimmung zu den vitalistischen Auffassungen hat Caspar Friedrich Wolff (1733–1794) nicht daran gehindert, dank geschickter und präziser mikroskopischer Beobachtungen die moderne Embryologie im eigentlichen Sinne zu begründen und in die Erklärung der aufeinanderfolgenden Momente der Eientwicklung die Geschichte und die Dynamik einzuführen. Ein anderer Vitalist, von Baer, war es, der 1828, nachdem er ein Jahr zuvor das Ei der Säugetiere entdeckt hatte, in der Theorie der Keimblätter das Ergebnis bemerkenswerter Beobachtungen zur Herausbildung der ersten Formen in der embryonalen Entwicklung formulieren sollte. Zu jener Zeit bedeutete Vitalist zu sein nicht notwendigerweise, die Bewegung der wissenschaftlichen Forschung aufzuhalten.

Die Entstehungsgeschichte der Zelltheorie zählt unter ihren Vorläufern und Gründern ebenso viele Vitalisten wie Mechanisten.[16] Vitalisten in Deutschland (Lorenz Oken und Johannes Müller), Mecha-

[15] Ein Beispiel für die nationalistische Ausbeutung einer rassistischen Interpretation dieser Fakten findet man bei dem deutschen Biologen Adolf Meyer. Die Vitalisten sind natürlich Nordländer. Die Lateiner mit Baglivi, Descartes und Comte sind natürlich Mechanisten, Vorboten des Bolschewismus! Dabei schert man sich herzlich wenig um die Schule von Montpellier. Was Comte anbelangt, so übernahm er gerade von Bichat eine vitalistische Auffassung vom Leben, die ihn, wie man weiß, der Zelltheorie gegenüber feindlich stimmte. Siehe Cuénot, *Invention et Finalité*, a.a.O., S. 152.

[16] Siehe dazu den Text über „Die Zelltheorie“, S. 75ff. in diesem Band.

nisten in Frankreich (Charles Brisseau-Mirbel und Henri Dutrochet)? Die Tatsachen sind viel komplexer. Um nur ein Beispiel zu nennen: Theodor Schwann, der zu Recht als derjenige angesehen wird, der die allgemeinen Gesetze der Zellentwicklung aufgestellt hat (1838), könnte aufgrund seines Glaubens an die Existenz eines formbildenden Blastems, in dem nachfolgend die Zellen erscheinen sollen, auch bestimmten antimechanistischen Auffassungen gegenüber nicht abgeneigt erscheinen; wenn ein formbildendes Blastem existiert, dann ist das Lebendige nicht nur ein Zellenmosaik oder -zusammenschluss. Umgekehrt gilt Rudolf Virchow, dogmatischer Verteidiger der Erklärungsallmacht des Begriffs der Zelle, Gegner der Theorie des formbildenden Blastems und Autor des Aphorismus' *Omnis cellula e cellula*, im Allgemeinen als ein überzeugter Mechanist. Doch nach dem Urteil John Scott Haldanes ist genau das Gegenteil der Fall.[17] Schwann, orthodoxer Katholik, Professor an der katholischen Universität von Löwen, war ein strikter Mechanist: Er dachte, dass die Zellen durch Präzipitation in der Grundsubstanz erscheinen; im Vergleich dazu wirkt die Behauptung, dass jede Zelle aus einer bereits existierenden Zelle hervorgeht, wie ein Bekenntnis zum Vitalismus.

Es gibt einen anderen, allgemein wenig bekannten Bereich, in dem die vitalistischen Biologen Anspruch auf ebenso authentische wie unerwartete Entde-

[17] John Scott Haldane, *Die Philosophie eines Biologen* [1935], übers. v. Adolf Meyer (Jena: Fischer 1936), S. 30.

ckungen erheben können, die Neurologie. Die Reflextheorie – nicht die experimentelle oder klinische Beschreibung der automatischen Bewegungen – schuldet, was ihre Herausbildung anbelangt, vermutlich den Vitalisten mehr als den Mechanisten, und das vom 17. Jahrhundert (Thomas Willis) bis zum Beginn des 19. Jahrhunderts (Eduard Friedrich Wilhelm Pflüger). Es ist sicher, dass Georg Prochaska – um nur ihn anzuführen – an dieser Tradition von Biologen teilhat, die durch ihre vitalistischen Theorien über das *sensorium commune* und die Markseele zum Reflexbegriff kamen. Die spätere Mechanisierung der Reflextheorie ändert nichts an ihren Ursprüngen.[18] Doch die Geschichte würde auch zeigen, dass der vitalistische Biologe, wenn er auch in jungen Jahren durch gelungene experimentelle Arbeiten seinen Anteil am Vorankommen der Wissenschaft geleistet hat, sehr oft im fortgeschrittenen Alter bei der philosophischen Spekulation endet und die reine Biologie durch eine philosophische Biologie weiterführt. Dies steht ihm letztlich frei, doch mit gutem Grund kann man ihm vorwerfen, von seinen Fähigkeiten als Biologe auf philosophischem Terrain profitieren zu wollen. Der zum Philosophen der Biologie gewordene vitalistische Biologe glaubt, der Philosophie sein Kapital beizusteuern, jedoch trägt er in Wirklichkeit nur *Renten* bei, die an der Börse der wissenschaftlichen

[18] *Wir haben seit der Niederschrift dieser Passage die Frage in ihrem ganzen Umfang behandelt. Vgl. unsere Dissertation zur Erlangung des *Doctorat ès lettres*: Georges Canguilhem, *Die Herausbildung des Reflexbegriffs im 17. und 18. Jahrhundert* [1955], übers. v. Henning Schmidgen (München u.a.: Fink 2008).

Werte allein schon aufgrund der Tatsache unaufhörlich fallen, dass die Forschung, an der er nicht mehr teilhat, weitergeführt wird. Dies trifft auf Driesch zu, der der wissenschaftlichen Forschung zugunsten der philosophischen Spekulation und sogar der philosophischen Lehrtätigkeit den Rücken kehrt. Wir haben es hier mit einer Art unabsichtlichem Vertrauensmissbrauch zu tun. Das Ansehen der wissenschaftlichen Arbeit stammt zuallererst aus ihrer inneren Dynamik. Der frühere Wissenschaftler sieht sich bei den aktiven Wissenschaftlern um dieses Ansehen gebracht. Er glaubt, dass er es bei den Philosophen bewahrt hat. Dem ist nicht so. Die Philosophie als ein autonomes Unterfangen des Denkens lässt keinerlei Ansehen gelten, nicht einmal das eines Wissenschaftlers, umso weniger das eines Ex-Wissenschaftlers.

Kann man diese Fakten anerkennen, ohne ihre Ursache im vitalistischen Anspruch zu suchen? Drückt sich das vitalistische Vertrauen in das Leben nicht in einer Tendenz zur Nachlässigkeit, zur Faulheit, in einem Mangel an Eifer für die biologische Forschung aus? Gibt es nicht in den Postulaten des Vitalismus einen inneren Grund für seine intellektuelle Unfruchtbarkeit, wie seine Gegner argwöhnen und sogar mit Nachdruck beteuern?

Ist womöglich der Vitalismus nichts anderes als die Übertragung der Beschränktheit des Mechanismus und der physikalisch-chemischen Erklärung des Lebens in dogmatische Verbote? Stehen wir, um einen Ausdruck von Gaston Bachelard aufzunehmen, einer falschen Auffassung des Begriffs der epistemologischen Grenze gegenüber?[19] Ist der Vitalismus etwas anderes als die Verweigerung des vom Mechanismus zur Vollendung seines Werks verlangten Aufschubs? Auf diese Verweigerung führt ihn Jean Rostand zurück: „Der Mechanismus hat derzeit eine äußerst solide Position inne, und man sieht kaum, was man ihm entgegnen kann, wenn er, bestärkt durch seine alltäglichen Erfolge, einfach Aufschub verlangt, um sein Werk zu vollenden, nämlich *das Leben vollständig ohne das Leben zu erklären.*"[20]

Bachelard merkt an: „Jede der Wissenschaft vorgeschlagene absolute Grenze ist Kennzeichen eines schlecht gestellten Problems [...]. Es steht zu befürchten, dass philosophische Beschränkungen im wissenschaftlichen Denken keine Spuren hinterlassen [...]. Alle unterdrückenden Grenzen sind illusorische Grenzen."[21] Diese an sich sehr wahren und genau auf unser Problem zugeschnittenen Überlegungen gelten tatsächlich für den Vitalismus als eine Doktrin, die an der zu erklärenden Erfahrung stets auch teilhat, so wie er sich bei einem Biologen wie Bichat darstellt. Bichat zufolge setzen die lebendigen Vollzüge der Unveränderlichkeit der physikalischen Gesetze ihre Instabilität und ihre Unregelmäßigkeit entgegen wie ein „Riff, auf das alle Berechnungen der Ärzte und Mediziner des vergangenen Jahrhunderts aufgelau-

[19] Gaston Bachelard, „Critique préliminaire du concept de frontière épistémologique", in: *Actes du VIIIe Congrès International de Philosophie à Prague (2–7 septembre 1934)* (Nandeln: Kraus Reprint 1968), S. 3–9.

[20] Jean Rostand, *La vie et ses problèmes* (Paris: Flammarion 1939), S. 155 – unsere Hervorhebung.

[21] Gaston Bachelard, *Études* (Paris: Vrin 2000), S. 75f.

fen sind“. Und er fügt hinzu: „Physik und Chemie berühren sich, weil ihre Phänomene von den gleichen Gesetzen bestimmt werden. Doch ein immens großer Abstand trennt sie von der Wissenschaft der organisierten Körper, weil zwischen ihren Gesetzen und denen des Lebens ein gewaltiger Unterschied besteht. Zu sagen, die Physiologie sei die Physik der Lebewesen, hieße, eine äußerst ungenaue Vorstellung von ihr zu vermitteln; lieber würde ich sagen, die Astronomie sei die Physiologie der Sterne.“[22]

Der klassische Vitalist lässt also die Einpassung des Lebendigen in ein physikalisches Milieu gelten, zu dessen Gesetzen es eine Ausnahme bildet. Doch hier liegt unserer Meinung nach der philosophisch unverzeihliche Fehler. Es kann kein Reich innerhalb eines Reichs geben, sonst gibt es überhaupt kein Reich mehr, weder als Beinhaltendes noch als Inhalt. Es gibt nur eine einzige Philosophie des Reichs, und zwar jene, die seine Teilung verweigert, den Imperialismus. Der Imperialismus der Physiker oder Chemiker ist also vollkommen logisch und treibt die Expansion der Logik oder die Logik der Expansion auf die Spitze. Man kann nicht die Originalität des biologischen Phänomens und folglich die Originalität der Biologie verteidigen, indem man im physikalisch-chemischen Territorium, in einem Milieu also, das durch Trägheit oder durch extern determinierte Bewegungen bestimmt wird, Enklaven der Unbestimmtheit, Zonen

[22] Xavier Bichat, *Recherches physiologiques sur la vie et la mort*, a.a.O., Artikel 7, § 1: „Différence des forces vitales d'avec les lois physiques“ [Unterschied der vitalen Kräfte zu den physikalischen Gesetzen].

der Dissidenz, Herde der Häresie abgrenzt. Wenn Anspruch auf die Originalität der Biologie erhoben werden muss, dann als Originalität einer Herrschaft über die Gesamtheit der Erfahrung und nicht nur über einzelne Inseln in der Erfahrung. Die Sünde des klassischen Vitalismus besteht paradoxerweise in der zu großen Bescheidenheit, die ihn daran gehindert hat, seine Konzeption der Erfahrung zu universalisieren. Wenn man die Originalität des Lebens anerkennt, muss man die Materie innerhalb des Lebens und die Wissenschaft der Materie, das heißt die Wissenschaft schlechthin, innerhalb der Aktivität des Lebendigen „begreifen" [„*comprendre*"]. Indem die Physik und Chemie die Spezifität des Lebendigen zu reduzieren suchen, bleiben sie eigentlich nur ihrer tiefen Absicht treu, nämlich Gesetze zwischen Objekten zu bestimmen, die jenseits einer Referenz auf ein absolutes Referenzzentrum gültig sind. Diese Bestimmung hat sie letztlich dahin geführt anzuerkennen, dass das Messende dem Gemessenen immanent ist und dass der Inhalt der Beobachtungsprotokolle von der Beobachtung selbst abhängig ist. Das Milieu, in dem man das Leben erscheinen sehen möchte, bekommt seine Bedeutung als Milieu einzig durch den Eingriff des menschlichen Lebewesens, das dort Messungen vornimmt, die wesentlich mit den verwendeten technischen Apparaten und Verfahren in Beziehung stehen. Nach drei Jahrhunderten experimenteller Physik und Mathematik bedeutet Milieu, das für die Physik zunächst Umwelt bedeutete, nunmehr Zentrum – und zwar in der Physik wie in der Biologie. Es bedeutet wieder das, was es ursprünglich bedeutet hat. Die Physik ist eine Wissenschaft der Felder, der Milieus. Doch letzten Endes hat man entdeckt, dass es eines Zentrums bedarf, damit es Umwelt geben kann. Es ist die Position eines Lebendigen, das sich auf die in ihrer Ganzheit erlebte Erfahrung bezieht, die dem Milieu die Bedeutung von Existenzbedingungen gibt. Nur ein *infra*-humanes Lebewesen kann ein Milieu koordinieren. Das Zentrum aus seiner Umwelt zu definieren, kann als ein Paradox erscheinen. Diese Interpretation nimmt einer Physik, sie mag so deterministisch sein wie sie irgend kann und will, nichts weg, sie entzieht ihr keinen ihrer Gegenstände. Aber sie schließt die physikalische in eine andere Interpretation ein, die weitläufiger und umfassender ist, da sie den Sinn der Physik rechtfertigt und die Tätigkeit des Physikers voll und ganz gewährleistet. Doch eine allgemeine Theorie des Milieus aus einer genuin biologischen Perspektive, und zwar im Sinne dessen, was Jacob von Uexküll für das Tier und Goldstein für den Kranken versucht haben,[23] ist für den Menschen als Techniker und Wissenschaftler noch zu erbringen.

In diesem Sinne erscheint eine biologische Perspektive auf die Ganzheit der Erfahrung als vollkommen aufrichtig, sowohl im Hinblick auf den Menschen als Wissenschaftler – insbesondere als Physiker – als auch auf den Menschen als Lebewesen. Doch es stellt

[23] Siehe weiter unten den Text „Das Lebendige und sein Milieu“, S. 233ff. in diesem Band. Zu demselben Problem gibt das zweite Kapitel des bereits zitierten Werks von John Scott Haldane anregende Hinweise.

sich heraus, dass dieses Merkmal der Aufrichtigkeit einer sorgsam auf ihre methodische und doktrinäre Autonomie bedachten Biologie von ihren Gegnern, ob Mechanisten oder Materialisten, in Abrede gestellt wird. Dies ist also der dritte Aspekt des Vitalismus, den wir untersuchen wollen.

Der Vitalismus wird von seinen Kritikern für wissenschaftlich rückschrittlich – und wir haben gesagt, welche Bedeutung unserer Meinung nach dieser Rückwendung gegeben werden sollte –, aber auch für politisch reaktionär oder konterrevolutionär gehalten. Der klassische Vitalismus (17.–18. Jahrhundert) gibt diesem Vorwurf Nahrung durch die Beziehung, die er zum Animismus unterhält (Georg Ernst Stahl), das heißt zu der Theorie, der zufolge das Leben des animalischen Körpers von der Existenz und der Aktivität einer Seele abhängt, die mit allen Attributen der Intelligenz versehen ist – „jenes vitale, aktive und belebende Prinzip des Menschen, begabt mit der Fähigkeit zu urteilen, ich will sagen die vernunftbegabte Seele, so wie sie ist“[24] – und auf den Körper einwirkt wie eine Substanz auf eine andere, von der sie ontologisch verschieden ist. Das Leben ist hier dem lebenden Körper, was die kartesianische Seele dem menschlichen Körper ist, dem sie kein Leben einhaucht, son-

[24] Georg Ernst Stahl, *De vera diversitate corporis mixti* [1707], § 41; zitiert in: Daremberg, *Histoires des sciences médicales*, a.a.O., Bd. 2, S. 1029.
Im gleichen Werk (S. 1022) sagt Daremberg sehr zu Recht: „Wenn sich nicht der Geist der religiösen Partei oder die reine Theologie des Animismus bemächtigt hätten, hätte diese Doktrin ihren Autor nicht überlebt."

dern dessen Bewegungen sie willentlich reguliert. Die kartesianische Seele würde auch nicht aufhören, all das zu sein, was sie ist, wenn der Körper nicht lebendig wäre. Der vom Animismus kontaminierte Vitalismus fällt also denselben zugleich philosophischen wie politischen Kritiken anheim wie der dualistische Spiritualismus. Dieselben Gründe, die den Spiritualismus als eine reaktionäre Philosophie erscheinen lassen, lassen die vitalistische Biologie als eine reaktionäre Biologie erscheinen.

Vor allem heutzutage haben der Gebrauch einer vitalistischen Biologie durch die Naziideologie, die Mystifizierung, die darin bestanden hat, die Theorien der *Ganzheit** gegen den individualistischen, atomistischen und mechanistischen Liberalismus zu verwenden und die totalitären sozialen Formen und Kräfte zu rühmen, sowie die allzu leichte Bekehrung von vitalistischen Biologen zum Nazismus dazu beigetragen, jene Anschuldigung zu untermauern, die von positivistischen Philosophen wie Philipp Frank[25] und von den Marxisten formuliert worden ist.

Sicherlich stellt das Denken Drieschs einen typischen Fall der Übertragung des biologischen Begriffs organischer Totalität auf das politische Terrain dar. Nach 1933 ist aus der Entelechie ein *Führer** des Organismus geworden.[26] Ist es der Vitalismus oder der Charakter

[25] Vgl. Philipp Frank, *Das Kausalgesetz und seine Grenzen* [1932], Kap. III (Frankfurt/M.: Suhrkamp 1988).

[26] Vgl. Hans Driesch, *Die Überwindung des Materialismus* (Zürich: Rascher 1935), S. 59: „Eine Maschine als Werkzeug für den Führer – aber der Führer ist die Hauptsache."

von Driesch, der für diese pseudowissenschaftliche Rechtfertigung des *Führerprinzips** verantwortlich ist? War es der Darwinismus oder der Charakter von Paul Bourget, der für die Ausbeutung des Begriffs der natürlichen Selektion auf politischer Ebene in seiner Antwort auf Charles Maurras' *Enquête sur la Monarchie* verantwortlich war? Handelt es sich um Biologie oder um Parasitismus an der Biologie? Könnte man nicht denken, dass die Politik der Biologie das wieder entzieht, was sie ihr zuvor geliehen hat? Die aristotelische Vorstellung einer Seele, die für den Körper das ist, was das politische Oberhaupt für den Stadtstaat oder der Hausherr für die Familie ist, van Helmonts Begriff des *Archeus* als Armeegeneral sind Vorwegnahmen der Theorien von Driesch. Bei Aristoteles werden die Struktur und die Funktionen des Organismus durch Analogien mit dem intelligent geführten Werkzeug und mit der durch die Befehlsgewalt geeinten menschlichen Gesellschaft dargestellt.[27] Was im Fall der Ausbeutung antimechanistischer biologischer Konzeptionen durch die Nazisoziologen in Frage steht, ist das Problem der Zusammenhänge zwischen dem Organismus und der Gesellschaft. Kein Biologe kann als solcher auf diese Frage eine Antwort geben, die eine Autoritätsgewähr *einzig* in biologischen Fakten fände. Es ist ebenso absurd, in der Biologie eine Rechtfertigung für eine Politik der Ausbeutung des Menschen durch den Menschen zu suchen, wie es absurd wäre, dem lebenden Organismus jedes

[27] Vgl. Aristoteles, *De moto animalium* [Über die Bewegung der Lebewesen].

authentische Merkmal von funktioneller Hierarchie und von Integration der relationalen Funktionen auf übergeordneten Ebenen (Sherrington) abzusprechen, weil man aus Gründen sozialer Gerechtigkeit Anhänger einer klassenlosen Gesellschaft ist.

Zudem haben die Nazis nicht nur die vitalistische Biologie annektiert, um sie auf ihre eigennützigen Schlussfolgerungen hin auszurichten. Sie haben ebenso die Genetik zur Rechtfertigung einer rassistischen Eugenik, von Sterilisationstechniken und künstlicher Befruchtung herangezogen wie den Darwinismus zur Rechtfertigung ihres Imperialismus, ihrer *Lebensraum**-Politik. Man kann einer auf ihre Autonomie bedachten Biologie nicht mit größerer Berechtigung ihre Vereinnahmung durch den Nazismus vorwerfen, als man der Arithmetik oder der Berechnung der Zinseszinsen ihre Vereinnahmung durch kapitalistische Versicherungsmathematiker oder Bankiers vorwerfen kann. Die eigennützige Konversion gewisser Biologen zum Nazismus ist kein Beweis gegen die Qualität der experimentellen Tatsachen und der zu ihrer Deutung als vernünftig erachteten Annahmen, die diese Biologen vor ihrer Bekehrung für wahr gehalten haben – und zwar als Wissenschaftler. Nichts zwingt einen dazu, jene Haltung, die einige Biologen aus Mangel an Charakter oder an philosophischer Festigkeit eingenommen haben, als die logisch unvermeidliche Konsequenz einer bestimmten Biologie darzustellen.

Wenn wir den Sinn des Vitalismus in seinen Ursprüngen und seine Reinheit in seinen Quellen suchen, werden wir nicht versucht sein, Hippokrates oder den

Humanisten der Renaissance die Unaufrichtigkeit ihres Vitalismus vorzuwerfen.
Man muss trotzdem anerkennen, dass es nicht uninteressant und nicht gänzlich falsch ist, die offensiven oder defensiven Renaissancen des Vitalismus in Verbindung mit den Vertrauenskrisen der bürgerlichen Gesellschaft bezüglich der Wirksamkeit der kapitalistischen Institutionen zu betrachten. Doch diese Interpretation des Phänomens mag eher zu schwach – im epistemologischen Sinn natürlich – als zu stark erscheinen. Sie kann zu schwach erscheinen, insofern sie ein biologisches Krisenphänomen in der menschlichen Gattung, das aus einer technischen Philosophie und nicht nur aus einer politischen Philosophie herrührt, als ein soziales und politisches Krisenphänomen darstellt. Die Renaissancen des Vitalismus übersetzen, vielleicht auf diskontinuierliche Weise, das permanente Misstrauen des Lebens gegenüber seiner Mechanisierung. Es ist das Leben, das versucht, den Mechanismus auf seinen Platz im Leben zu verweisen.
Letztlich ist die von den marxistischen Philosophen verteidigte dialektische Interpretation der biologischen Phänomene gerechtfertigt, doch sie ist es nur, weil es im Leben etwas gibt, das sich seiner Mechanisierung widersetzt.[28] Die Dialektik ist in der Biologie vertretbar, weil es im Leben das gibt, was den Vitalismus, eher in Form eines Anspruchs als einer Doktrin, hervorgerufen hat und was seine Vitalität, sprich

[28] Es ist demnach nicht überraschend, einen Positivisten wie Philipp Frank gegenüber der marxistischen Dialektik in der Biologie ebenso reserviert zu sehen wie gegenüber dem Vitalismus. Siehe ders., *Das Kausalgesetz*, a.a.O., S. 117ff.

seine ihm eigene Spontaneität erklärt – was Claude Bernard zum Ausdruck brachte, als er sagte: „Leben ist Schöpfung".[29]

Es ist dennoch leichter, den Mechanismus und den Szientismus in der Biologie in Worten zu schmähen, als in der Tat auf seine Postulate und auf die Haltungen, die er hervorruft, zu verzichten. Aufmerksam gegenüber dem, was das Leben an Erfindung und Irreduzibilität präsentiert, müssten die marxistischen Biologen am Vitalismus dessen Objektivität gegenüber bestimmten Merkmalen des Lebens rühmen. Ein englischer Biologe, John B. Sanderson Haldane, Sohn von John Scott Haldane, schreibt in seinem Buch *The Marxist Philosophy and the Sciences*, dass eine Theorie wie die von Samuel Butler, die in einer lamarckistischen Perspektive das Bewusstsein als das Prinzip des Lebens ansieht,[30] *a priori* nichts enthält, in das sich der dialektische Materialismus nicht unter Umständen schicken könnte. Doch dergleichen haben wir in Frankreich noch nicht gelesen.[31]

Im Gegenzug hat Jean Wahl in seiner Übersicht über die französische Philosophie[32] sehr treffend den beträchtlichen Anteil an Vitalismus ins Licht gerückt, der im Werk jener Philosophen des 18. Jahrhunderts fortbesteht, die für gewöhnlich als Materialisten gel-

[29] Claude Bernard, *Einführung in das Studium der experimentellen Medizin*, II. Teil, Kap. 2, § 1, übers. v. Paul Szendrö (Leipzig: Barth 1961), S. 135.

[30] Vgl. Samuel Butler, *Life and Habit* (London: Trübner 1878).

[31] Vgl. unsere „Note sur la situation faite en France à la philosophie biologique", in: *Revue de Métaphysique et de Morale* 52 (1947), S. 322–332.

[32] Vgl. Jean Wahl, *Französische Philosophie. Ein Abriß*, übers. v. Brigitte Beer (Säckingen: Stratz 1948).

ten. Diderot wird uns dort als ein Philosoph mit Sinn für die Einheit des Lebens präsentiert, der sich „auf dem Wege, der von Leibniz zu Bergson führt", ansiedelt; seine Doktrin wird als ein vitalistischer Materialismus charakterisiert, als eine Rückkehr zur Renaissance.[33]

Dem Vitalismus Gerechtigkeit widerfahren zu lassen bedeutet letzten Endes nur, ihm das Leben wiederzugeben.

[33] Vgl. ebd. 64–70.

MASCHINE UND ORGANISMUS

Nachdem die mechanische Theorie des Organismus von den Biologen lange Zeit als ein Dogma anerkannt worden ist, wird sie heute von jenen Biologen, die sich auf den dialektischen Materialismus berufen, für eine enge und ungenügende Sichtweise gehalten. Dass wir sie aus philosophischer Perspektive noch einmal aufgreifen, scheint folglich die recht verbreitete Idee zu bestätigen, dass die Philosophie kein eigenes Gebiet habe, dass sie eine arme Verwandte der Spekulation sei und dazu genötigt, die von den Wissenschaftlern abgenutzten und abgelegten Kleider zu übernehmen. Wir möchten zu zeigen versuchen, dass die Frage nach der Beziehung zwischen Maschine und Organismus sehr viel umfassender, komplexer und philosophisch bedeutsamer ist, als man vermuten würde, wenn man sie auf eine Frage der biologischen Doktrin und Methode reduziert.

Dieses Problem ist exemplarisch für jene Probleme, bei denen die Wissenschaft, die sie untersucht, selbst noch ein Problem darstellt. Denn obgleich es bereits gute Arbeiten zur Wissenschaft der Technik gibt, sind doch der Begriff selbst und die Methoden einer „Organologie“ noch sehr vage. In diesem Sinne würde die Philosophie weniger eine bereits aufgegebene Position mit Verspätung aufgreifen als vielmehr, paradoxerweise, die Wissenschaft auf den von einer Organologie einzunehmenden Platz hinweisen. Denn das Problem der Zusammenhänge von Maschine und

Organismus ist meistens nur in einer Richtung untersucht worden. Man hat fast immer versucht, ausgehend von der Struktur und der Funktion der bereits gebauten Maschine die Struktur und die Funktion des Organismus zu erklären; selten hat man jedoch versucht, die Konstruktion der Maschine ausgehend von der Struktur und der Funktion des Organismus zu verstehen.

Die mechanistischen Philosophen und Biologen nahmen die Maschine entweder als gegeben an oder sie haben das menschliche Kalkül angeführt, um das Problem der Konstruktion der Maschine zu lösen. Sie haben sich auf den Ingenieur berufen, das heißt im Grunde genommen auf den Wissenschaftler. Irregeleitet von der Mehrdeutigkeit des Worts Mechanik, haben sie in den Maschinen nur materialisierte Theoreme gesehen, die *in concreto* durch einen gänzlich sekundären Konstruktionsvorgang entstehen, durch die einfache Anwendung eines Wissens, das sich seiner Tragweite und seiner Wirkungen gewiss ist. Wir meinen jedoch, dass es unmöglich ist, das biologische Problem der Organismus-Maschine unabhängig vom Problem des Zusammenhangs zwischen Technik und Wissenschaft zu behandeln, dessen Lösung der Mechanist immer schon voraussetzt. Dieses Problem wird für gewöhnlich in dem Sinne gelöst, dass das Wissen seinen Anwendungen sowohl logisch als auch chronologisch vorausgeht. Wir aber möchten versuchen zu zeigen, dass man das Phänomen der Konstruktion der Maschinen im Rückgriff auf genuin biologische Erläuterungen nicht verstehen kann, ohne

sich zugleich auf die Prüfung des Problems der Originalität des technischen Phänomens im Verhältnis zum wissenschaftlichen Phänomen einzulassen.
Wir werden also der Reihe nach Folgendes untersuchen: den Sinn der Gleichsetzung des Organismus mit einer Maschine; die Zusammenhänge von Mechanismus und Finalität; die Umkehrung des traditionellen Zusammenhangs zwischen Maschine und Organismus; die philosophischen Folgen dieser Umkehrung.

Für einen gewissenhaften Beobachter weisen die Lebewesen und ihre Formen mit Ausnahme der Wirbeltiere nur selten Vorrichtungen auf, die die Idee eines Mechanismus im wissenschaftlichen Sinn nahelegen würden. In *La Pensée technique*[1] zum Beispiel merkt Julien Pacotte an, dass die Artikulationen der Gliedmaßen und die Bewegungen des Augapfels im lebenden Organismus dem entsprechen, was die Mathematiker einen Mechanismus nennen. Man kann die Maschine als eine künstliche Konstruktion, als Werk des Menschen definieren, dessen wesentliche Funktion von Mechanismen abhängt. Ein Mechanismus ist eine Konfiguration fester Körper in Bewegung, die so beschaffen ist, dass die Bewegung die Konfiguration nicht zerstört. Der Mechanismus ist also eine Zusammensetzung beweglicher Teile, deren Bewegungen die gleichen Verhältnisse zwischen den Teilen periodisch wiederherstellen. Diese

1 Julien Pacotte, *La Pensée technique* (Paris: Alcan 1931).

Zusammensetzung besteht aus einem System von Verbindungen, das ganz bestimmte Freiheitsgrade mit sich bringt: Zum Beispiel haben ein Pendelschwinger oder ein Ventil auf einer Nockenwelle einen Freiheitsgrad, eine Mutter auf einem Gewindestift hat zwei Freiheitsgrade. Der jeweilige Freiheitsgrad wird materiell durch Führungsvorrichtungen erzielt, die die Bewegungen bei Berührung der Körper einschränken. In jeder Maschine ist demnach die Bewegung eine Funktion der Zusammensetzung und der Mechanismus eine Funktion der Konfiguration. Man kann die grundlegenden Prinzipien einer allgemeinen Theorie der so verstandenen Mechanismen beispielsweise in einem sehr bekannten Werk, der *Kinematik* von Franz Reuleaux,[2] finden.

Die von den Maschinen veranlassten, aber nicht erzeugten Bewegungen sind geometrische und messbare Verschiebungen. Der Mechanismus regelt und transformiert eine Bewegung, deren Impuls zuvor auf ihn eingewirkt hat. Ein Mechanismus ist kein Motor. Eines der einfachsten Beispiele für diese Bewegungstransformationen finden wir dort, wo eine anfängliche Translationsbewegung durch die Vermittlung technischer Vorrichtungen wie einer Kurbel oder eines Exzenters zur Rotation wird. Natürlich können Mechanismen durch Überlagerung oder Zusammensetzung kombiniert werden. Man kann Mechanismen bauen, die die Konfiguration eines primitiven Mecha-

2 Vgl. Franz Reuleaux, *Theoretische Kinematik: Grundzüge einer Theorie des Maschinenwesens* (Braunschweig: Vieweg 1875).

nismus modifizieren, so dass eine Maschine abwechselnd mehrere Mechanismen ausführen kann. Dies ist der Fall bei Veränderungen, die durch Aus- und Einrasten hervorgerufen werden, wie zum Beispiel beim Freilauf eines Fahrrads.[3]

Wir haben bereits gesagt, dass das, was in der menschlichen Industrie die Regel ist, in der Struktur der Organismen und in der Natur die Ausnahme ist. Man muss noch hinzufügen, dass die Herstellung von Gegenständen durch die Zusammensetzung mehrerer Elemente in der Geschichte der Techniken und der menschlichen Erfindungen in den primitiven Gesellschaften noch nicht vorkommt. Die ältesten bekannten Werkzeuge sind aus einem Stück. Bereits die Herstellung von Beilen oder Pfeilen aus der Verbindung eines Feuersteins und eines Stiels, die Herstellung von Netzen oder Geweben sind keine primitiven Tatsachen mehr. Man datiert im Allgemeinen ihr Erscheinen auf das Ende des Quartärs.

Diese kurze Erinnerung an elementare Begriffe der Kinematik erscheint nützlich, um folgendes Problem in seiner ganzen paradoxen Bedeutung zu verstehen: Wie lässt sich erklären, dass man in Maschinen und Mechanismen, wie sie gerade bestimmt wurden, ein Modell für das Verständnis der Struktur und der Funktionen des Organismus gesucht hat? Die Antwort auf diese Frage scheint zu sein, dass es für die Darstellung eines mechanischen Modells des Lebe-

[3] Zu allem, was die Maschinen und die Mechanismen betrifft, vgl. Pacotte, *La Pensée technique*, a.a.O., Kap. III.

wesens nicht ausreichend ist, nur auf Mechanismen kinematischen Typs zurückzugreifen. Eine Maschine im bereits definierten Sinn genügt sich nicht selbst, denn sie muss von anderswo eine Bewegung empfangen, die sie transformiert. Folglich stellt man sich ihre Bewegung nur in Verbindung mit einer Energiequelle vor.[4]

Über lange Zeit haben die kinematischen Mechanismen ihre Bewegung von der menschlichen oder tierischen Muskelkraft erhalten. In diesem Stadium war es offensichtlich tautologisch, die Bewegung eines Lebewesens durch den Vergleich mit der Bewegung einer Maschine zu erklären, die in ihrer Bewegung von der Muskelkraft des Lebewesens abhing. Folglich – und man hat das wiederholt gezeigt – setzt die mechanische Erklärung der lebendigen Funktionen historisch die Konstruktion von Automaten voraus. Die Bezeichnung ‚Automat' verweist zugleich auf den Charakter des Wunderbaren und den Anschein von Selbstgenügsamkeit eines Mechanismus, der eine Energie transformiert, die nicht oder zumindest nicht unmittelbar die Wirkung einer menschlichen oder tierischen Muskelkraft ist.

Dies geht aus der Lektüre eines sehr bekannten Textes hervor: „Untersuchen Sie mit etwas Aufmerksamkeit die physische Ökonomie des Menschen: was finden Sie dort? Was sind die mit Zähnen bewaffneten Kiefer anderes als Zangen? Der Magen ist nur eine Retorte;

[4] Nach Marx wird das Werkzeug durch die menschliche Kraft, die Maschine durch eine Naturkraft bewegt. Vgl. Karl Marx, *Das Kapital*, Bd. I, IV. Abschn., 13. Kap., in: *MEW*, Bd. 23 (Berlin: Dietz 1974) S. 394.

die Venen, die Arterien, das gesamte System der Gefäße sind hydraulische Röhren; das Herz ist eine Triebfeder; die Eingeweide sind nur Filter, Siebe; die Lunge ist nur ein Blasebalg. Was sind die Muskeln, wenn nicht Seile? Was der Augwinkel, wenn nicht eine Rolle? Und so weiter und so fort. Lassen wir die Chemiker versuchen, mit ihren großen Worten von ‚Fusion', ‚Sublimation', ‚Präzipitation' die Natur zu erklären und so eine eigene Philosophie zu entwickeln; es ist nichtsdestotrotz unbestreitbar, dass all diese Phänomene den Gesetzen des Gleichgewichts, des Keils, des Seils, der Feder und der anderen Elemente der Mechanik gehorchen müssen." Dieser Text stammt nicht von demjenigen, von dem man es glauben könnte, sondern ist *De praxi medica* entnommen, einem 1696 erschienenen Werk, geschrieben von Giorgio Baglivi (1668–1707), einem italienischen Mediziner aus der Schule der Iatromechaniker.[5] Diese von Giovanni Alfonso Borelli gegründete Schule der Iatromechaniker hat unbestreitbar, wie es scheint, unter dem Einfluss von Descartes gestanden, obwohl man sie in Italien aus Gründen nationalen Prestiges lieber mit Galileo Galilei in Zusammenhang bringt.[6] Dieser Text ist interessant, weil er den Keil, das Seil und die Feder als Erklärungsprinzipien auf dieselbe Ebene stellt. Es ist dennoch klar, dass es aus mechanischer Perspektive einen Unterschied zwischen diesen Geräten gibt, denn

5 Giorgio Baglivi, *De praxi medica*, in: ders., *Opera omnia medico-practica et anatomica* (Venedig: Jacobus Tomasinus 1727), S. 78.

6 Siehe hierzu Charles Daremberg, *Histoire des Sciences médicales*, Bd. II (Paris: J.-B. Baillière 1870), S. 849.

während das Seil ein Übertragungsmechanismus und der Keil ein Transformationsmechanismus für eine gegebene Bewegung ist, ist die Feder ein Motor. Zweifelsohne ist sie ein Motor, der nur zurückgibt, was man ihm zuvor geliehen hat, doch scheint sie im Moment der Handlung unabhängig zu funktionieren. Im Text Baglivis wird das Herz, das *primum movens*, einer Feder gleichgesetzt. In ihm liegt der Motor, der Bewegungsantrieb des gesamten Organismus.
Bei der Herausbildung einer mechanischen Erklärung der organischen Phänomene ist es demnach unerlässlich, dass neben den Maschinen im Sinne von kinematischen Dispositiven auch Maschinen im Sinne von Motoren existieren, die ihre Energie in dem Moment, in dem sie benutzt werden, aus einer anderen Quelle beziehen als der tierischen Muskelkraft. Und eben darum müssen wir, obwohl uns dieser Text von Baglivi auf Descartes verweist, in Wirklichkeit die Gleichsetzung des Organismus mit einer Maschine bis zu Aristoteles zurückverfolgen. Wenn man die kartesianische Theorie der Tier-Maschine behandelt, bereitet einem die Frage, ob Descartes in dieser Sache Vorläufer gehabt hat oder nicht, ziemliche Verlegenheit. Jene, die nach den theoretischen Vorfahren Descartes suchen, zitieren in der Regel Gómez Pereira, einen spanischen Mediziner aus der zweiten Hälfte des 16. Jahrhunderts. Es ist wohl wahr, dass Pereira bereits vor Descartes beweisen zu können glaubte, dass die Tiere bloß Maschinen sind und dass sie jedenfalls nicht jene empfindsame Seele haben, die

man ihnen so oft zugeschrieben hat.[7] Doch im Übrigen war es zweifellos Aristoteles, der in der Konstruktion der Belagerungsmaschinen, etwa der Katapulte, den Anlass gesehen hat, die Bewegungen der Tiere mit automatischen mechanischen Bewegungen gleichzusetzen. Diese Tatsache ist von Alfred Espinas in einem Artikel zum Organismus als lebendiger Maschine im antiken Griechenland sehr gut dargelegt worden.[8] Espinas weist auf die Verwandtschaft zwischen den von Aristoteles in der Abhandlung *De motu animalium* behandelten Problemen und jenen in seiner Sammlung *Quaestiones mechanicae* hin. Aristoteles setzt in der Tat die Organe der tierischen Bewegung den „*organa*" gleich, das heißt den Teilen von Kriegsmaschinen, zum Beispiel dem Arm eines Katapults, das ein Wurfgeschoss schleudert. Er vergleicht den Ablauf dieser Bewegung mit Maschinen, die, durch einen Auslöser in Gang gesetzt, eine gespeicherte Energie wieder abgeben können, also mit automatischen Maschinen, deren Archetyp zu jener Zeit die Katapulte waren. Im gleichen Werk beschreibt Aristoteles die Bewegung der Gliedmaßen als Mechanismen im oben beschriebenen Sinne und bleibt in diesem Punkt Platon treu, der im *Timaios* die Bewegung der Wirbeltiere als eine Bewegung von Scharnieren oder Angeln beschreibt.

7 Gómez Pereira, *Antoniana Margarita; opus nempe physicis, medicis ac theologis non minus utile, quam necessarium* (Medina del Campo 1554).
8 Alfred Espinas, „L'organisme ou la machine vivante en Grèce au IVe siècle avant J.C.", in: *Revue de Métaphysique et de Morale* (1903), S. 703–715.

Aristoteles' Theorie der Bewegung unterscheidet sich natürlich wesentlich von jener Descartes'. Aristoteles zufolge ist das Prinzip aller Bewegung die Seele. Jede Bewegung erfordert einen ersten Beweger. Die Bewegung setzt das Unbewegte voraus; was den Körper bewegt, ist der Wunsch, und was den Wunsch erklärt, ist die Seele, so wie das, was das Vermögen erklärt, der Akt ist. Trotz dieses Unterschieds in der Bewegungserklärung setzt die Gleichsetzung des Organismus mit einer Maschine bei Aristoteles wie später bei Descartes nach wie vor voraus, dass der Mensch Vorrichtungen konstruiert, in denen der automatische Mechanismus an eine Energiequelle gekoppelt ist, deren motorische Wirkungen erst lange nach dem Ende der menschlichen oder tierischen Kraftanstrengung, die von den Vorrichtungen freigesetzt wird, auftreten. Dieser zeitliche Abstand zwischen dem Moment der Freisetzung und dem der Speicherung der später durch den Mechanismus freigesetzten Energie lässt das Abhängigkeitsverhältnis zwischen den Wirkungen des Mechanismus und der Aktivität eines Lebendigen in Vergessenheit geraten. Wenn Descartes in den Maschinen Analogien zur Erklärung des Organismus sucht, führt er federbetriebene oder hydraulische Automaten an. Folglich macht er sich in intellektueller Hinsicht abhängig von den Formen der Technik seiner Zeit, von der Existenz von Turm- und Taschenuhren, Wassermühlen, Springbrunnen, Orgeln usw. Man kann also sagen, dass die Erklärung des Organismus durch die Maschine so lange nicht entstehen kann, wie menschliche oder tierische Lebewesen der Maschine „anhaften“. Diese Erklärung kann erst an dem Tag denkbar werden, an dem der menschliche Erfindungsgeist Apparate konstruiert, die organische Bewegungen nachahmen, zum Beispiel den Wurf eines Geschosses oder das Hin- und Herbewegen einer Säge, deren Aktivität, abgesehen von ihrer Konstruktion und der Auslösung ihrer Bewegung, ohne den Menschen auskommt.

Wir sagten soeben zweimal: entstehen *kann*. Heißt das, dass diese Erklärung entstehen *muss*? Wie ist es zu verstehen, dass bei Descartes mit einer Deutlichkeit, ja einer Brutalität, die nichts zu wünschen übrig lässt, eine mechanistische Deutung der biologischen Phänomene auftaucht? Diese Theorie steht offensichtlich in Zusammenhang mit einer Veränderung der ökonomischen und politischen Struktur der abendländischen Gesellschaften, doch ist die Natur des Zusammenhangs unklar.

Diesem Problem hat sich Pierre-Maxime Schuhl in seinem Buch *Machinisme et Philosophie* zugewendet.[9] Schuhl hat gezeigt, dass sich in der antiken Philosophie hinter dem Gegensatz zwischen Wissenschaft und Technik der Gegensatz zwischen Freiheit und Knechtschaft und tiefgreifender der Gegensatz zwischen Natur und Kunst verbirgt. Schuhl bezieht sich auf den aristotelischen Gegensatz von natürlicher und gewaltsamer Bewegung. Letztere wird von den Mechanismen hervorgebracht, um der Natur entgegenzuwirken, und sie hat die Merkmale, sich 1.)

[9] Pierre-Maxime Schuhl, *Machinisme et Philosophie* (Paris: Alcan 1938).

schnell zu erschöpfen und 2.) niemals eine Gewohnheit (das heißt eine dauerhafte Veranlagung, sich zu reproduzieren) hervorzubringen.

Hier stellt sich ein sicherlich äußerst schwieriges Problem der Zivilisationsgeschichte und der Geschichtsphilosophie. Bei Aristoteles besteht eine Hierarchie zwischen Freiheit und Knechtschaft, Theorie und Praxis, Natur und Kunst parallel zu einer ökonomischen und politischen Hierarchie, der Hierarchie zwischen dem freien Mann und den Sklaven im Stadtstaat. Der Sklave, sagt Aristoteles in der *Politik*, ist eine belebte Maschine.[10] Daher das Problem, auf das Schuhl lediglich hinweist: Bringt die griechische Vorstellung von der Würde der Wissenschaft die Verachtung der Technik hervor und infolgedessen die Dürftigkeit der Erfindungen und in gewissem Sinne das Unvermögen, die Ergebnisse der technischen Vorgänge auf die Erklärung der Natur zu übertragen? Oder übersetzt sich die Abwesenheit technischer Erfindungen in die Vorstellung der außerordentlichen Würde einer rein spekulativen Wissenschaft, eines kontemplativen und interesselosen Wissens? Ist die Verachtung der Arbeit die Ursache der Sklaverei, oder aber bringt der Überfluss an Sklaven im Zusammenhang mit der militärischen Vorherrschaft die Verachtung der Arbeit hervor? Muss man hier die Ideologie aus der Struktur der ökonomischen Gesellschaft erklären oder aber die Struktur aus der Ausrichtung der Ideen? Ist die mühelose Ausbeutung des Men-

10 Aristoteles, *Politik*, I 4, 1253b 30ff.

schen durch den Menschen die Ursache für die Geringschätzung der Techniken der Ausbeutung der Natur durch den Menschen? Verpflichtet die Schwierigkeit der Ausbeutung der Natur durch den Menschen dazu, die Ausbeutung des Menschen durch den Menschen zu rechtfertigen? Handelt es sich hier um einen kausalen Zusammenhang, und wenn ja, in welche Richtung weist er? Oder aber handelt es sich um eine globale Struktur mit wechselseitigen Beziehungen und Einwirkungen?
Ein analoges Problem wird in den Descartes-Studien von Pater Laberthonnière aufgezeigt.[11] Insbesondere im Anhang des zweiten Bandes, *La Physique de Descartes et la physique d'Aristote*, wird eine Physik des Künstlers und des Ästheten einer Physik des Ingenieurs und des Handwerkers gegenübergestellt. Pater Laberthonnière scheint zu denken, dass hier die Ideen ausschlaggebend sind, da die kartesianische Revolution im Hinblick auf die Technikphilosophie die christliche Revolution voraussetzt. Zunächst musste der Mensch als ein die Natur und die Materie transzendierendes Wesen begriffen werden, um so sein Recht und seine Pflicht zu behaupten, die Materie rücksichtslos auszubeuten. Anders gesagt musste der Mensch aufgewertet werden, damit die Natur abgewertet werden konnte. Nachdem die politische Technik der Ausbeutung des Menschen durch den Menschen verurteilt worden war, mussten die Menschen als radikal und ursprünglich gleich verstanden wer-

11 Lucien Laberthonnière, *Études sur Descartes* (Paris: Vrin 1935).

den, damit so die Möglichkeit und die Pflicht einer Ausbeutung der Natur durch den Menschen in Erscheinung treten konnte. Dies also erlaubt es Pater Laberthonnière, von einem christlichen Ursprung der kartesianischen Physik zu sprechen. Er formulierte im Übrigen folgende Einwände gegen die eigene These: Die durch das Christentum ermöglichte Physik und Technik sind bei Descartes erst lange nach der Gründung des Christentums als Religion aufgetreten. Gibt es zudem nicht eine Antinomie zwischen der humanistischen Philosophie, die den Menschen als Herrn und Besitzer der Natur sieht, und dem Christentum, das von den Humanisten für eine Heilsreligion, eine Flucht ins Jenseits gehalten und für die Verachtung aller vitalen und technischen Werte, jedweder technischen Aufrüstung des menschlichen Lebens im Diesseits verantwortlich gemacht wird? Pater Laberthonnière sagt: „Die Zeit tut nichts zur Sache." Es ist jedoch nicht sicher, dass die Zeit nichts zur Sache tut. Jedenfalls – und das ist in klassischen Werken gezeigt worden – kann man nicht leugnen, dass bestimmte technische Erfindungen wie das Hufeisen oder das Joch, die den Einsatz der Antriebskraft der Tiere vereinfacht haben, für die Emanzipation der Sklaven etwas bewirkt haben, was das Predigen nicht erreicht hatte.

Das Problem, von dem wir eben gesagt haben, dass seine Lösung entweder in einem kausalen Zusammenhang oder in einer globalen Struktur liegt, das heißt das Problem der Zusammenhänge der mechanistischen Philosophie mit der Gesamtheit der ökonomischen und sozialen Bedingungen, in denen sie auftritt, wird von Franz Borkenau in seinem Buch *Der Übergang vom feudalen zum bürgerlichen Weltbild* (1934) im Sinne eines kausalen Zusammenhangs gelöst. Der Autor bekräftigt, dass zu Beginn des 17. Jahrhunderts die mechanistische Vorstellung die qualitative Philosophie der Antike und des Mittelalters verdrängt hat. Der Erfolg dieser Vorstellung überträgt die ökonomische Tatsache der Organisation und Verbreitung der Manufakturen in die Sphäre der Ideologie. Die Aufteilung der handwerklichen Arbeit in segmentäre, gleichförmige und nichtqualifizierte produktive Vorgänge habe zur Durchsetzung der Vorstellung von abstrakter sozialer Arbeit geführt. Die Zergliederung der Arbeit in einfache, identische und repetitive Bewegungen habe zum Zweck der Berechnung des Selbstkostenpreises und der Lohnkosten den Vergleich der Arbeitsstunden erfordert und sei folglich in die Quantifizierung eines zuvor qualitativen Prozesses gemündet.[12] Die Berechnung der Arbeit als reine Quantität, die für eine mathematische Behandlung geeignet ist, sei die Basis und der Ausgangspunkt eines mechanistischen Verständnisses des Lebensuniversums. Aufgrund der Reduzierung jeglichen Wertes auf den ökonomischen Wert, auf die „gefühllose bare Zahlung“, wie Marx im *Kommunistischen*

[12] Die Fabel *Der Schuhflicker und der Geldmann* von Jean de La Fontaine (in: ders., *Sämtliche Fabeln*, übers. v. Ernst Dohm und Gustav Fabricius (München: Winkler 1978), S. 549–551) illustriert ausgesprochen gut den Konflikt der beiden Konzeptionen der Arbeit und ihrer Vergütung.

Manifest sagt,[13] sei also die mechanistische Konzeption des Universums eine grundsätzlich bürgerliche *Weltanschauung**. Letztlich müsse man hinter der Theorie der Tier-Maschine die Normen der entstehenden kapitalistischen Ökonomie sehen. Descartes, Galilei und Hobbes seien die unbewussten Vorläufer dieser ökonomischen Revolution.

Henryk Grossmann hat diese Konzeptionen von Borkenau in einem Artikel dargelegt und heftig kritisiert.[14] Grossmann zufolge unterschlägt Borkenau, indem er die mechanistische Konzeption in die Zeit des Auftretens der Manufaktur zu Beginn des 17. Jahrhunderts verlegt, 150 Jahre wirtschaftlicher und ideologischer Geschichte. Borkenau schreibe, als hätte Leonardo da Vinci nicht existiert. Mit Bezug auf die Arbeiten von Duhem über die Ursprünge der Statik[15] und auf die Veröffentlichung der Handschriften von Leonardo da Vinci[16] bekräftigt Grossmann mit Gabriel Séailles, dass letztere Veröffentlichung die Ursprünge der modernen Wissenschaft um mehr als ein Jahrhundert zurückverlege. Die Quantifizierung des Begriffs der Arbeit sei zunächst mathematisch und gehe seiner ökonomischen Quantifizierung voraus. Außer-

13 Karl Marx u. Friedrich Engels, *Manifest der Kommunistischen Partei*, in: *MEW*, Bd. 4 (Berlin: Dietz 1959), S. 464.

14 Henryk Grossmann, „Die gesellschaftlichen Grundlagen der mechanistischen Philosophie und die Manufaktur", in: *Zeitschrift für Sozialforschung* 2 (1935), S. 161–231.

15 Pierre Duhem, *Les origines de la statique* (Paris: Hermann 1905).

16 Marie Herzfeld, *Leonardo da Vinci, der Denker, der Forscher und Poet* (Leipzig: Diederichs 1904); Gabriel Séailles, *Léonard de Vinci: L'artiste et le savant – Essai de biographie psychologique* (Paris: Perrin 1906); Joseph Péladan, *La philosophie de Léonard de Vinci d'après ses manuscrits* (Paris: Alcan 1907).

dem seien die Normen für die kapitalistische Bewertung der Produktion von den italienischen Bankiers bereits im 13. Jahrhundert definiert worden. Im Anschluss an Marx erinnert Grossmann daran, dass es in der Regel in den Manufakturen keine Arbeitsteilung im eigentlichen Sinn gab, sondern dass die Manufaktur ursprünglich die Vereinigung zuvor verstreuter qualifizierter Handwerker an einem Ort gewesen ist. Ihm zufolge ist also nicht die Berechnung der Kosten pro Arbeitsstunde, sondern die Entwicklung des Maschinismus die wahre Ursache für die mechanistische Konzeption des Universums. Die Entwicklung des Maschinismus hat ihre Ursprünge in der Renaissance. Descartes hat also, anstatt unbewusst die Praktiken einer kapitalistischen Ökonomie zum Ausdruck zu bringen, vielmehr bewusst eine maschinistische Technik rationalisiert. Für Descartes ist die Mechanik eine *Theorie der Maschinen*, was zunächst eine spontane Erfindung voraussetzt, die alsdann von der Wissenschaft bewusst und ausdrücklich gefördert werden muss.

Welches sind diese Maschinen, deren Erfindung schon vor Descartes die Beziehung des Menschen zur Natur verändert hat und die, indem sie eine der Antike unbekannte Hoffnung weckten, die Rechtfertigung oder genauer gesagt die Rationalisierung dieser Hoffnung hervorgerufen haben? Es sind zunächst die Feuerwaffen, für die sich Descartes abgesehen von der Frage des Geschosses kaum interessiert hat.[17] Hingegen hat Des-

[17] In den *Prinzipien der Philosophie* (IV, § 109–115) zeigen einige Passagen, dass sich Descartes auch für das Schießpulver interessiert hat, dass er aber in der Explosion des Schießpulvers als Energiequelle kein auf Analogie gegründetes

cartes großes Interesse an Taschen- und Turmuhren, Hebemaschinen, Wassermaschinen usw. gezeigt. Folglich können wir feststellen, dass Descartes eher ein menschliches Phänomen, die Konstruktion von Maschinen, in seine Philosophie integriert hat, als dass er ein gesellschaftliches Phänomen, die kapitalistische Produktion, zur Ideologie erhoben hätte. Worin bestehen nun die Zusammenhänge von Mechanismus und Finalität innerhalb der Gleichsetzung von Organismus und Maschine in der kartesianischen Theorie?

Die Theorie der Tier-Maschine ist nicht zu trennen vom „Ich denke, also bin ich". Aus der radikalen Unterscheidung von Seele und Körper, von Denken und Ausdehnung, folgt die Behauptung der substantiellen Einheit der Materie, welche Form sie auch affiziert, und des Denkens, welche Funktion es auch ausübt.[18] Die Seele hat nur eine Funktion, die des Urteilens, und daher ist es unmöglich, den Tieren eine Seele zuzugestehen, da wir kein Zeichen davon haben,

Erklärungsprinzip für den tierischen Organismus gesucht hat. Es war ein englischer Mediziner, Thomas Willis (1621–1675), der ausdrücklich eine Theorie der muskulären Bewegung aufgestellt hat, die auf die Analogie zur Explosion des Pulvers in einer Arkebuse gegründet war. Willis hat im 17. Jahrhundert auf eine Weise, die für viele – man denke insbesondere an William Bayliss – noch Gültigkeit besitzt, die Nerven mit Pulverschnüren verglichen. Die Nerven sind eine Art Zündschnur. Sie verbreiten ein Feuer, das im Muskel die Explosion auslösen wird, die nach Willis einzig imstande ist, die vom Arzt beobachteten Phänomene des Krampfes und der Wundstarre begreiflich zu machen.

[18] „Es gibt aber in uns nur eine Seele, und diese Seele hat in sich keinerlei Verschiedenheit der Teile: diejenige, die sensitiv ist, ist auch vernünftig, und alle ihre Bedürfnisse sind gewollte." René Descartes, *Die Leidenschaften der Seele*, Art. 47, übers. v. Klaus Hammacher (Hamburg: Meiner 1984), S. 77.

dass sie, die zur Sprache und Erfindung unfähig sind, urteilen.[19]

Daraus, dass den Tieren die Seele, das heißt die Vernunft abgesprochen wird, folgt für Descartes jedoch weder die Verneinung des Lebens, das nur in der Wärme des Herzens besteht, noch die Verneinung der Empfindung, da diese von der Anordnung der Organe abhängt.[20]

In demselben Brief zeichnet sich eine moralische Begründung der Theorie der Tier-Maschine ab. Descartes tut mit dem Tier das, was Aristoteles mit dem Sklaven getan hatte: Er wertet es ab, um dem Menschen eine Rechtfertigung dafür zu verschaffen, dass er es als Werkzeug benutzt. „Meine Überzeugung ist nicht so sehr grausam gegenüber den Tieren als vielmehr eine fromme Tat gegenüber den Menschen, zumindest jenen, die sich nicht dem Aberglauben der Pythagoreer verschrieben haben, denn sie entlastet sie von dem Verdacht, jedesmal, wenn sie Tiere verzehren oder töten, ein Verbrechen zu begehen."[21] Uns scheint es sehr bemerkenswert, dass man das umgekehrte Argument in einem Text von Leibniz finden

[19] René Descartes, „An W. Cavendish (23. November 1646)", in: ders., *Briefe 1629–1650*, übers. v. Fritz Baumgart (Köln u.a.: Staufen-Verlag 1949), S. 367.

[20] René Descartes, „Brief an Henry More, 05. Februar 1649", in: *Die Vernunft der Tiere*, hg. v. Hans-Peter Schütt, übers. v. Walter Thüringer (Frankfurt/M.: Keip 1990), S. 108. Um den Zusammenhang zwischen der Empfindung und der Anordnung der Organe recht zu verstehen, muss man die Descartes'sche Theorie der Stufen der Sinnesauffassung kennen; siehe hierzu René Descartes, „Erwiderung auf die sechsten Einwände", § 9, in: ders., *Meditationen. Mit sämtlichen Einwänden und Erwiderungen*, übers. v. Christian Wohlers (Hamburg: Meiner 2009), S. 417ff.

[21] René Descartes, „Brief an Henry More (05. Februar 1649)", in: *Die Vernunft der Tiere*, a.a.O., S. 108. [Übersetzung leicht abgeändert – A.d.Ü.]

kann:[22] Wenn man gezwungen ist, im Tier mehr als eine Maschine zu sehen, muss man zum Pythagoreer werden und auf die Herrschaft über das Tier verzichten.[23] Wir stehen hier einer typischen Haltung des abendländischen Menschen gegenüber. Die Mechanisierung des Lebens aus theoretischer Sicht und die technische Nutzung des Tieres sind untrennbar. Der Mensch kann sich nur zum Herrn und Besitzer der Natur machen, wenn er jede natürliche Finalität leugnet und die gesamte Natur außer sich selbst, einschließlich der anscheinend beseelten Natur, als ein Mittel ansieht.

Dadurch legitimiert sich die Konstruktion eines mechanischen Modells des lebendigen Körpers, einschließlich des menschlichen, denn bei Descartes ist bereits der menschliche Körper, wenn nicht überhaupt der Mensch, eine Maschine. Dieses mechanische Modell findet Descartes, wir sagten es schon,

[22] Gottfried Wilhelm Leibniz, „Leibniz an Hermann Conring. 19. (29.) März 1678", in: ders., *Sämtliche Schriften und Briefe*, Zweite Reihe, Erster Band (Berlin: Akademie Verlag 2006), S. 597ff.

[23] Auf Französisch wird man diesen bewundernswerten Text in den von Lucy Prenant veröffentlichten *Œuvres choisies* von Leibniz finden (Paris: Garnier 1939), S. 52. Man stelle insbesondere die Anführung der Kriterien, die es laut Leibniz erlauben würden, das Tier von einem Automaten zu unterscheiden, neben die entsprechenden Argumente, die von Descartes in den zitierten Texten angeführt werden, und gleichfalls neben die tief reichenden Überlegungen Edgar Allan Poes über dieselbe Frage in „Mälzels Schach-Spieler" [1836], in: ders., *Das gesamte Werk*, Bd. 9 (Olten u.a.: Walter 1976), S. 251–289. Zur Leibniz'schen Unterscheidung zwischen Maschine und Organismus siehe G. W. Leibniz, *Neues System der Natur*, § 10, in: ders., *Philosophische Schriften*, Bd. 1, hg. u. übers. v. Hans Heinz Holz (Frankfurt/M.: Suhrkamp 1996), S. 213f., und ders., *Monadologie*, § 63–66 (Hamburg: Meiner 1956).

in den Automaten, das heißt in den sich bewegenden Maschinen.[24]

Um der Theorie von Descartes ihren ganzen Sinn zu geben, schlagen wir vor, den Anfang der Abhandlung *Über den Menschen* zu lesen, das heißt jenes Werkes, das 1662 in Leyden zum ersten Mal nach einer lateinischen Abschrift und 1664 zum ersten Mal auf Französisch veröffentlicht worden ist. Hier schreibt Descartes: „Diese Menschen werden – wie wir – aus einer Seele und einem Körper zusammengesetzt sein. Daher ist es erforderlich, daß ich zuerst den Körper für sich und danach auch die Seele ebenso für sich beschreibe. Und schließlich werde ich darstellen, wie diese beiden Naturen verbunden und vereint sein müssen, um Menschen entstehen zu lassen, die uns ähnlich sind. Ich stelle mir einmal vor, daß der Körper nichts anderes sei als eine Statue oder Maschine aus Erde, die Gott gänzlich in der Absicht formt, sie uns so ähnlich wie möglich zu machen, und zwar derart, daß er ihr nicht nur äußerlich die Farbe und die

[24] Es erscheint uns wichtig, darauf hinzuweisen, dass Leibniz sich nicht weniger als Descartes ebenso für die Erfindung und die Konstruktion von Maschinen wie für das Problem der Automaten interessiert hat. Siehe insbesondere den Briefwechsel mit dem Herzog Johann Friedrich von Hannover (1676–1679) in: Gottfried Wilhelm Leibniz, *Sämtliche Schriften und Briefe*, Reihe I, Bd. II (Darmstadt: Otto Reichl 1927), S. 3ff. In einem Text von 1671, „Bedenken von Aufrichtung einer Akademie oder Societät in Deutschland zu Aufnehmen der Künste und Wissenschaften", rühmt Leibniz die Überlegenheit der deutschen Kunst, die sich schon immer eifrig daran gemacht habe, Werke zu schaffen, die sich bewegen (Taschen- und Turmuhren, hydraulische Maschinen), über die italienische Kunst, die sich fast ausschließlich der Herstellung lebloser, unbewegter Gegenstände gewidmet habe, die dafür gemacht sind, von außen betrachtet zu werden (Leibniz, *Sämtliche Schriften*, Reihe IV, Bd. I (Darmstadt: Otto Reichl 1931), S. 544). Diese Passage wird zitiert in Jacques Maritain, *Art et Scolastique* (Paris: Rouart 1927), S. 123.

Gestalt aller unserer Glieder gibt, sondern auch in ihr Inneres all jene Teile legt, die notwendig sind, um sie laufen, essen, atmen, kurz all unsere Funktionen nachahmen zu lassen, von denen man sich vorstellen könnte, daß sie aus der Materie ihren Ursprung nehmen und lediglich von der Disposition der Organe abhängen. Wir sehen Uhren, kunstvolle Wasserspiele, Mühlen und andere ähnliche Maschinen, die, obwohl sie nur von Menschenhand hergestellt wurden, nicht der Kraft entbehren, sich aus sich selbst auf ganz verschiedene Weise zu bewegen. Und wie mir scheint, könnte ich mir von einer Maschine, die – wie ich einmal annehme – aus der Hand Gottes angefertigt sein soll, nicht so viele Bewegungsarten vorstellen noch ihr so viel kunstvolle Bildung zuschreiben, daß man sich nicht vorstellen könnte, daß sie noch mehr davon besitzen kann.“[25]

Liest man diesen Text in einer möglichst naiven Geisteshaltung, scheint es, dass die Theorie der Tier-Maschine erst durch zwei Postulate einen Sinn bekommt, die meistens nicht erwähnt werden. Das erste Postulat besagt, dass ein Schöpfergott existiert, und das zweite, dass vor der Konstruktion der Maschine das Lebendige als solches gegeben sei. Anders gesagt, um die Tier-Maschine zu verstehen, muss man sie als etwas wahrnehmen, dem im logischen und chronologischen Sinn zugleich Gott als Wirkursache und ein nachzuahmendes, bereits exi-

[25] René Descartes, *Über den Menschen*, übers. v. Karl E. Rothschuh (Heidelberg: L. Schneider 1969), S. 43f.

stierendes Lebendiges als Form- und Zweckursache vorausgehen. Letzten Endes würden wir also eine Lektüre vorschlagen, nach der sich in der Theorie der Tier-Maschine, in der meistens ein Bruch mit der aristotelischen Konzeption der Kausalität gesehen wird, alle von Aristoteles angeführten Kausalitätstypen wiederfinden, wenn auch nicht gleichzeitig und an einer Stelle.

Wenn man diesen Text richtig zu lesen versteht, impliziert die Konstruktion der lebendigen Maschine eine Verpflichtung zur Nachahmung eines vorausgehenden organischen Gegebenen. Die Konstruktion eines mechanischen Modells setzt ein vitales Original voraus, und man kann sich letztlich fragen, ob Descartes hier nicht näher an Aristoteles als an Platon ist. Der platonische Demiurg kopiert Ideen. Die Idee ist ein Modell, deren natürlicher Gegenstand eine Kopie ist. Der kartesianische Gott, der *artifex maximus*, arbeitet daran, es dem Lebendigen gleichzutun. Das Modell der belebten Maschinen ist das Lebendige selbst. Die Idee des Lebendigen, die von der göttlichen Kunst nachgeahmt wird, ist das Lebendige. Und ebenso wie ein regelmäßiges Vieleck in einen Kreis eingeschrieben ist und es des Durchgangs durch das Unendliche bedarf, um von dem einen auf den anderen zu schließen, ist auch das mechanische Artefakt in das Leben eingeschrieben: Um von dem einen auf das andere zu schließen, bedarf es des Durchgangs durch das Unendliche, das heißt durch Gott. Das scheint aus der weiteren Folge des Textes hervorzugehen: „Und wie mir scheint, könnte ich mir von einer Maschine, die

– wie ich einmal annehme – aus der Hand Gottes angefertigt sein soll, nicht so viele Bewegungsarten vorstellen noch ihr so viel kunstvolle Bildung zuschreiben, daß man sich nicht vorstellen könnte, daß sie noch mehr davon besitzen kann.“[26] Die Theorie der Tier-Maschine verhielte sich also zum Leben wie die Axiomatik zur Geometrie: Sie ist eine rationale Rekonstruktion, die nur vortäuscht, die Existenz dessen zu ignorieren, was sie rekonstruieren soll, und nicht erkennen will, dass die Produktion ihrer Rationalisierung vorgängig ist.

Dieser Aspekt der kartesianischen Theorie ist im Übrigen von einem Anatomen jener Zeit gut erkannt worden: von dem berühmten Nicolas Steno in seiner 1665 – also ein Jahr nach dem Erscheinen von Descartes' Abhandlung *Über den Menschen* – in Paris gehaltenen *Rede über die Anatomie des Gehirns*. Auch wenn Steno Descartes eine Huldigung erweist, die umso bemerkenswerter ist, als die Anatomen mit der von Descartes gelehrten Anatomie nicht immer sanft umgegangen sind, stellt er doch zugleich fest, dass Descartes' Mensch ein unter dem Deckmantel Gottes rekonstruierter Mensch ist, aber nicht der Mensch der Anatomen.[27] Man kann also sagen, dass Descartes die Teleologie des Lebens beseitigt, indem er den Mechanismus an die Stelle des Organismus setzt; und dennoch beseitigt er sie nur scheinbar, da er sie am Ausgangspunkt wieder einführt. Eine dynamische For-

[26] Ebd., S. 44.
[27] S. Anhang III, S. 345ff. in diesem Band.

mierung wird durch eine anatomische Form ersetzt, doch da diese Form ein technisches Produkt ist, wird jegliche Teleologie in die Produktionstechnik hineingelegt. In Wahrheit kann man, wie es scheint, weder Mechanismus und Finalität noch Mechanismus und Anthropomorphismus einander gegenüberstellen, denn auch wenn das Funktionieren einer Maschine durch reine Kausalbeziehungen *erklärbar* ist, so ist doch die Konstruktion einer Maschine weder ohne die Finalität noch ohne den Menschen *verständlich.* Eine Maschine wird vom Menschen und für den Menschen im Hinblick auf bestimmte zu erreichende Zwecke in Form von zu erzeugenden Wirkungen hergestellt.[28]

Was also an Descartes' Vorhaben, das Leben mechanisch zu erklären, positiv ist, ist die Eliminierung der Finalität in ihrem anthropomorphen Aspekt. Nur scheint es so, dass bei der Verwirklichung dieses Vorhabens ein Anthropomorphismus an die Stelle eines anderen tritt: Ein technologischer Anthropomorphismus ersetzt einen politischen Anthropomorphismus. In der *Beschreibung des menschlichen Körpers*, einer kleinen Abhandlung aus dem Jahr 1648, wendet sich Descartes der Erklärung der willentlichen Bewegung

[28] Im Übrigen vermag Descartes den Sinn der Konstruktion der Tier-Maschinen durch Gott nur in Begriffen von Finalität auszudrücken: „[...] wenn ich die Maschine des menschlichen Körpers als gleichsam für die Bewegungen eingerichtet ansehe, die in ihr abzulaufen pflegen" (René Descartes, *Meditationes de prima philosophia* [Lat.-Dt.], Sechste Meditation, neu hg. v. Lüder Gäbe (Hamburg: Meiner 1992), S. 153. Diese Übersetzung stellt im Vergleich zu der neueren von Christian Wohlers (Meiner 2008) den teleologischen Aspekt deutlicher heraus – A.d.Ü.).

beim Menschen zu und formuliert mit einer Klarheit, die die gesamte Theorie der automatischen und der Reflexbewegungen bis zum 19. Jahrhundert beherrscht hat, die Tatsache, dass der Körper der Seele nur unter der Bedingung gehorcht, dass er zunächst mechanisch dafür disponiert ist. Die Entscheidung der Seele ist keine hinreichende Bedingung für die Bewegung des Körpers. „Die Seele", schreibt Descartes, „[kann] keinerlei Bewegung im Körper hervorrufen, außer unter der Voraussetzung, daß alle dafür erforderlichen Organe gut disponiert sind. Aber wenn umgekehrt der Körper all seine Organe für irgendeine Bewegung disponiert hat, dann braucht er die Seele nicht, um sie zu vollziehen."[29] Descartes will damit sagen, dass sich die Seele, wenn sie den Körper bewegt, nicht der volkstümlichen Vorstellung zufolge wie ein König oder General verhält, der über Untertanen oder Soldaten befiehlt. Vielmehr will er mit der Gleichstellung des Körpers mit dem Mechanismus eines Uhrwerks sagen, dass die Bewegungen der Organe einander gegenseitig steuern wie die Rädchen eines Räderwerks. Descartes ersetzt also das politische Bild der Befehlsgewalt als Typus magischer Kausalität – einer Kausalität durch das Wort oder durch das Zeichen – durch das technische Bild der „Steuerung" als Typus positiver Kausalität, also einer Vorrichtung oder eines Zusammenspiels mechanischer Verbindungen.

[29] René Descartes, *Die Beschreibung des menschlichen Körpers*, in: ders., *Über den Menschen*, a.a.O., S. 140. [Übers. leicht geändert – A.d.Ü.]

Descartes geht hier einen Weg, der Claude Bernards Vorgehen entgegengesetzt ist. Im Zuge seiner Kritik des Vitalismus in den *Leçons sur les Phénomènes de la vie communs aux animaux et aux végétaux* (1878–1879) weigert sich Bernard, die gesonderte Existenz der vitalen Kraft zuzulassen, weil diese „nichts zu tun vermöge“, gesteht ihr jedoch erstaunlicherweise zu, dass sie „Phänomene, die sie nicht erzeugt, lenken“ könne. Anders gesagt ersetzt Bernard die Auffassung einer vitalen Kraft als Arbeiter durch die Auffassung einer vitalen Kraft als Gesetzgeber oder Führer. Er gibt also zu, dass man steuern kann, ohne zu handeln. Man kann dies als eine magische Auffassung der Steuerung bezeichnen, die impliziert, dass die Steuerung über die Ausführung hinausgeht. Im Gegensatz hierzu wird bei Descartes eine Steuerungs- und Befehlsgewalt durch eine mechanische Ausführungsvorrichtung ersetzt, deren Richtung von Gott ein für allemal festgelegt wurde. Der Konstrukteur hat die Bewegungsrichtung in das mechanische Ausführungsdispositiv eingebaut.

Man kann also den Eindruck gewinnen, dass wir mit der kartesianischen Erklärung entgegen dem ersten Anschein keinen Schritt aus der Finalität heraus getan haben. Der Grund hierfür ist, dass der Mechanismus zwar alles erklären kann, wenn man die Maschinen als gegeben annimmt, dass er aber über die Konstruktion der Maschinen keine Auskunft zu geben vermag. Es gibt keine Maschine, die Maschinen konstruiert. Man könnte sogar sagen, dass die Erklärung der Organe oder der Organismen durch mechanische Modelle in gewissem Sinn eine Erklärung des Organs durch das Organ ist. Im Grunde ist das eine Tautologie, denn die Maschinen können – und diese Interpretation ließe sich eventuell durchaus rechtfertigen – als Organe der menschlichen Spezies betrachtet werden.[30] Ein Werkzeug oder eine Maschine sind Organe, und Organe sind Werkzeuge oder Maschinen. Man sieht daher nur schwerlich, worin der Gegensatz zwischen Mechanismus und Finalität bestehen soll. Niemand bezweifelt, dass es eines Mechanismus bedarf, um einen Zweck zu erreichen, und dass umgekehrt jeder Mechanismus einen Sinn haben muss, denn ein Mechanismus ist kein zufälliger und beliebiger Bewegungszusammenhang. Der Gegensatz bestünde also in Wirklichkeit zwischen den Mechanismen mit offenkundigem und jenen mit latentem Sinn. Bei einem Schloss oder einem Uhrwerk ist der Sinn offenkundig; beim „Druckknopf"-Apparat der Krabbe, den man oft als Beispiel für ein Wunder der Anpassung anführt, ist der Sinn latent. Folglich scheint es nicht möglich, die Zweckmäßigkeit bestimmter biologischer Mechanismen zu leugnen. Um ein viel zitiertes Beispiel anzuführen, mit dem einige mechanistische Biologen argumentieren: Sie verneinen die Zweckmäßigkeit der Erweiterung des weiblichen Beckens vor der Niederkunft. Es reicht allerdings, die Frage umzukehren. In Anbetracht der Tatsache, dass die maximale Größe des Fötus die

[30] Vgl. Raymond Ruyer, *Éléments de psychobiologie* (Paris: Presses Universitaires de France 1946), S. 46f.

maximale Größe des Beckens um 1 oder 1,5 cm übersteigt, wäre die Niederkunft unmöglich, wenn sich der maximale Durchmesser des Beckens nicht durch eine Art Lockerung der Symphysen und eine Rückwärtskippbewegung des Kreuz-Steißbeins ein wenig vergrößern würde. Man kann also den Gedanken zurückweisen, dass ein solcher Vorgang, dessen biologischer Sinn so eindeutig ist, nur möglich sei, weil ihn ein Mechanismus ohne jeden biologischen Sinn erlauben würde. Und man muss „erlauben" sagen, da das Fehlen dieses Mechanismus den Vorgang verbieten würde. Um zu überprüfen, ob ein ungewöhnlicher Mechanismus denn auch wirklich ein Mechanismus, das heißt eine notwendige Sequenz von Operationen ist, müssen wir herausfinden, was die erwartete Wirkung desselben ist, das heißt, worin der angestrebte Zweck besteht. Das ist wohl bekannt. Ausgehend von der Form und der Struktur des Apparats können wir auf den Gebrauch nur schließen, wenn wir bereits den Gebrauch der Maschine oder analoger Maschinen kennen. Folglich muss man erst die Maschine funktionieren sehen, um sodann die Funktion der Struktur scheinbar deduzieren zu können.

Nun sind wir also an den Punkt gelangt, an dem sich der kartesianische Zusammenhang zwischen Maschine und Organismus umkehrt.

In einem Organismus beobachtet man, und dies ist zu bekannt, um darauf zu insistieren, Phänomene der Selbstkonstruktion, Selbsterhaltung, Selbstregulierung und Selbstwiederherstellung.

Im Fall der Maschine ist die Konstruktion äußerlich und setzt den Erfindungsgeist des Mechanikers voraus; die Erhaltung erfordert die stete Überwachung und Achtsamkeit des Maschinisten, und man weiß, wie bestimmte komplizierte Maschinen durch eine Unaufmerksamkeit oder einen Fehler bei der Überwachung unwiederbringlich ruiniert werden können. Was die Regulierung und die Wiederherstellung anbelangt, setzen sie gleichfalls das periodische Eingreifen menschlichen Handelns voraus. Es gibt zweifelsohne Selbstregulierungsdispositive, doch diese sind vom Menschen vorgenommene Verschaltungen mehrerer Maschinen. Die Konstruktion von Servo-Mechanismen oder von elektronischen Automaten verschiebt die Beziehung des Menschen zur Maschine, ohne deren Sinn zu verändern.

In der Maschine werden die Regeln der rationalen Buchhaltung strikt eingehalten. Das Ganze ist genau die Summe der Teile. Die Wirkung hängt von der Anordnung der Ursachen ab. Außerdem zeichnet sich eine Maschine durch eine klare funktionale Strenge aus, die als solche durch den Normierungsprozess mehr und mehr betont wird. Die Normierung ist die Vereinfachung der Modelle und der Ersatzteile, die Vereinheitlichung der metrischen und qualitativen Merkmale, die die Austauschbarkeit der Teile untereinander ermöglicht. Jedes Teil ist so viel wert wie jedes andere Teil mit einer gleichen Bestimmung, natürlich in den Grenzen der Herstellungsmöglichkeiten.

Wenn also die Eigenschaften einer Maschine im Vergleich zu denen des Organismus in dieser Weise definiert sind, gibt es dann in einer Maschine mehr oder weniger Finalität als im Organismus?

Man würde gerne sagen, dass eine Maschine stärker zweckbestimmt ist als ein Organismus, weil ihre Zweckmäßigkeit starr und eindeutig ist. Eine Maschine kann keine andere Maschine ersetzen. Je begrenzter die Finalität und je enger der Toleranzbereich ist, desto verhärteter und deutlicher erscheint die Finalität. Im Organismus beobachtet man hingegen, und auch das ist zu bekannt, um darauf zu insistieren, eine Vikarianz der Funktionen und eine Polyvalenz der Organe. Zweifelsohne sind die Vikarianz der Funktionen und die Polyvalenz der Organe nicht absolut, doch sind sie im Verhältnis zu denen der Maschine um so viel beträchtlicher, dass sich im Grunde der Vergleich nicht aufrechterhalten lässt.[31] Als Beispiel für die Vikarianz der Funktionen kann man einen sehr einfachen, wohlbekannten Fall zitieren, die Aphasie beim Kind. Eine rechtsseitige Lähmung beim Kind geht fast niemals mit Aphasie einher, weil andere Bereiche des Gehirns die Sprachfunktion sicherstellen. Wenn bei einem Kind von weniger als neun Jahren eine Aphasie besteht, löst sie sich sehr schnell

[31] „‚Künstlich' will sagen: ‚was auf einen begrenzten Zweck hinzielt' und sich deshalb dem *Lebendigen* gegenüberstellt. ‚Künstlich' oder ‚menschlich' oder ‚anthropomorph' unterscheiden sich von dem nur Lebendigen oder Vitalen. Alles was dahin gelangt, in Gestalt eines klaren und begrenzten Zweckes zu erscheinen, wird ‚künstlich', und das ist ja die Tendenz der zunehmenden Bewußtheit. Darin besteht auch die Arbeit des Menschen, wenn er sich bemüht, ein Objekt oder ein spontanes Phänomen so genau wie möglich *nachzuahmen*. Das sich seiner selbst bewußte Denken bildet von selbst ein künstliches System. [...] Wenn das ‚Leben' einen Zweck hätte, wäre es nicht mehr das Leben." (Paul Valéry, *Gedanken. Cahier B 1910*, übers. v. Herbert Steiner u. Ernst Haerle (Frankfurt/M.: Insel 1962), S. 41.)

wieder.[32] Was das Problem der Polyvalenz der Organe anbelangt, so soll darauf verwiesen werden, dass wir für die meisten Organe, von denen wir annehmen, dass sie gewöhnlich einer bestimmten Funktion dienen, in Wirklichkeit nicht wissen, zu welchen anderen Funktionen sie ebenso dienen können. So wird der Magen prinzipiell Verdauungsorgan genannt. Es ist jedoch tatsächlich so, dass man nach einer zur Behandlung eines Geschwürs vorgenommenen Gastrektomie eher Störungen in der Blutbildung als Verdauungsstörungen beobachtet. Man hat schließlich entdeckt, dass sich der Magen wie eine innere Sekretionsdrüse verhält. Ebenfalls wollen wir das aktuelle Beispiel eines von Robert Courrier, Professor für Biologie am *Collège de France*, durchgeführten Experiments anführen, das hier jedoch keineswegs als die Vorführung eines Wunders verstanden werden darf. Courrier nimmt in der Gebärmutter eines trächtigen Kaninchens einen Einschnitt vor, entnimmt der Gebärmutter eine Plazenta und legt sie in die Bauchhöhle. Diese Plazenta pfropft sich auf den Magen auf und ernährt sich normal. Wenn die Pfropfung vollzogen ist, entfernt man operativ die Eierstöcke des Kaninchens, das heißt man hebt die Funktion des Schwangerschaftsgelbkörpers auf. In diesem Moment verkümmern alle Plazenten, die sich in der Gebärmutter befinden, und einzig die in der Bauchhöhle angesiedelte Plazenta kommt zur Reife. Hier haben

[32] Vgl. Edouard Pichon, *Le développement psychique de l'enfant et de l'adolescent* (Paris: Masson 1936), S. 126; Paul Cossa, *Physiopathologie du système nerveux* (Paris: Masson [2]1942), S. 845.

wir ein Beispiel, in dem sich der Magen wie eine Gebärmutter verhalten hat, und man könnte sogar sagen, mit größerem Erfolg.

Wir wären also versucht, in diesem Zusammenhang einen Satz des Aristoteles umzukehren. „Die Natur", schreibt Aristoteles in der *Politik*, „geht nicht sparsam vor und stellt nichts von der Art her wie die Schmiede das (vielfältig verwendbare) Delphische Messer, sondern jeweils einen Gegenstand für jeweils einen Zweck. Denn jedes Werkzeug wird dann die höchste Vollendung erhalten, wenn es nicht vielen Aufgaben, sondern einer einzigen zu dienen hat."[33] Es scheint nämlich ganz im Gegenteil, dass diese Definition der Finalität besser auf die Maschine als auf den Organismus passt. Letzten Endes muss man anerkennen, dass im Organismus ein einzelnes Organ mehrere Funktionen haben kann. Ein Organismus hat also mehr Handlungsspielraum als eine Maschine. Er verfügt über weniger Finalität und mehr Potentialitäten.[34] Die aus Berechnung erzeugte Maschine verifiziert die Normen der Berechnung, das heißt die rationalen Normen der Identität, der Konstanz und der Prognose, während der lebendige Organismus nach empi-

[33] Aristoteles, *Politik*, I 2, 1252b 1ff. [Hier in der Übersetzung von Eckart Schütrumpf: vgl. Aristoteles, *Werke in dt. Übersetzung*, Bd. 9,1 (Berlin: Akademie Verlag 1991) – A.d.Ü.].

[34] Max Scheler hat darauf hingewiesen, dass es entgegen dem Glauben der Mechanisten die am wenigsten spezialisierten Lebewesen sind, die mechanisch am schwierigsten zu erklären sind, denn bei ihnen werden alle Funktionen von der Gesamtheit des Organismus übernommen. Erst mit der wachsenden Differenzierung der Funktionen und der Komplizierung des Nervensystems erscheinen Strukturen, die ungefähre Ähnlichkeit mit einer Maschine haben. Max Scheler, *Die Stellung des Menschen im Kosmos*, in: ders., *Gesammelte Werke*, Bd. 9 (Bonn: Bouvier ²1995) S. 21 u. 51ff.

ristischen Gesetzen verfährt. Das Leben ist Erfahrung, das heißt Improvisation und Nutzung von Gegebenheiten; es ist in jedem Sinne ein Versuch. Daher rührt jene zugleich gewichtige und sehr oft verkannte Tatsache, dass das Leben Monstrositäten zulässt. Es gibt keine Monstermaschinen. Es gibt keine mechanische Pathologie; Bichat hat darauf in seiner *Allgemeinen Anatomie* (1801) hingewiesen.[35] Denn Monster sind Lebewesen. In der Physik und der Mechanik hingegen gibt es keine Unterscheidung zwischen Normalem und Pathologischem. Die Unterscheidung von Normalem und Pathologischem existiert nur für Lebewesen.

Vor allem die Arbeiten der experimentellen Embryologie haben zu einer Abkehr von den Darstellungen mechanischen Typs in der Deutung der lebendigen Phänomene geführt, insofern sie gezeigt haben, dass der Keim nicht so etwas wie eine „spezifische Maschinerie“ (Cuénot) in sich birgt, die, einmal in Gang gesetzt, dazu bestimmt wäre, automatisch dieses oder jenes Organ zu erzeugen. Dass dies die Auffassung Descartes' war, steht außer Zweifel. In seiner *Beschreibung des menschlichen Körpers* schrieb er: „Würde man alle Teile der Samenmasse irgendeiner Tierart im einzelnen genau kennen, z.B. vom Menschen, dann könnte man allein daraus und auf Grund rein mathematischer und sicherer Gründe die gesamte Gestalt und den Aufbau eines jeden Körperteils ableiten, wie

[35] Xavier Bichat, *Allgemeine Anatomie: angewandt auf die Physiologie und Arzneywissenschaft*, übers. v. Christoph Heinrich Pfaff (Leipzig: Crusius 1803).

man auch umgekehrt, wenn man mehrere Einzelheiten dieses Aufbaus kennt, daraus die Art des Samens ableiten kann."[36] Je mehr man nun aber die Lebewesen mit automatischen Maschinen vergleicht, desto besser versteht man, wie Paul Guillaume angemerkt hat,[37] ihre Funktion, desto weniger jedoch ihre Genese. Wenn die kartesianische Auffassung wahr wäre, das heißt, wenn es zugleich Präformation im Keim und Mechanismus in der Entwicklung gäbe, würde eine anfängliche Beeinträchtigung eine Störung in der Entwicklung der Eizelle mit sich bringen oder diese ganz verhindern.

Tatsächlich ist das jedoch keineswegs der Fall, und die Untersuchung der Potentialitäten der Eizelle in der Folge der Arbeiten von Driesch, Hörstadius, Spemann und Hilde Mangold hat deutlich gemacht, dass sich die embryologische Entwicklung schwerlich auf ein mechanisches Modell reduzieren lässt. Nehmen wir beispielsweise Hörstadius' Experimente am Seeigelei. Er zerschneidet ein Seeigelei *A* im 16er-Stadium entsprechend einer waagerechten Symmetrieebene und ein anderes Ei *B* entsprechend einer senkrechten Symmetrieebene. Er setzt eine Hälfte *A* an eine Hälfte *B*, und das Ei entwickelt sich normal. Driesch seinerseits nimmt ein Seeigelei im 16er-Stadium und presst dieses Ei zwischen zwei Deckgläser, wodurch die Lage der Zellen zueinander an den beiden Polen modifiziert wird; das Ei entwickelt sich normal. Folglich

[36] Descartes, *Beschreibung des menschlichen Körpers*, a.a.O., S. 183 [Übers. leicht abgeändert – A.d.Ü.].

[37] Paul Guillaume, *La psychologie de la forme* (Paris: Flammarion 1937), S. 131.

erlauben uns diese beiden Experimente, auf die Unabhängigkeit der Wirkung von der Anordnung der Ursachen zu schließen. Es gibt ein weiteres, noch überraschenderes Experiment, nämlich jenes von Driesch, das darin besteht, Blastomeren des Seeigeleies im 2er-Stadium zu entnehmen. Die entweder mechanisch oder chemisch in von Kalziumsalzen gereinigtem Meerwasser erlangte Trennung der Blastomeren führt dazu, dass jede der Blastomeren eine bis auf ihre Größe normale Larve hervorbringt. Hier liegt folglich eine Unabhängigkeit der Wirkung von der Quantität der Ursache vor. Die quantitative Verringerung der Ursache bringt keine qualitative Beeinträchtigung der Wirkung mit sich. Im Gegenzug erhält man, wenn man zwei Seeigeleier vereinigt, eine einzige Larve, die größer als die normale Larve ist. Dies ist eine erneute Bestätigung der Unabhängigkeit der Wirkung von der Quantität der Ursache. Das Experiment der Multiplikation der Ursache bestätigt das Experiment der Teilung der Ursache.

Es muss jedoch hervorgehoben werden, dass sich die Entwicklung der Eizellen nicht in allen Fällen auf dieses Schema reduzieren lässt. Lange Zeit hat sich die Frage gestellt, ob man es mit zwei verschiedenen Arten von Eiern zu tun hatte, mit regulierenden Eiern vom Typ der Seeigeleier und mit Eiern in Mosaikform vom Typ der Froscheier, bei denen die zelluläre Entwicklung der ersten Blastomeren stets dieselbe ist, ob sie nun geteilt werden oder zusammenbleiben. Heutzutage ist die Mehrzahl der Biologen zu dem Schluss gekommen, dass die Bestimmung der sogenannten

„Mosaik"-Eier einfach in einem früheren Entwicklungsstadium erfolgt. Einerseits verhält sich das Ei mit Regulierungsfunktion ab einem bestimmten Stadium wie das Mosaikei, andererseits entwickelt sich das Blastomer des Froscheies im 2er Stadium, wenn man es herausnimmt, zu einem vollständigen Embryo, wie ein Ei mit Regulierungsfunktion.[38]

Es scheint also, als mache man sich Illusionen, wenn man denkt, dem Organismus die Finalität auszutreiben, indem man ihn als Zusammensetzung von komplexen Automatismen versteht. Solange die Konstruktion der Maschine keine Funktion der Maschine selbst ist und solange die Ganzheit des Organismus nicht äquivalent zur Summe der Teile ist, die eine Untersuchung in dem gegebenen Organismus entdeckt, so lange wird es legitim erscheinen, die Vorgängigkeit einer biologischen Organisation als eine notwendige Bedingung für die Existenz und den Sinn mechanischer Konstruktionen zu verstehen. Aus philosophischer Perspektive ist es weniger wichtig, die Maschine zu erklären, als sie zu verstehen. Und sie zu verstehen heißt, sie in die menschliche Geschichte einzuschreiben, indem man die menschliche Geschichte ins Leben einschreibt, ohne indes zu verkennen, dass mit dem Menschen eine Kultur erscheint, die nicht auf die bloße Natur reduzierbar ist.

[38] Max Aron u. Pierre Grassé, *Précis de biologie animale* (Paris: Masson [3]1947), S. 647ff.

Nun sind wir dahin gelangt, in der Maschine eine *kulturelle Tatsache* zu sehen, die sich in Mechanismen ausdrückt, die ihrerseits nichts anderes als eine *zu erklärende natürliche Tatsache* sind. In einer berühmten Passage aus den *Prinzipien* schreibt Descartes: „Es ist gewiß, daß alle Regeln der Mechaniker zur Physik gehören, *so daß alle künstlichen Dinge somit auch natürlich sind*. Denn wenn beispielsweise eine Uhr die Stunden mittels der Rädchen, aus denen sie gemacht ist, anzeigt, ist das für sie nicht weniger natürlich, als es für einen Baum ist, Früchte hervorzubringen."[39] Doch von unserem Standpunkt aus können und müssen wir das Verhältnis von Uhr und Baum umkehren und sagen, dass die Rädchen, aus denen eine Uhr gemacht ist, um die Zeit anzuzeigen, und generell alle Teile der Mechanismen, die zur Erzeugung einer zunächst nur erträumten oder erwünschten Wirkung montiert werden, unmittelbare oder abgeleitete Produkte einer technischen Tätigkeit sind. Diese ist in Wahrheit ebenso organisch wie die Fruchtbildung der Bäume, und sie ist sich anfänglich ebenso wenig ihrer Regeln und der ihre Wirksamkeit garantierenden Gesetze bewusst wie das pflanzliche Leben. Die logische Vorgängigkeit des physikalischen Wissens vor der Konstruktion der Maschinen zu einem gegebenen Moment kann und darf nicht die absolute chronologische und biologische Vorgängigkeit der

[39] René Descartes, *Prinzipien der Philosophie*, IV, § 203, übers. v. Christian Wohlers (Hamburg: Meiner 2005), S. 626f.; siehe dazu unsere Studie „Descartes und die Technik", in: Georges Canguilhem, *Wissenschaft, Technik, Leben*, übers. v. Roland Vouillé u.a., hg. v. Henning Schmidgen (Berlin: Merve 2006), S. 7–22.

Konstruktion von Maschinen vor dem physikalischen Wissen in Vergessenheit geraten lassen.

Nun hat ein und derselbe Autor gegen Descartes die Irreduzibilität des Organismus auf die Maschine und symmetrisch hierzu die Irreduzibilität der Kunst auf die Wissenschaft bekräftigt. Es handelt sich um Immanuel Kant und seine *Kritik der Urteilskraft*. Es ist wahr, dass es in Frankreich nicht üblich ist, bei Kant nach einer Philosophie der Technik zu suchen, doch nicht weniger wahr ist, dass die deutschen Autoren, die sich, insbesondere seit 1870, ausgiebig für diese Probleme interessiert haben, dies durchaus getan haben.

Im § 65 der *Kritik der teleologischen Urteilskraft* unterscheidet Kant die Maschine und den Organismus, indem er sich des bei Descartes so beliebten Beispiels der Uhr bedient. In einer Maschine, sagt er, existiert jedes Teil um des anderen willen, aber nicht durch das andere; kein Teil wird durch ein anderes erzeugt, kein Teil wird durch das Ganze erzeugt und auch kein Ganzes durch ein gleichartiges Ganzes. Es gibt keine Uhr zum Herstellen von Uhren. Kein Teil ersetzt sich dort von selbst. Kein Ganzes ersetzt ein Teil, das ihm fehlt. Die Maschine besitzt also eine bewegende Kraft, aber keine bildende Kraft, die in der Lage wäre, sich einer äußeren Materie mitzuteilen und sich fortzupflanzen. Im § 75 unterscheidet Kant die intentionale Technik des Menschen von der intentionalen Technik des Lebens. Doch im § 43 der *Kritik der ästhetischen Urteilskraft* hat Kant die Originalität dieser menschlichen intentionalen Technik gegenüber dem

Wissen in einem wichtigen Absatz definiert: „Kunst als Geschicklichkeit des Menschen wird auch von der Wissenschaft unterschieden (Können vom Wissen), als praktisches vom theoretischen Vermögen, als Technik von der Theorie (wie die Feldmeßkunst von der Geometrie). Und da wird auch das, was man kann, sobald man nur weiß, was getan werden soll, und also nur die begehrte Wirkung genugsam kennt, nicht eben Kunst genannt. Nur das, was man, wenn man es auch auf das vollständigste kennt, dennoch darum zu machen noch nicht sofort die Geschicklichkeit hat, gehört insoweit zur Kunst. Camper beschreibt sehr genau, wie der beste Schuh beschaffen sein müßte, aber er konnte gewiß keinen machen."[40] Dieser Text wird von Paul Krannhals in seinem Werk *Der Weltsinn der Technik* zitiert; er sieht darin, anscheinend zu Recht, die Anerkennung der Tatsache, dass jede Technik auf wesentliche und positive Weise eine vitale Originalität beinhaltet, die nicht auf die Rationalisierung reduzierbar ist.[41] Tatsächlich ist zu erwägen, ob nicht die Kunstfertigkeit in der Abstimmung, die Synthese in der Erzeugung, das, was man üblicherweise Erfindungsgabe nennt und wofür man zuweilen die Verantwortlichkeit an einen Instinkt delegiert, ob nicht all das in seiner gestalterischen Bewegung ebenso unerklärlich ist, wie es die Erzeugung eines Säugetiereis aus den Eierstöcken sein kann, mag man auch die physikalisch-chemische Zusammensetzung des Pro-

[40] Immanuel Kant, *Kritik der Urteilskraft*, § 43 (Hamburg: Meiner [7]1990), S. 156.
[41] Paul Krannhals, *Der Weltsinn der Technik* (München u.a.: Oldenbourg 1932), S. 68.

toplasmas und jene der Sexualhormone als gänzlich bekannt voraussetzen.

Mehr als in den Arbeiten der Ingenieure finden wir aus diesem Grund Aufklärung über die Konstruktion der Maschinen in den Arbeiten der Ethnographen, wenngleich sie auch hier noch dürftig ist.[42] In Frankreich stehen zur Stunde die Ethnographen der Begründung einer Philosophie der Technik am nächsten, an der die Philosophen, deren Aufmerksamkeit vor allem der Philosophie der Wissenschaften gegolten hat, das Interesse verloren haben. Die Ethnographen hingegen haben ihre Aufmerksamkeit vor allem auf den Zusammenhang zwischen der Erzeugung der ersten Werkzeuge, der ersten Vorrichtungen, mit denen man auf die Natur einwirkt, und der organischen Tätigkeit selbst gerichtet. Der einzige Philosoph, der sich unseres Wissens in Frankreich Fragen dieser Art gestellt hat, ist Alfred Espinas, auf dessen klassisches Werk über die Ursprünge der Technik wir hier verweisen.[43] Dieses Werk enthält einen Anhang, den Plan einer um 1890 an der *Faculté des Lettres* in Bordeaux gehaltenen Vorlesung über den Willen, in der Espinas die praktische menschliche Tätigkeit und insbesondere die Erfindung der Werkzeuge behandelt. Bekanntlich entlehnt Espinas seine Theorie der organischen Projektion, die ihm zur Erklärung der

[42] Der Ausgangspunkt für diese Studien muss in Darwins *Die Abstammung des Menschen und die geschlechtliche Zuchtwahl* gesucht werden, insbesondere in Kap. III mit dem Abschnitt „Von Tieren gebrauchte Werkzeuge und Waffen". Marx hat die ganze Bedeutung der Ideen Darwins gut gesehen. Siehe Karl Marx, *Das Kapital*, in: *MEW*, Bd. 23 (Berlin: Dietz 1974), S. 392 (Anm. 89).

[43] Vgl. Alfred Espinas, *Les Origines de la technologie* (Paris: Alcan 1897).

Konstruktion der ersten Werkzeuge dient, von einem deutschen Autor, Ernst Kapp (1808–1896), der sie zum ersten Mal 1877 in seinem Werk *Grundlinien einer Philosophie der Technik* dargelegt hat. Dieses in Deutschland klassische Werk ist in Frankreich derart unbekannt, dass einige der Psychologen, die ausgehend von den Studien Wolfgang Köhlers und Paul Guillaumes das Problem der Verwendung von Werkzeugen durch die Tiere und der tierischen Intelligenz wieder aufgegriffen haben, diese Projektionstheorie Espinas selbst zuschreiben, ohne zu sehen, dass Espinas wiederholt sehr explizit erklärt, dass er sie von Kapp übernommen hat.[44] Gemäß der Projektionstheorie, deren philosophische Grundlagen über Eduard von Hartmann und die *Philosophie des Unbewußten* bis auf Schopenhauer zurückgehen, sind die ersten Werkzeuge die Verlängerung der beweglichen menschlichen Organe. Der Feuerstein, die Keule, der Hebel verlängern und erweitern die organische Schlagbewegung des Arms. Diese Theorie hat wie jede Theorie ihre Grenzen und stößt namentlich bei der Erklärung von Erfindungen wie der des Feuers oder des Rads, die so charakteristisch für die menschliche Technik sind, an ihre Grenzen. In diesem Fall sucht man vergeblich nach Gesten und Organen, deren Verlängerung oder Erweiterung das Feuer oder das Rad wären. Doch für die vom Hammer oder vom Hebel abgeleiteten Werkzeuge, also für solche Werkzeugfamilien, ist diese

[44] Unsere Anspielung bezieht sich auf das hervorragende Büchlein von Gaston Viaud, *L'intelligence* (Paris: Presses Universitaires de France 1945).

Erklärung sicher annehmbar. Es sind also die Ethnographen, die in Frankreich nicht nur die Tatsachen, sondern auch die Hypothesen vereint haben, auf denen eine biologische Philosophie der Technik aufbauen kann. Was die Deutschen auf philosophischem Wege entfaltet haben – zum Beispiel eine Theorie der Entwicklung der auf die Darwin'schen Vorstellungen von Variationen und natürlicher Auslese gegründeten Erfindungen, wie es Alard Du Bois-Reymond (1860–1922) in seinem Werk *Erfindung und Erfinder* (1906) getan hat,[45] oder auch eine Theorie der Konstruktion von Maschinen als „Taktik des Lebens", wie sie Oswald Spengler in seinem Buch *Der Mensch und die Technik* (1931)[46] entworfen hat –, finden wir (und, soweit wir wissen, ohne direkte Herleitung) von André Leroi-Gourhan in seinem Buch *Milieu et techniques* wieder aufgegriffen. Leroi-Gourhan will das Phänomen der Konstruktion von Werkzeugen verstehen, indem er es mit der Bewegung der Amöbe gleichsetzt, die mittels Plasmafortsätzen, die sie aus ihrer Körpermasse ausstülpt, das äußere Objekt ihres Begehrens ergreift und einfängt, um es zu verspeisen. „Wenn man die Stoßkraft als grundlegende technische Handlung angesehen hat", schreibt Leroi-Gourhan, „dann deshalb, weil es in fast allen technischen Vorgängen die Suche

[45] Alain hat eine darwinistische Interpretation der technischen Konstruktionen in einem sehr schönen Text skizziert („Propos d'Alain", in: *Nouvelle Revue Française* 1 (1920), S. 60), dem einige andere vorausgehen und folgen, die für unser Problem von großem Interesse sind. Die gleiche Idee wird mehrmals in *Système des Beaux-Arts* (Paris: Gallimard 1920), angesprochen: bezüglich der Herstellung der Violine (Bd. IV, 5), der Möbel (Bd. VI, 5), der Bauernhäuser (Bd. VI, 3; Bd. VI, 8).

[46] Oswald Spengler, *Der Mensch und die Technik* (München: Beck 1931), S. 1.

nach dem Berührungskontakt gibt. Doch während der Fortsatz der Amöbe ihre Beute stets demselben Verdauungsprozess zuführt, entstehen zwischen der zu behandelnden Materie und dem sie begreifenden technischen Denken für jede Situation besondere Stoßorgane."[47] Und die letzten Kapitel dieses Werks bilden das gegenwärtig fesselndste Beispiel für den Versuch, Biologie und Technologie systematisch und in der gebührenden Ausführlichkeit einander anzunähern. Ausgehend von dieser Perspektive kommt man für das Problem der Konstruktion der Maschinen zu einer ganz anderen Lösung als der traditionellen, die man mangels besserer Bezeichnung kartesianisch nennt und der zufolge die technische Erfindung in der Anwendung eines Wissens besteht.
Klassischerweise wird die Konstruktion der Lokomotive als ein „Wunder der Wissenschaft" präsentiert. Und dennoch ist die Konstruktion der Dampfmaschine unverständlich, wenn man nicht weiß, dass sie nicht die Anwendung vorausgegangener theoretischer Erkenntnisse, sondern die Lösung eines jahrtausendealten, im eigentlichen Sinne technischen Problems ist, des Problems der Trockenlegung von Bergwerken. Um zu verstehen, dass das wesentliche Organ in einer Lokomotive der Zylinder und der Kolben ist, muss man die natürliche Geschichte der Formen der Pumpe und die Existenz der Feuerpumpe kennen, bei der der Dampf zunächst nicht als Antrieb funktioniert hat, sondern dazu diente, durch Konden-

[47] André Leroi-Gourhan, *Milieu et techniques* (Paris: Albin Michel 1945), S. 499.

sation unter dem Kolben der Pumpe ein Vakuum zu erzeugen, das dem als Antrieb wirkenden Luftdruck erlaubte, den Kolben herunterzudrücken.[48]
In einem solchen Ideenkontext geht Leroi-Gourhan noch weiter, wenn er einen der Vorfahren (im biologischen Sinn des Wortes) der Lokomotive im Spinnrad sucht. „Aus Maschinen wie dem Spinnrad“, sagt er, „sind die Dampfmaschinen und die derzeitigen Motoren hervorgegangen. Um die Kreisbewegung sammelt sich all das, was der Erfindergeist unserer Zeit an Höchstentwickeltem in der Technik entdeckt hat, die Kurbel, die Pedale, der Treibriemen.“[49] Außerdem schreibt er: „Der wechselseitige Einfluss der Erfindungen ist nicht hinreichend entschlüsselt worden, und man ignoriert, dass wir ohne das Spinnrad keine Lokomotive gehabt hätten.“[50] Und weiter:

[48] Die Antriebsmaschine mit abwechselnder Doppelwirkung des Dampfes auf den Kolben wird 1784 von James Watt entwickelt. Die *Betrachtungen über die bewegende Kraft des Feuers* von Sadi Carnot sind von 1824, und bekanntlich blieb das Werk bis zur Mitte des 19. Jahrhunderts unbeachtet. Das Werk *Histoire des techniques* von Pierre Ducassé (Paris: Presses Universitaires de France 1945) hebt in diesem Zusmmenhang die zeitliche Vorgängigkeit der Technik vor der Theorie hervor.
Zur empirischen Aufeinanderfolge der verschiedenen Organe und verschiedenen Verwendungen der Dampfmaschine konsultiere man Arthur Vierendeel, *Esquisse d'une histoire de la technique* (Brüssel u.a.: Vroment 1921), der hauptsächlich das umfangreiche Werk von Robert Henry Thurston, *Die Dampfmaschine: Geschichte ihrer Entwickelung* [1878], übers. v. W. H. Uhland (Leipzig: Brockhaus 1880), zusammenfasst. Zur Geschichte der Arbeiten von Watt lese man das Kapitel „James Watt ou Ariel ingénieur“ in: Pierre Devaux, *Les Aventures de la science* (Paris: Gallimard 1943).

[49] Leroi-Gourhan, *Milieu et techniques*, a.a.O., S. 100.

[50] Ebd., S. 104. Desgleichen liest man in einem Artikel von André-Georges Haudricourt über die beseelten Antriebskräfte in der Landwirtschaft („Les moteurs animés en agriculture“, in: *Revue de Botanique appliquée et d'Agriculture tropicale* 20 (1940), S. 762): „Man darf nicht vergessen, dass wir die nicht beseelten Antriebskräfte der Bewässerung verdanken: das Schöpfrad steht am Ursprung der Wassermühle, so wie die Pumpe am Ursprung der Dampfmaschine steht.“ Diese ausge-

„Anfang des 19. Jahrhunderts gab es keine Formen, die materiell nutzbare Embryonen der Lokomotive, des Automobils und des Flugzeugs gewesen wären. Man entdeckt deren mechanische Prinzipien verstreut über zwanzig seit mehreren Jahrhunderten bekannte Anwendungen. Das ist das Phänomen, das die Erfindung erklärt, doch das Eigentliche der Erfindung besteht darin, sich gewissermaßen plötzlich zu materialisieren."[51] Man sieht, wie im Lichte dieser Anmerkungen Technik und Wissenschaft als zwei Tätigkeitstypen betrachtet werden müssen, von denen nicht der eine den anderen überlagert, sondern von denen jeder von dem anderen bald seine Lösungen, bald seine Probleme entlehnt. Es ist die Rationalisierung der Techniken, die den irrationalen Ursprung der Maschinen vergessen lässt, und es scheint, als müsse man sich in diesem Bereich wie in jedem anderen darauf verstehen, dem Irrationalen einen Platz einzuräumen, selbst und vor allem, wenn man den Rationalismus verteidigen will.[52]

zeichnete Studie stellt die Prinzipien einer Erklärung der Werkzeuge in einen Zusammenhang zum organisch Bequemen und zu den Gebrauchstraditionen.

51 Leroi-Gourhan, *Milieu et Techniques*, a.a.O., S. 106.

52 In *Die beiden Quellen der Moral und der Religion* sagt Bergson sehr ausdrücklich, dass der Geist der mechanischen Erfindung, obwohl durch die Wissenschaft genährt, von dieser unterschieden bleibe und sich zur Not von ihr trennen könnte. (Vgl. Henri Bergson, *Die beiden Quellen der Moral und der Religion*, übers. v. Eugen Lerch (Jena: Diederichs 1933), S. 303ff.) Bergson ist auch einer der wenigen französischen Philosophen, wenn nicht der einzige, der die mechanische Erfindung als eine biologische Funktion, einen Aspekt der Organisation der Materie durch das Leben betrachtet hat. Die *Schöpferische Entwicklung* ist in gewisser Hinsicht eine Abhandlung über allgemeine Organologie.
Über den Zusammenhang zwischen Erklären und Tun siehe auch Paul Valéry, *Der Mensch und die Muschel*, übers. v. Ernst Hardt, in: ders., *Werke*, Bd. IV (Frankfurt/M.: Insel 1989), S. 156–180; ders.: *Rede an die Chirurgen*, übers. v. Max Looser,

Dem ist hinzuzufügen, dass die Umkehrung des Verhältnisses zwischen Maschine und Organismus, die durch ein systematisches Verständnis der technischen Erfindungen als Verhaltensweisen des Lebendigen vollzogen wird, eine gewisse Bestätigung in der Haltung findet, die die allgemein verbreitete Verwendung der Maschinen nach und nach dem Menschen in den zeitgenössischen Industriegesellschaften aufgenötigt hat. Das bedeutende Werk von Georges Friedmann *Problèmes humains du machinisme industriel* zeigt die Etappen jener Reaktion auf, die den Organismus wieder auf den ersten Rang im Verhältnis zwischen der Maschine und dem menschlichen Organismus gebracht haben. Mit Taylor und den ersten Technikern der Rationalisierung der Bewegung von Arbeitern sehen wir den menschlichen Organismus sozusagen gleichgeschaltet mit dem Funktionieren der Maschine. Die Rationalisierung ist eigentlich eine Mechanisierung des Organismus, sofern sie auf die Abschaffung nutzloser Bewegungen abzielt, und zwar ausschließlich aus der Perspektive der Leistung, die als mathematische Funktion einer bestimmten Anzahl von Faktoren verstanden wird. Doch die Feststellung, dass die technisch überflüssigen Bewegungen biologisch notwendige Bewegungen sind, ist die erste Klippe gewesen, auf die diese ausschließlich technizistische Angleichung des menschlichen Orga-

ebd., S. 181–200, und *Eupalinos oder Der Architekt*, übers. v. Rainer Maria Rilke, in: ders., *Werke*, Bd. II (Frankfurt/M.: Insel 1990), S. 71ff.
Und schließlich lese man das bewundernswerte „Lob der Hand“, in: Henri Focillon, *Das Leben der Formen* [1934] (Bern: Francke 1954).

nismus an die Maschine gestoßen ist. Von hier ausgehend hat die systematische Untersuchung der physiologischen, der psychotechnischen und sogar der im allgemeinsten Sinn des Wortes psychologischen Bedingungen (da man letztlich mit der Berücksichtigung der Werte an den ursprünglichsten Kern der Persönlichkeit gelangt) zu einer Umkehrung geführt, die Friedmann dazu veranlasst, die gezielte Entwicklung einer Technik der Anpassung der Maschinen an den menschlichen Organismus als eine unausweichliche Revolution zu bezeichnen. Diese Technik erscheint ihm im Übrigen als die wissenschaftliche Wiederentdeckung von gänzlich empirischen Verfahren, mit denen die primitiven Völker stets versucht haben, ihre Werkzeuge den organischen Normen einer zugleich effektiven und biologisch ökonomischen Handlung anzupassen, das heißt einer Handlung, bei der der erreichte Mehrwert technischer Normen auf der Seite des arbeitenden Organismus liegt, der sich so spontan gegen jede ausschließliche Unterordnung des Biologischen unter das Mechanische wehrt.[53] Derart kann Friedmann ohne Ironie und Paradox davon sprechen, dass es legitim sei, die industrielle Entwicklung der westlichen Welt aus einer ethnographischen Perspektive zu betrachten.[54]

[53] Vgl. Georges Friedmann, *Der Mensch in der mechanisierten Produktion*, übers. v. Burkart Lutz u. Katharina Fuchs (Köln: Bund-Verlag 1952), S. 103 (Anm. 1).

[54] Vgl. ebd., S. 395.

Zusammenfassend kann man sagen: Wenn man die Technik als ein universales biologisches Phänomen[55] und nicht mehr nur als ein intellektuelles Unternehmen des Menschen betrachtet, folgt daraus, dass wir einerseits die schöpferische Autonomie der Künste und des Handwerks im Verhältnis zu jenem Wissen anerkennen müssen, das fähig ist, sich diese einzuverleiben oder sie zu belehren, um ihre Wirkungen zu intensivieren. Andererseits und als Folge hiervon können wir das Mechanische in das Organische einschreiben. Natürlich muss man sich dann nicht mehr fragen, in welchem Maße der Organismus als eine Maschine betrachtet werden kann oder muss, weder vom Standpunkt seiner Struktur noch von dem seiner Funktionen. Hingegen muss untersucht werden, aus welchen Gründen die umgekehrte, kartesianische

[55] Das ist eine Haltung, die den Biologen vertraut zu werden beginnt. Siehe insbesondere Lucien Cuénot, *Invention et finalité en biologie* (Paris: Flammarion 1941), Andrée Tétry, *Les outils chez les êtres vivants* (Paris: Gallimard 1948) und Albert Vandel, *L'homme et l'évolution* (Paris: Gallimard 1949). Siehe speziell in letzterem Werk die Betrachtungen zu Anpassung und Erfindung („Adaption et Invention", S. 120ff.). Die Rolle, die bei diesen Themen die Ideen von Teilhard de Chardin gleichsam als Triebmittel eingenommen haben, ist unverkennbar.

*Unter dem Namen *Bionics* bemüht sich eine neue, vor etwa zehn Jahren in den USA entstandene Disziplin eifrig um die Untersuchung der biologischen Systeme und Strukturen, die in der Technologie als Modelle oder Entsprechungen verwendet werden können, insbesondere seitens der Konstrukteure von Apparaten zur Ortung, zur Orientierung und zur Herstellung des Gleichgewichts, die für die Ausrüstung von Flugzeugen oder Raketen bestimmt sind. Die Bionik ist die – hochgelehrte – Kunst der Information, die bei der lebendigen Natur in die Lehre geht. Der Frosch mit seinem Auge, das unmittelbar nutzbare Informationen selektiert, die Klapperschlange mit ihrem Grubenorgan, das in der Nacht für die Temperatur des Bluts ihrer Beute empfindlich ist, die Stubenfliege, die ihren Flug mit zwei Schwingkölbchen ausbalanciert, sie alle haben einer neuen Art von Ingenieuren Modelle geliefert. In den USA existiert an mehreren Universitäten eine spezielle Lehre für Bio-Engineering, deren Gründungsherd das Massachusetts Institute of Technology (M.I.T.) gewesen zu sein scheint.

Meinung entstehen konnte. Wir haben versucht, dieses Problem zu erhellen. Wir haben vorgeschlagen, dass eine mechanistische Konzeption des Organismus allem Anschein zum Trotz nicht weniger anthropomorph ist als eine teleologische Konzeption der physischen Welt. Die Lösung, die wir zu begründen versucht haben, hat den Vorteil, den Menschen so beschrieben zu haben, dass er durch die Technik in Kontinuität mit dem Leben steht, bevor der Bruch in den Vordergrund tritt, für den der Mensch durch die Wissenschaft die Verantwortung trägt. Sie hat zweifelsohne den Nachteil, scheinbar die nostalgischen Plädoyers zu stärken, die etliche, hinsichtlich der Originalität ihrer Themen wenig anspruchsvolle Schriftsteller periodisch wiederkehrend gegen die Technik und ihren Fortschritt richten. Wir haben nicht vor, ihnen zu Hilfe zu eilen. Wenn sich das menschliche Lebewesen eine Technik mechanischen Typs gegeben hat, dann ist klar, dass dieses massive Phänomen eine Bedeutung hat, die nicht willkürlich ist und folglich auch nicht einfach auf Wunsch widerrufen werden kann. Doch das ist eine ganz andere Frage als die, die wir soeben untersucht haben. [56]

[56] Eine erste Übersetzung dieses Texts ist erschienen in: *Daten. Nach Feierabend*, Zürcher Jahrbuch für Wissensgeschichte 3, übers. v. Lea Haller (Zürich: Diaphanes 2007). [A.d.Ü.]

DAS LEBENDIGE UND SEIN MILIEU

Der Begriff des Milieus ist auf dem Weg, zu einem universalen und notwendigen Modus der Erfassung von Erfahrung und Existenz der Lebewesen zu werden. Fast könnte man sagen, dass er sich als eine Kategorie des zeitgenössischen Denkens konstituiert. Doch bisher sind – ob in der Geographie, der Biologie, der Psychologie, der Technologie, der Wirtschafts- oder der Sozialgeschichte – die historischen Etappen der Herausbildung des Begriffs und die verschiedenen Formen seiner Verwendung sowie die aufeinanderfolgenden Umkehrungen des Verhältnisses, dessen eine Seite er ist, nur schwerlich als eine synthetische Einheit zu erkennen. Darum muss die Philosophie hier die Initiative zu einer synoptischen Untersuchung von Sinn und Wert des Begriffs ergreifen – und unter Initiative verstehen wir nicht nur den Anschein einer Initiative, der sich in Wirklichkeit darauf beschränkte, die Abfolge der wissenschaftlichen Untersuchungen heranzuziehen, um die jeweiligen Fortschritte und Ergebnisse einander gegenüberzustellen; vielmehr geht es darum, durch eine kritische Gegenüberstellung mehrerer Ansätze ihren gemeinsamen Ausgangspunkt wiederaufzudecken und ihre Fruchtbarkeit für eine Naturphilosophie zu untersuchen, die sich um das Problem der Individualität zentriert hat. Entsprechend sollen also die simultanen und aufeinanderfolgenden Komponenten des Milieubegriffs, seine verschiedenen Verwendungen von 1800 bis heute, die verschiedenen Umkehrungen des Verhältnisses zwischen Organismus und Milieu und schließlich die allgemeine philosophische Tragweite dieser Umkehrungen untersucht werden. Historisch betrachtet werden der Begriff und der Ausdruck „Milieu“ in der zweiten Hälfte des 18. Jahrhunderts aus der Mechanik in die Biologie eingeführt. Mit Newton tritt der mechanische Begriff, jedoch nicht der Ausdruck auf. Dieser findet sich, mit einer mechanischen Bedeutung, im Artikel „Milieu“ der *Encyclopédie* von d'Alembert und Diderot. Die Bezeichnung „Milieu“ wird von Jean Baptiste de Lamarck, der sich dabei von Buffon inspirieren lässt, in die Biologie eingeführt, jedoch verwendet er sie immer nur im Plural. Henri De Blainville sanktioniert diesen Gebrauch. Étienne Geoffroy Saint-Hilaire um 1831 und Auguste Comte um 1838 verwenden den Ausdruck als abstrakten Terminus im Singular. Honoré de Balzac verschafft ihm 1842 im Vorwort zur *Menschlichen Komödie* ein Daseinsrecht in der Literatur, und Hippolyte Taine ist es, der ihn zu einem der drei Prinzipien der analytischen Erklärung der Geschichte erhebt, die außerdem bekanntlich die Rasse und den Moment umfassen. Die französischen neolamarckistischen Biologen nach 1870 – Alfred Giard, Félix Le Dantec, Frédéric Houssay, Johann Costantin, Gaston Bonnier und Louis Roule – übernehmen diesen Begriff eher von Taine als von Lamarck. Wenn man so will, haben sie die Idee von Lamarck, doch die universale, abstrakte Bezeichnung wurde ihnen durch Taine vermittelt.

Die französischen Mechanisten des 18. Jahrhunderts haben Milieu das genannt, was Newton unter Fluidum verstand und dessen Typus, wenn nicht sogar dessen Archetypus, in der Newton'schen Physik der Äther ist. Zu Newtons Zeiten bestand das Problem der Mechanik in der Fernwirkung getrennter physischer Körper. Das war das grundlegende Problem der Physik der zentripetalen Kräfte. Dieses Problem stellte sich für Descartes dagegen nicht. Für ihn gibt es nur eine einzige physikalische Wirkungsweise, den Schock oder Zusammenstoß, in einer einzigen physikalischen Situation, dem Kontakt. Und deshalb können wir sagen, dass der Milieubegriff in der kartesianischen Physik keinen Platz hat. Die „subtile Materie" ist in keiner Weise ein Milieu. Doch war es schwierig, die kartesianische Theorie des Zusammenstoßes und der Wirkungsübertragung durch Kontakt auf punktuelle physikalische Individuen auszudehnen, da in diesem Fall diese nicht aufeinander einwirken können, ohne dass sich deren jeweilige Wirkung vermischte. Infolgedessen begreift man, wie Newton dazu kam, das Problem des Wirkungsträgers zu stellen. Der Lichtäther ist für ihn jenes Fluidum, das als Träger von Fernwirkung funktioniert. Daraus erklärt sich der Übergang vom Begriff des Träger-Fluidums zu seiner Bezeichnung als Milieu. Das Fluidum ist der Vermittler zwischen zwei Körpern, es ist ihre Mitte [*milieu*]; und da es all diese Körper durchdringt, befinden sie sich inmitten [*au milieu de*] des Fluidums. Newton und der Physik der zentripetalen Kräfte zufolge kann man von einer Umgebung [*environnement*] oder einem

Milieu sprechen, gerade weil es Kraftzentren gibt. Der Milieubegriff ist ein wesentlich relativer Begriff. Wenn man den Körper, auf den sich die durch das Milieu übertragene Handlung auswirkt, getrennt betrachtet, so vergisst man, dass das Milieu ein *Zwischen-zwei-Zentren* ist, und behält nur seine zentripetale Übertragungsfunktion und seine Bedeutung als Umgebung zurück. In dieser Weise tendiert das Milieu dazu, seinen relativen Sinn zu verlieren und den absoluten Charakter einer an sich seienden Realität anzunehmen. Newton ist womöglich verantwortlich für die Einführung des Begriffs aus der Physik in die Biologie. Der Äther diente nicht nur dazu, das Problem der Lichtübertragung zu lösen, sondern auch dazu, das physiologische Phänomen des Sehens und letztlich die physiologischen Effekte der Lichtempfindung, das heißt die Muskelreaktionen, zu erklären. In seiner *Optik* versteht Newton den Äther als etwas, das fortlaufend in der Luft, im Auge, in den Nerven und selbst in den Muskeln präsent ist. Die Abhängigkeitsbeziehung zwischen dem Aufleuchten der wahrgenommenen Lichtquelle und der Muskelbewegung, durch die der Mensch auf diese Empfindung reagiert, wird also durch das Einwirken des Milieus gewährleistet. Dies ist, wie es scheint, das erste Beispiel für die Erklärung einer organischen Reaktion durch das Einwirken eines Milieus, das heißt durch ein Fluidum, das streng nach Maßgabe physikalischer Eigenschaften definiert ist.[1] Der bereits

1 Zu all diesen Punkten vgl. Léon Bloch, *Les Origines de la théorie de l'éther et la physique de Newton* (Paris: Alcan 1908).

zitierte Artikel aus der *Encyclopédie* bekräftigt diese Sichtweise. Alle Beispiele für Milieus in diesem Artikel sind der Physik Newtons entlehnt. Und vom Wasser wird in einem rein mechanischen Sinn behauptet, dass es ein Milieu für die Fische ist, die sich darin fortbewegen. Auch Lamarck versteht das Milieu zunächst in diesem mechanischen Sinn.

Lamarck spricht von den Milieus stets im Plural und er versteht darunter ausdrücklich Fluida wie das Wasser, die Luft und das Licht. Wenn Lamarck die Gesamtheit der Wirkungen bezeichnen will, die von außen auf das Lebendige einwirken, also das, was wir heute Milieu nennen, sagt er niemals Milieu, sondern immer „einwirkende Umstände" [„*circonstances influentes*"]. Folglich gehören die ‚Umstände' für Lamarck zu einer Gattung, deren Arten das Klima, der Ort und das Milieu sind. Und eben deshalb konnte Léon Brunschvicg in *Les étapes de la philosophie mathématique* schreiben, dass Lamarck von Newton das physikalisch-mathematische Modell zur Erklärung des Lebendigen durch ein System von Verbindungen mit seiner Umwelt übernimmt.[2] Die Beziehungen von Lamarck zu Newton sind auf intellektueller Ebene direkt und auf historischer Ebene indirekt. Lamarck ist mit Newton durch Buffon verbunden. Man braucht sich nur daran zu erinnern, dass Lamarck Buffons Schüler und der Hauslehrer seines Sohnes war.

[2] Vgl. Léon Brunschvicg, *Les Étapes de la philosophie mathématique* (Paris: Alcan 1912), S. 508.

Tatsächlich führt Buffon in seinem Verständnis der Beziehungen zwischen Organismus und Milieu zwei Einflüsse zusammen. Der erste Einfluss stammt aus der Kosmologie Newtons, dessen steter Bewunderer Buffon war.[3] Der zweite Einfluss stammt aus der Tradition der Anthropogeographen, die in Frankreich vor ihm und in der Nachfolge Jean Bodins, Niccoló Machiavellis und John Arbuthnots durch Montesquieu lebendig gehalten wurde.[4] Hippokrates' Abhandlung über *Luft, Wasser und Ortslage* kann als erstes Werk angesehen werden, das der anthropogeographischen Sichtweise eine philosophische Form gegeben hat.[5] Dies sind nun die beiden Komponenten, die Buffon in seinen Prinzipien der Tierethologie vereint, insofern die Sitten der Tiere distinktive und spezifische Merkmale sind und durch dieselbe Methode erklärt werden können, die den Geographen dazu gedient hatte, die Vielfalt der Menschen, der Rassen und der Völker auf der Erde zu erklären.[6]
Als Lehrer und Vorläufer von Lamarcks Milieutheorie scheint uns also Buffon am Konvergenzpunkt der beiden Komponenten der Theorie zu stehen: der mechanischen und der anthropogeographischen. An

3 Vgl. „Die Zelltheorie", S. 75ff. in diesem Band.

4 Vgl. die Bücher XIV bis XIX zum Verhältnis zwischen Gesetzen und Klima in Charles-Louis de Montesquieu, *Vom Geist der Gesetze*, Bd. 2, übers. u. hg. v. Ernst Forsthoff (Tübingen: Mohr 1992).

5 Unter dem Titel *Über die Umwelt* gibt es eine neuere Übersetzung von Hans Diller, Berlin: Akademie 1970 [A.d.Ü.].

6 Das Kapitel über die Degeneration der Tiere untersucht die Wirkung des Habitats und der Nahrung auf den Tierorganismus (vgl. Georges-Louis Leclerc de Buffon, „De la dégénération des Animaux", in: ders., *Histoire naturelle, générale et particulière, avec la description du Cabinet du Roy*, Bd. XIV (Paris: Imprimerie Royale 1766), S. 311–75).

dieser Stelle ergibt sich ein epistemologisches Problem sowie ein Problem der historischen Erkenntnispsychologie, dessen Tragweite bei weitem über das Beispiel hinausreicht, aufgrund dessen es sich stellt: Muss die Tatsache, dass sich zwei oder mehrere Leitideen zu einem gegebenen Moment in ein und derselben Theorie zusammenfügen, nicht als Zeichen dafür interpretiert werden, dass sie, so verschieden sie auch im Moment der Analyse erscheinen mögen, am Ende der Analyse einen gemeinsamen Ursprung haben, dessen Sinn und oft sogar dessen Existenz vergessen wird, wenn man die einzelnen Teile der Theorie getrennt betrachtet? Auf dieses Problem werden wir abschließend wieder zurückkommen.

Die Newton'schen Ursprünge des Milieubegriffs genügen also, um die anfängliche mechanische Bedeutung dieses Begriffs und seine ursprüngliche Verwendungsweise zu klären. Der Ursprung bestimmt den Sinn, und der Sinn bestimmt den Gebrauch. Das ist so wahr, dass Comte, als er um 1838 in der 40. Vorlesung seines *Cours de Philosophie positive* eine allgemeine biologische Theorie des Milieus vorstellt, das Gefühl hat, „Milieu" als einen Neologismus zu verwenden. Er beansprucht, das Milieu zum universalen und abstrakten Erklärungsbegriff in der Biologie erhoben zu haben. Und so schreibt Comte, dass er fortan unter „Milieu" nicht mehr nur „das Fluidum, in das ein Körper getaucht ist" versteht (was die mechanischen Ursprünge des Begriffs deutlich bestätigt), sondern „die Gesamtheit der zur Existenz eines jeden Organismus notwendigen äußeren Umstände".

Aber man sieht auch, dass bei Comte, der ein vollkommen klares Verständnis von den Ursprüngen des Milieubegriffs und von der Reichweite hat, die er ihm in der Biologie einräumen will, die Verwendung vom mechanischen Ursprung des Begriffs, wenn nicht sogar des Ausdrucks, beherrscht bleiben wird. Tatsächlich ist es sehr interessant festzustellen, dass Comte hier dabei ist, eine dialektische Konzeption der Beziehungen zwischen Organismus und Milieu herauszubilden. Es lassen sich Passagen anführen, in denen Comte das Verhältnis des „angepassten Organismus“ und des „günstigen Milieus“ als einen „Kräftekonflikt“ definiert, dessen Wirkung funktional bestimmt ist. Er führt aus, dass „das umgebende System den Organismus nicht zu modifizieren vermöchte, wenn dieser nicht seinerseits einen entsprechenden Einfluss auf das System ausübte“. Doch außer im Fall der menschlichen Gattung glaubt Comte, dass diese Einwirkung des Organismus auf das Milieu zu vernachlässigen sei. Der menschlichen Gattung gesteht Comte getreu seiner philosophischen Auffassung der Geschichte zu, dass sie durch kollektives Handeln ihr Milieu verändert. Doch für das Lebendige im Allgemeinen lehnt er es ab, diese Rückwirkung des Organismus auf das Milieu zu berücksichtigen, weil er sie schlichtweg als unerheblich einschätzt. Das liegt daran, dass er ausdrücklich im Newton'schen Prinzip von Aktion und Reaktion eine Gewähr für diese dialektische Verbindung, für dieses wechselseitige Verhältnis zwischen Milieu und Organismus sucht. Es ist in der Tat augenscheinlich, dass aus mechanischer

Sicht die Einwirkung des Lebendigen auf das Milieu praktisch zu vernachlässigen ist. Und letzten Endes formuliert Comte das biologische Problem des Zusammenhangs von Organismus und Milieu als mathematisches Problem: „Gegeben ist ein Organ in einem gegebenen Milieu, für das die Funktion zu finden ist und umgekehrt." Der Zusammenhang zwischen Organismus und Milieu ist also der Zusammenhang zwischen einer Funktion und einer Anzahl von Variablen, eine Gleichheitsbeziehung, die es erlaubt, die Funktion durch die Variablen und die Variablen ausgehend von der Funktion zu bestimmen, und zwar „bei ansonsten gleichbleibenden Bedingungen".[7]

Die Analyse der Variablen, als deren Funktion sich das Milieu erweist, wird von Comte in der 43. Vorlesung des *Cours de Philosophie positive* vorgenommen. Diese Variablen sind Gewicht, Luft- und Wasserdruck, Bewegung, Wärme, Elektrizität, chemische Stoffe, also alles Faktoren, die experimentell untersucht und durch Messung quantifiziert werden können. Die Qualität des Organismus wird auf ein Ensemble von Quantitäten reduziert, ganz gleich, welches Misstrauen Comte sonst gegenüber der mathematischen Behandlung der biologischen Probleme auch bekunden mag – ein Misstrauen, das er bekanntlich von Xavier Bichat geerbt hat.

[7] Auch Edward C. Tolman begreift in seiner behavioristischen Psychologie die Beziehungen von Organismus und Milieu in Form eines Verhältnisses von Funktion und Variable. Vgl. André Tilquin, *Le Behaviorisme* (Paris: Vrin 1942), S. 439.

Zusammenfassend lässt sich sagen, dass das Verdienst sogar einer bloß summarischen Geschichte der Einführung des Milieubegriffs in die Biologie in den ersten Jahren des 19. Jahrhunderts darin liegt, die ursprünglich strikt mechanistische Bedeutung dieses Begriffs zu belegen. Immer wenn bei Comte der Verdacht einer genuin biologischen Bedeutung und eines flexibleren Gebrauchs auftritt, weicht er doch augenblicklich vor dem Prestige der Mechanik zurück, jener exakten Wissenschaft, bei der die Prognose auf die Berechnung gegründet ist. Die Milieutheorie erscheint Comte unmissverständlich als eine Variante des fundamentalen Vorhabens, um dessen Umsetzung sein *Cours de Philosophie positive* bemüht ist: erst die Welt, dann der Mensch; von der Welt zum Menschen übergehen. Wenn Comte hier die Idee einer Unterordnung des Mechanischen unter das Vitale vorausahnt, wie er sie später in Form von Mythen in *Le système de philosophie positive* und *La synthèse subjective* formulieren wird, so verdrängt er sie dennoch mit Absicht.

Aus der absoluten und unbestimmten Verwendung des Milieubegriffs, so wie sie durch Comte geprägt wurde, ist jedoch noch eine weitere Lehre zu ziehen. Das Äquivalent zu dem, was dieser Begriff fortan bezeichnen wird, waren bei Lamarck die Umstände [*circonstances*]; Étienne Geoffroy Saint-Hilaire sprach 1831 in seiner an die *Académie des Sciences* gerichteten Denkschrift vom umgebenden Milieu [*milieu ambiant*]. Die Begriffe „Umstände" und „Umgebung" verweisen auf die Intuition eines zentrierten Gebildes. Mit dem Erfolg des Milieubegriffs gewinnt die Darstellung der kontinuierlichen und homogenen, unendlich ausdehnbaren Gerade oder Ebene, die weder eine bestimmte Gestalt noch eine privilegierte Position hat, die Oberhand über die Darstellung der Kugel oder des Kreises, das heißt über jene Formen, die weiterhin qualitativ definiert und, wenn man so sagen darf, an ein festes Bezugszentrum gebunden sind. Die Umstände und die Umgebung bewahren noch einen symbolischen Wert, während das Milieu aufhört, auf eine andere Beziehung zu verweisen als auf die einer durch Äußerlichkeit endlos verneinten Position. Das Jetzt verweist auf das Vorausgegangene, das Hier verweist auf das Jenseits, und so ununterbrochen immer fort. Das Milieu ist ein reines Beziehungssystem [*système de rapports*] ohne jegliche Verankerung [*supports*].

Von daher wird das Ansehen des Milieubegriffs im analytischen wissenschaftlichen Denken verständlich. Das Milieu wird zu einem universellen Instrument für die Auflösung organischer Synthesen, die sich in der Anonymität der universellen Elemente und Bewegungen individualisiert haben. Wenn die französischen Neolamarckisten bei Lamarck den ins Singular und absolut gesetzten Milieubegriff oder zumindest dessen Idee entlehnen, behalten sie von den morphologischen Merkmalen und den Funktionen des Lebendigen nur deren Formierung durch äußere Konditionierung und, wenn man so will, durch Verformung. Es genügt, an J. Costantins Experimente am Blatt des Pfeilkrauts und an Frédéric Houssays Experimente zu Form, Flossen und Metamerismus der Fische zu erinnern. Louis Roule kann in einem kleinen Büchlein, *La Vie des rivières*, Folgendes schreiben: „Die Fische führen ihr Leben nicht selbst, es ist der Fluss, der es sie führen lässt; sie sind Personen ohne Persönlichkeit.“[8] Hier haben wir ein Beispiel dafür, wohin ein strikt mechanistischer Gebrauch des Milieubegriffs führen muss.[9] Wir sind hier zur These der Tier-Maschinen zurückgekehrt. Im Grunde genommen sagte Descartes nichts anderes, als er Folgendes über die Tiere äußerte: „Es ist die Natur, die in ihnen je nach der Disposition ihrer Organe wirkt“.[10]

Seit 1859, das heißt seit der Veröffentlichung von Darwins *Entstehung der Arten*, wird das Problem der Beziehungen zwischen Organismus und Milieu von der Polemik zwischen Lamarckisten und Darwinisten beherrscht. Es sollen kurz die Ausgangspositionen in Erinnerung gerufen werden, um den Sinn und die Bedeutung dieser Polemik zu verstehen.
Lamarck schreibt in der *Philosophie zoologique* (1809), dass man, wenn man die Wirkung der Umstände oder der Milieus als ein direktes Einwirken des äußeren

[8] Louis Roule, *La Vie des rivières* (Paris: Stock 1930), S. 61.

[9] Eine treffliche Zusammenfassung der These findet man in Frédéric Houssay, *Force et Cause* (Paris: Flammarion 1920). Er spricht von „bestimmten Arten von Einheiten, die wir Lebewesen nennen, denen wir jeweils Namen geben, als ob sie wirklich eine eigene, unabhängige Existenz hätten, während sie doch keinerlei isolierte Realität besitzen und überhaupt nicht sein können, außer in absoluter und permanenter Verbindung mit dem umgebenden Milieu, von dem sie eine einfache lokale und momentane Konzentration sind“ (S. 47).

[10] René Descartes, *Discours de la méthode* [Frz.-Dt.], 5. Teil, § 11, übers. v. Lüder Gäbe (Hamburg: Meiner 1997) S. 97. [Übers. leicht verändert – A.d.Ü.]

Milieus auf das Lebendige verstehe, ihm damit Worte in den Mund lege, die er nicht habe sagen wollen.[11] Das Milieu beherrscht und steuert die Evolution der Lebewesen vermittels des Bedürfnisses, eines subjektiven Begriffs also, der den Bezug zu einem positiven Pol der vitalen Werte impliziert. Die Veränderungen in den Umständen ziehen Veränderungen in den Bedürfnissen nach sich, die wiederum Veränderungen im Verhalten nach sich ziehen. Sofern dieses Verhalten dauerhaft ist, wird es durch den Gebrauch und Nichtgebrauch bestimmter Organe weiter entwickelt oder geschwächt. Diese durch die individuelle Gewohnheit erlangten morphologischen Gewinne oder Verluste werden durch den Vererbungsmechanismus bewahrt, wenn das neue morphologische Merkmal den beiden sich fortpflanzenden Individuen gemeinsam ist.

Nach Lamarck ist die Situation des Lebewesens im Milieu trostlos und öde. Das Leben und das Milieu, das das Leben ignoriert, sind zwei asynchrone Ereignisreihen. Die Veränderung der Umstände bildet zwar den Anlass, aber im Grunde ist es das Lebewesen selbst, welches das Bestreben aufbringen muss, dafür zu sorgen, dass es von seinem Milieu nicht im Stich gelassen wird. Die Anpassung ist eine immer wieder erneuerte Anstrengung des Lebens, an einem gleichgültigen Milieu „haften zu bleiben". Als Ergeb-

11 Es geht vor allem um die Tiere. Bezüglich der Pflanzen ist Lamarck zurückhaltender. Vgl. Jean-Baptiste de Lamarck, *Zoologische Philosophie*, Teil 1, übers. v. Arnold Lang, bearb. v. Susi Koref-Santibañez (Leipzig: Akademische Verlagsgesellschaft Geest und Portig 1990), S. 178.

nis einer Anstrengung ist die Anpassung also keine Harmonie, sie ist keine Vorsehung. Sie wird erlangt, ohne jemals garantiert zu sein. Der Lamarckismus ist kein Mechanismus; zu sagen, er sei ein Finalismus, wäre ungenau. In Wahrheit ist er nackter Vitalismus. Es gibt eine Originalität des Lebens, der vom Milieu nicht Rechnung getragen, die von ihm ignoriert wird. Das Milieu ist hier im wahrsten Sinne des Wortes äußerlich, es bleibt dem Leben fremd, es tut nichts für das Leben. Dies ist tatsächlich ein Vitalismus, denn wir haben es mit einem Dualismus zu tun. Bichat zufolge ist das Leben die Gesamtheit der Funktionen, die dem Tod widerstehen. Nach Lamarcks Auffassung widersteht das Leben nur, indem es sich verformt, um sich selbst zu überleben. Unserer Kenntnis nach übertrifft kein Porträt Lamarcks, keine Zusammenfassung seiner Lehre diejenige, die Sainte-Beuve in seinem Roman *Volupté* geliefert hat.[12] Man sieht, wie weit der

[12] „Mehrmals wöchentlich besuchte ich den Naturgeschichtskurs des Herrn von Lamarck im *Jardin des Plantes* [...]. Damals war Herr von Lamarck gleichsam der letzte Repräsentant jener großen Schule von Physikern und allgemeinen Naturforschern, die seit Thales und Demokrit bis hin zu Buffon geherrscht hatten [...]. Seine Auffassung der Dinge war geprägt von großer Einfachheit, Nüchternheit und großer Traurigkeit. Er entwarf die Welt mit den denkbar wenigsten Elementen, wenigsten Krisen und der denkbar längsten Dauer [...]. Das Universum war für ihn eine lang währende, blinde Geduld [...]. Nachdem er in der organischen Ordnung einmal jene mysteriöse Macht des Lebens zugelassen hatte, so klein und elementar wie möglich, nahm er ebenso an, dass sie sich selbst entwickle und sich mit der Zeit selbst herstelle; das stumme Bedürfnis und die bloße Gewohnheit in den unterschiedlichen Milieus ließen auf Dauer die Organe entstehen, entgegen der beständigen Macht der Natur, die sie zerstörte, denn Herr von Lamarck unterschied das Leben von der Natur. In seinen Augen war die Natur der Stein und die Asche, der Granit des Grabes, der Tod. Das Leben trat hier nur als seltsamer und ungemein umtriebiger Zufall auf, als ein lang anhaltender, hier und dort mit mehr oder weniger Erfolg oder Gleichgewicht, letztlich jedoch stets verlorener Kampf; vorher wie nachher herrschte die kalte

Lamarck'sche Vitalismus vom Mechanismus der französischen Neolamarckisten entfernt ist. Der amerikanische Neolamarckist Edward Drinker Cope hingegen war dem Geist der Lehre treuer.
Darwin macht sich eine ganz andere Vorstellung von der Umwelt des Lebendigen und von der Entstehung neuer Formen. In der Einführung zur *Entstehung der Arten* schreibt er: „Die Naturforscher verweisen beständig auf die äusseren Bedingungen, wie Clima, Nahrung u.s.w., als die einzigen möglichen Ursachen ihrer Abänderung. In einem sehr beschränkten Sinne mag dies, wie wir später sehen werden, wahr sein."[13] Es scheint so, als habe Darwin später bedauert, dem direkten Einwirken der physikalischen Kräfte auf das Lebendige nur eine zweitrangige Rolle zugeschrieben zu haben. Dies geht aus seinem Briefwechsel hervor. Marcel Prenant hat hierzu in seiner Einführung zu ausgewählten Texten Darwins eine Anzahl besonders interessanter Passagen veröffentlicht.[14] Darwin sucht das Auftreten neuer Formen in der Verbindung von zwei Mechanismen: einem Mechanismus zur Erzeugung der Unterschiede, die Variation, und einem Mechanismus zur Verringerung und kritischen Infragestellung der erzeugten Unterschiede, der Kampf ums Dasein und die natürliche Auslese. Die grundlegende biologische Beziehung ist in den Augen Dar-

Reglosigkeit." (Charles Augustin Sainte-Beuve, *Volupté* (Brüssel: L. Hauman et Cie 1835).)

[13] Charles Darwin, *Die Entstehung der Arten* [1859], „Einleitung", in: ders., *Gesammelte Werke*, Bd. II, übers. v. J. Victor Carus (Stuttgart: Schweizerbart'sche Verlagshandlung 1899). [Übers. leicht verändert – A.d.Ü.]

[14] Marcel Prenant, *Darwin* (Paris: Editions sociales internationales 1938), S. 145–149.

wins eine Beziehung eines Lebewesens zu anderen Lebewesen; sie hat Vorrang vor der Beziehung zwischen dem Lebewesen und dem Milieu, das als Gesamtheit physikalischer Kräfte verstanden wird. Das erste Milieu, in dem ein Organismus lebt, ist eine Umgebung von Lebewesen, die für ihn Gegner oder Verbündete, Beutetiere oder natürliche Feinde sind. Zwischen den Lebewesen entstehen Beziehungen, die Nutzen oder Zerstörung bringen oder zur Verteidigung dienen. In diesem Kräftewettbewerb können zufällige Variationen morphologischer Art als Vor- oder Nachteile auftreten. Nun untersteht die Variation, das heißt das Erscheinen kleiner morphologischer Differenzen, durch die ein Nachkomme nicht genau seinen Vorfahren gleicht, einem komplexen Mechanismus: Gebrauch oder Nichtgebrauch der Organe (dieser Lamarck'sche Faktor trifft nur auf ausgewachsene Lebewesen zu), Korrelationen und Ausgleichungen beim Wachstum (bei nicht ausgewachsenen Lebewesen) oder das direkte Einwirken des Milieus (bei Keimen).

In diesem Sinn kann man also sagen, dass für Darwin im Gegensatz zu Lamarck die Variation in ganz seltenen Fällen vom Milieu verursacht ist. Je nachdem, ob man diesem Einwirken des Milieus einen hohen oder einen niedrigen Stellenwert einräumt, und je nachdem, ob man sich an Darwins klassische Werke hält oder im Gegenteil an die Gesamtheit seines Denkens, wie sein Briefwechsel es erkennen lässt, bekommt man von Darwin eine etwas andere Vorstellung. In jedem Fall heißt Leben für Darwin, einen individuellen Unterschied dem Urteil der Gesamtheit der Lebewesen zu unterwerfen. Dieses Urteil kann nur zwei Folgen haben: den Tod oder die zeitlich begrenzte Aufnahme als Mitglied der Jury. Solange man lebt, ist man immer Richter und Gerichteter. Folglich sieht man, dass der Faden, der die Formierung der Lebewesen an das physikalisch-chemische Milieu bindet, in Darwins überliefertem Werk eher als schwach erscheint. Und die Rolle des Milieus wird weiter eingeschränkt werden, sobald eine neue Erklärung der Evolution der Arten, die Mutationstheorie, in der Genetik die Erklärung für das Auftreten spezifischer, sofort vererbbarer Variationen (die Darwin zwar kannte, aber unterschätzte) finden wird. Damit wird die Rolle des Milieus darauf reduziert, das Schlechte zu eliminieren, ohne Anteil an der Erzeugung neuer Wesen zu haben, die durch nicht vorsätzliche Anpassung an neue Existenzbedingungen normalisiert werden: Die Monstrosität wird so zur Regel und die Originalität zu einer provisorischen Banalität.

Es ist aufschlussreich zu sehen, dass in der Polemik zwischen Lamarckisten und Darwinisten die Argumente und Einwände einen doppelten Sinn haben und von zwei Seiten zu betrachten sind: Einmal verwerfen die einen den Finalismus und preisen den Mechanismus, und einmal tun es die anderen. Das ist zweifelsohne ein Zeichen dafür, dass die Frage schlecht gestellt ist. Bei Darwin kann man sagen, dass der Finalismus in den Worten (man hat ihm zur Genüge den Ausdruck der Selektion vorgeworfen) und nicht in den Dingen liegt. Bei Lamarck gibt es weniger Finalismus als Vitalismus. Beide sind genuine Biologen, denen das Leben als Gegebenheit erscheint, die sie zu charakterisieren versuchen, ohne sich zu sehr darum zu kümmern, es analytisch zu untersuchen. Sie ergänzen einander. Lamarck denkt das Leben unter dem Aspekt der Dauer, Darwin eher unter dem Aspekt der wechselseitigen Abhängigkeit; eine lebendige Form setzt eine Vielheit anderer Formen voraus, mit denen sie in Beziehung steht. Die synoptische Sichtweise, die Darwins Genie wesentlich charakterisiert, fehlt Lamarck. Darwin ist eher mit den Geographen verwandt, und man weiß, wie viel er seinen Reisen und Erkundungen verdankt. Das Milieu, in dem sich Darwin das Leben eines Lebewesens vergegenwärtigt, ist ein biogeographisches Milieu.

Zu Beginn des 19. Jahrhunderts fassen zwei Namen das Aufkommen der Geographie als einer sich ihrer Methode und Würde bewussten Wissenschaft zusammen: Carl Ritter und Alexander von Humboldt.
Ritter hat 1817 seine *Allgemeine vergleichende Geographie, oder Die Erdkunde im Verhältnis zur Natur und zur Geschichte des Menschen* veröffentlicht. Humboldt hat von 1845 an über ungefähr zehn Jahre an der Veröffentlichung eines Buches gearbeitet, dessen Titel, *Kosmos*, genau seinen Geist wiedergibt. In diesen beiden Werken vereinen sich die Traditionen der griechischen Geographie, das heißt der Wissenschaft der menschlichen Ökumene seit Aristoteles und Strabon, auf der einen Seite und die Wissenschaft von der

Koordinierung des menschlichen Raumes in Beziehung zu den Konstellationen und Himmelsbewegungen, also die mathematische Geographie, auf der anderen Seite, als deren Gründer Eratosthenes, Hipparch und Ptolemäus angesehen werden.

Nach Ritter ist die menschliche Geschichte ohne die Bindung des Menschen an den Boden, und zwar den Boden in seiner Gänze, unverständlich. In ihrer Gesamtheit betrachtet, ist die Erde der Träger der Wechselfälle der Geschichte. Der irdische Raum und seine Beschaffenheit sind folglich nicht nur geometrisches, nicht nur geologisches, sondern auch soziologisches und biologisches Erkenntnisobjekt.

Humboldt ist ein reisender Naturforscher, der mehrere Male die damals bekannte Welt bereist hat und bei seinen Untersuchungen ein ganzes System von Luftdruck-, Temperatur- und anderen Messungen anwendete. Humboldts Interesse richtete sich vor allem auf die Verbreitung der Pflanzen nach Maßgabe der Klimate: Er ist der Begründer der botanischen und der zoologischen Geographie. Der *Kosmos* ist eine Synthese der Erkenntnisse über das Leben auf der Erde und die Beziehungen des Lebens zum physischen Milieu. Diese Synthese versteht sich nicht als enzyklopädisch, sondern will zu einer intuitiven Erkenntnis des Universums gelangen. Sie beginnt mit einer Geschichte der *Weltanschauung**, einer Geschichte des Kosmos, für die man in einem philosophischen Werk kaum eine Entsprechung finden wird. Man hat es hier mit einer kritischen Bestandsaufnahme zu tun, die ausgesprochen bemerkenswert ist.

Es ist wesentlich festzuhalten, dass Ritter und Humboldt die Kategorie der Totalität auf ihren Gegenstand anwenden, das heißt auf die Zusammenhänge von historischem Menschen und Milieu. Ihr Untersuchungsgegenstand ist die gesamte Menschheit auf der ganzen Erde. Mit Ritter und Humboldt setzt sich in der Geographie die Idee einer Bestimmung der historischen Zusammenhänge durch geographische Elemente durch. Diese Idee führt in Deutschland zunächst zu Ratzel und zur Anthropogeographie, dann zur Geopolitik, und von dort dringt sie seit Michelet und seinem *Tableau de la France* in die Geschichte ein.[15] Und schließlich wird, wie wir bereits erwähnt haben, Taine dazu beitragen, diese Idee in allen Milieus, einschließlich des literarischen, zu verbreiten. Um den Geist dieser Theorie der Zusammenhänge von geographischem Milieu und Mensch zusammenzufassen, lässt sich sagen, dass Geschichte machen darin besteht, eine Karte zu lesen, wobei unter Karte die bildliche Darstellung eines Ensembles von metrischen, geodätischen, geologischen, klimatologischen sowie von deskriptiven biogeographischen Gegebenheiten verstanden wird.

Die immer deterministischere oder, je weiter man sich vom Geist ihrer Gründer entfernt, immer mechanistischere Behandlung der anthropologischen oder humanethologischen Probleme geht mit einer parallelen, wenn nicht sogar synchronen Behandlung der

[15] In Lucien Febvre, *La Terre et l'évolution humaine: introduction géographique à l'histoire* (Paris: La Renaissance du livre 1922), findet sich eine historische Darstellung der Entwicklung dieser Idee und eine Kritik ihrer Übertreibungen.

Probleme im Bereich der Tierethologie einher. Auf die mechanistische Deutung der Entstehung der organischen Formen folgt die mechanistische Erklärung der Bewegungen des Organismus im Milieu. Erinnert sei nur an die Arbeiten von Jacques Loeb und John Broadus Watson. Im Anschluss an die Verallgemeinerung der Schlussfolgerungen aus seinen Arbeiten zum Phototropismus bei den Tieren betrachtet Loeb jede Bewegung des Organismus im Milieu als eine Bewegung, zu der der Organismus durch das Milieu gezwungen wird. Der Reflex, verstanden als elementare Reaktion eines Körperabschnitts auf einen elementaren physischen Reiz, ist der einfache Mechanismus, dessen Zusammensetzung alle Verhaltensweisen des Lebewesens zu erklären ermöglicht. Unbestreitbar steht dieser maßlose Kartesianismus zusammen mit dem Darwinismus am Ursprung der Postulate der behavioristischen Psychologie.[16]

Für Watson bestand das Programm der Psychologie darin, die Bedingungen der Anpassung des Lebendigen an das Milieu durch die experimentelle Produktion von Beziehungen zwischen Reiz und Reaktion analytisch zu untersuchen. Der Determinismus der Beziehungen zwischen Reiz und Reaktion ist physikalischer Natur. Die Verhaltensbiologie beschränkt sich auf eine Neurologie, die sich als eine Energetik zusammenfassen lässt. Die Entwicklung seines Denkens hat Watson dazu geführt, von einer Konzeption,

[16] Vgl. Tilquin, *Le Behaviorisme*, a.a.O., S. 34f. Natürlich entlehnen wir dieser so solide dokumentierten Dissertation das Wesentliche der nachfolgend verwendeten Informationen.

in der das Bewusstsein als etwas Nutzloses einfach vernachlässigt wird, zu einer Beschreibung überzugehen, in der es schlicht und ergreifend für illusorisch und mithin für nichtig erklärt wird. Das Milieu hat alle Macht über die Individuen; seine Kraft dominiert die der Vererbung und der genetischen Ausprägung und hebt sie sogar auf. In einem gegebenen Milieu schafft der Organismus nichts selbst, was er nicht eigentlich vom Milieu erhält. Die Situation des Lebewesens, sein Sein in der Welt, ist eine *condition*, oder genauer, eine Konditionierung.

Albert Paul Weiss wollte die Biologie als eine deduktive Physik konstruieren, indem er eine elektronische Verhaltenstheorie vorschlug. Indem die Psychotechniker durch das analytische Studium der menschlichen Reaktionen die tayloristischen Techniken der chronometrischen Bewegungsaufnahme weiterführten, blieb es ihnen überlassen, das Werk der behavioristischen Psychologen zu vervollkommnen und den Menschen als Maschine darzustellen, die auf Maschinen reagiert, wie ein durch das „neue Milieu" (Friedmann) determinierter Organismus.

Zusammenfassend kann man sagen, dass sich der Milieubegriff aufgrund seiner Ursprünge zunächst in einer vollkommen determinierten Richtung entwickelt und ausgeweitet hat. Und indem wir die methodologische Norm, die der Begriff beinhaltet, auf ihn selbst anwenden, können wir sagen, dass seine intellektuelle Macht die Funktion des intellektuellen Milieus war, in dem sich der Begriff herausgebildet hat. Die Milieutheorie ist zunächst eine positive und dem

Anschein nach verifizierbare Übertragung von Condillacs Fabel von der Statue gewesen: Im Duft der Rose ist die Statue Duft der Rose.[17] Analog dazu ist das Lebendige im physikalischen Milieu Licht und Wärme; es ist Kohlenstoff und Sauerstoff, es ist Kalzium und Schwerkraft. Es reagiert mit Muskelreaktionen auf sensorielle Reize, es reagiert mit Kratzen auf Juckreiz, mit Flucht auf Explosion. Doch man kann und muss sich fragen, wo hier das Lebendige ist. Wir sehen zwar Individuen, doch sie sind Objekte; wir sehen Gesten, doch sie sind Bewegungen; wir sehen Zentren, doch sie sind Umgebungen; wir sehen Maschinisten, doch sie sind Maschinen. Das Verhaltensmilieu fällt mit dem geographischen Milieu zusammen, das geographische mit dem physikalischen Milieu.

Es war normal, im starken Sinne des Wortes, dass diese methodologische Norm zuerst in der Geographie an ihre Grenzen gestoßen ist und dort die Möglichkeit ihrer Umkehrung erreicht hat. Die Geographie hat es mit komplexen Zusammenhängen zu tun, mit Komplexen von Elementen, deren Vollzüge sich gegenseitig einschränken und bei denen die Wirkungen der Ursachen ihrerseits zu Ursachen werden, die jene Ursachen verändern, die sie hervorgebracht

[17] Vgl. Étienne Bonnot de Condillac, *Abhandlung über die Empfindungen* [1754], I. I. § 2, übers. v. Eduard Johnson, neu bearb. v. Lothar Kreimendahl (Hamburg: Meiner 1983), S. 1: „Wenn wir ihr eine Rose vorhalten, so wird sie in Bezug auf uns eine Statue sein, die eine Rose riecht; aber in Bezug auf sich wird sie nur der Duft dieser Blume sein" [A.d.Ü.].

haben. Die Passatwinde bieten uns ein Musterbeispiel für einen solchen Komplex. Sie verlagern das durch den Kontakt mit der Luft erwärmte Oberflächenwasser des Meeres, das kalte Tiefenwasser steigt an die Oberfläche und kühlt die Atmosphäre ab, die niedrigen Temperaturen erzeugen Tiefdruck, der Winde hervorbringt; der Kreislauf ist geschlossen und beginnt von vorn. Einen solchen komplexen Zusammenhang könnte man ebenso in der Pflanzengeographie beobachten. Die Vegetation ist in natürliche Ensembles unterteilt, in denen verschiedene Arten einander wechselseitig begrenzen und in denen folglich jede Art dazu beiträgt, für die andere ein Gleichgewicht zu schaffen. Die Totalität dieser Pflanzenarten konstituiert schließlich ihr eigenes Milieu. Auf diese Weise schafft der Stoffwechsel der Pflanzen um die Vegetationszone herum eine Art Schirm aus Wasserdampf, der die Strahlenwirkung eingrenzt. So bringt die Ursache die Wirkung hervor, die ihrerseits die Ursache dämpfen wird, usw.[18]

Dieselbe Perspektive muss auf das Tier und den Menschen angewandt werden. Die menschliche Reaktion auf die Herausforderung des Milieus erweist sich jedoch als vielgestaltig. Der Mensch kann für ein und dasselbe vom Milieu gestellte Problem mehrere Lösungen finden. Das Milieu schlägt eine Lösung vor, ohne sie aufzuzwingen. Natürlich sind die Möglichkeiten in einem bestimmten Zivilisations- und Kul-

[18] Vgl. Henri Baulig, „La Géographie est-elle une science?", *Annales de Géographie* 57 (1948); ders., „Causalité et finalité en géomorphologie", *Geografiska Annaler* 1/2 (1949).

turzustand nicht unbegrenzt. Doch die Tatsache, dass der Mensch in einem Moment etwas als Hindernis ansieht, was sich später vielleicht als eine Handlungsmöglichkeit erweisen wird, hängt definitiv von der Idee und der Vorstellung ab, die sich der Mensch – wohlgemerkt handelt es sich um den Menschen als Kollektivwesen – von seinen Möglichkeiten und Bedürfnissen macht. Es hängt davon ab, was der Mensch sich als wünschenswert vorstellt, und das lässt sich nicht von der Gesamtheit der Werte trennen.[19] Letztlich kehrt man also die Beziehung zwischen Milieu und Lebewesen um. Der Mensch als historisches Wesen wird hier zum Schöpfer einer geographischen Konfiguration, er wird zu einem geographischen Faktor, und man erinnere sich einfach daran, dass die Arbeiten von Paul Vidal-Lablache, Jean Brunhes, Albert Demangeon, von Lucien Febvre und seiner Schule gezeigt haben, dass der Mensch kein rein physikalisches Milieu kennt. In einem menschlichen Milieu ist der Mensch offensichtlich einem Determinismus unterworfen, doch handelt es sich dabei um den Determinismus künstlicher Artefakte, von denen sich der Erfindungsgeist entfremdet hat, der sie ins Dasein gerufen hatte. In diesem Zusammenhang zeigen die Arbeiten Friedmanns, wie sich in dem neuen Milieu, das die Maschinen dem Menschen bereiten, dieselbe Umkehrung bereits vollzo-

[19] Eine sehr interessante Klarstellung dieser Umkehrung der Perspektive in der Humangeographie findet sich in einem Artikel von Louis Poirier [= Julien Gracq], „L'Évolution de la géographie humaine", erschienen in der Zeitschrift *Critique* 8/9 (1947).

gen hat. Die bis an die äußersten Grenzen ihres Ehrgeizes getriebene Psychotechnik der Ingenieure, die aus den Ideen Taylors hervorgegangen ist, legt ein irreduzibles Widerstandszentrum frei, nämlich die Originalität des Menschen in Form eines Sinns für Werte. Selbst wenn der Mensch der Maschine unterworfen ist, gelingt es ihm nicht, sich als Maschine zu begreifen. Seine Leistungsfähigkeit ist umso größer, je spürbarer für ihn seine zentrale Stellung gegenüber den Mechanismen ist, die ihm dienen sollen.

Lange zuvor hatte sich dieselbe Umkehrung des Verhältnisses zwischen Organismus und Milieu im Bereich der Tierpsychologie und der Verhaltensforschung vollzogen. Loeb hatte zu Herbert Spencer Jennings geführt, Watson zu Robert Jacob Kantor und Edward C. Tolman.

Der Einfluss des Pragmatismus ist hier offensichtlich und erwiesen. Der Pragmatismus diente als Vermittler zwischen dem Darwinismus und dem Behaviorismus, indem er einerseits den Begriff der Anpassung verallgemeinerte und auf die Erkenntnistheorie ausweitete, andererseits den Akzent auf die Rolle der Werte in ihrem Verhältnis zum Nutzen der Handlung setzte. John Dewey beeinflusste die Behavioristen dahingehend, dass sie die Bezugnahme der organischen Bewegungen auf den Organismus selbst als wesentlich ansahen. Der Organismus wird als ein Wesen betrachtet, dem nicht alles aufgezwungen werden kann, weil seine Existenz als Organismus darin besteht, sich zu den Dingen gemäß bestimmten ihm eigenen Orientierungen in Beziehung zu setzen. Der durch Kantor vorbereitete teleologische Behaviorismus Tolmans besteht darin, den Sinn und die Intention der Bewegung des Tieres zu erforschen und zu erkennen. Für die Reaktionsbewegung scheint es wesentlich zu sein, durch eine Vielzahl von Phasen hindurch, die Irrtümer oder Fehlleistungen sein können, bis zu dem Moment fortzubestehen, in dem die Reaktion dem Reiz ein Ende setzt und den Ruhezustand wiederherstellt oder zu einer neuen Reihe von Handlungen führt, die gänzlich verschieden sind von den bereits abgeschlossenen.

Vor Tolman hatte Jennings in seiner Theorie zu Versuch und Irrtum gezeigt, dass entgegen Loebs Annahme das Tier nicht durch die Summierung molekularer Reaktionen auf einen in Reizeinheiten aufteilbaren Reiz reagiert, sondern dass es als ein Ganzes auf Objekte in ihrer Ganzheit reagiert und dass seine Reaktionen Regulierungen derjenigen Bedürfnisse sind, die die Reaktionen steuern. Natürlich muss man hier den beträchtlichen Beitrag der *Gestalttheorie** erkennen, insbesondere die Koffka geschuldete Unterscheidung zwischen Verhaltensumwelt und geographischer Umwelt.[20]

Zu einer Umkehrung des Verhältnisses von Organismus und Milieu kommt es schließlich in Johann Jakob von Uexkülls Studien zur Tierpsychologie und in Kurt Goldsteins Studien zur Humanpathologie. Beide vollziehen diese Umkehrung mit einer Klarheit, die

[20] Vgl. zu diesem Punkt Paul Guillaume, *La Psychologie de la forme* (Paris: Flammarion 1937) und Maurice Merleau-Ponty, *Die Struktur des Verhaltens* [1942], übers. v. Bernhard Waldenfels (Berlin u.a.: de Gruyter 1976).

ihnen aus einer rein philosophischen Betrachtung des Problems erwächst. Uexküll und Goldstein stimmen in folgendem grundlegenden Punkt überein: Ein Lebewesen unter experimentell konstituierten Bedingungen zu untersuchen bedeutet, ihm ein Milieu zu erschaffen, ihm ein Milieu aufzuzwingen. Das Besondere des Lebewesens besteht nun aber darin, sich selbst sein Milieu zu schaffen, es selbst auszubilden. Sogar von einem materialistischen Standpunkt kann man natürlich von einer Wechselwirkung zwischen dem Lebendigen und dem Milieu, zwischen dem aus einem größeren Ganzen ausgeschnittenen physikalisch-chemischen System und seiner Umgebung sprechen. Doch von Wechselwirkung zu sprechen reicht nicht aus, um den Unterschied zwischen einer Beziehung physikalischen Typs und einer Beziehung biologischen Typs aufzuheben.

Man muss verstehen, dass es vom biologischen Standpunkt zwischen dem Organismus und der Umgebung den gleichen Zusammenhang gibt wie zwischen den Teilen und dem Ganzen im Inneren des Organismus. Die Individualität des Lebendigen hört an seinen ektodermalen Grenzen ebenso wenig auf, wie sie bei der Zelle beginnt. Der biologische Zusammenhang zwischen dem Lebendigen und seinem Milieu ist ein funktionaler und folglich beweglicher Zusammenhang, dessen Elemente sukzessive ihre Rollen tauschen. Die Zelle ist ein Milieu für die infrazellulären Elemente, sie lebt selbst in einem inneren Milieu, das bald die Dimensionen des Organs, bald die des Organismus besitzt; dieser Organismus lebt selbst in einem

Milieu, das für ihn gewissermaßen das ist, was der Organismus für seine Bestandteile ist. Um die biologischen Probleme zu beurteilen, muss man also einen biologischen Sinn entwickeln. Die Lektüre von Uexküll und Goldstein kann viel zur Herausbildung dieses Sinnes beitragen.[21]

Uexküll verwendet die Begriffe *Umwelt**, *Umgebung** und *Welt** und unterscheidet sie mit großer Sorgfalt. *Umwelt** bezeichnet das einem gegebenen Organismus eigene Verhaltensmilieu; *Umgebung** ist die banale geographische Umgebung und *Welt** ist das Universum der Wissenschaft. Das eigene Verhaltensmilieu (*Umwelt**) ist für das Lebewesen ein Ensemble von Reizen, die den Wert und die Bedeutung von Signalen haben. Um auf Lebewesen einzuwirken, genügt es nicht, dass ein physischer Reiz erzeugt wird, denn er muss auch bemerkt werden. Folglich setzt der Reiz, sofern er auf das Lebewesen einwirkt, eine entsprechende Ausrichtung seines Interesses voraus, er geht nicht vom Objekt aus, sondern vom Lebewesen. Anders gesagt muss der Reiz, um wirksam zu sein, durch eine Haltung des Subjekts antizipiert werden.

[21] Jakob Johann von Uexküll, *Umwelt und Innenwelt der Tiere* (Berlin: Springer 1909); *Theoretische Biologie* (Berlin: Gebr. Paetel 1920); ders. und Georg Kriszat, *Streifzüge durch die Umwelten von Tieren und Menschen* (Berlin: Springer 1934). Goldstein akzeptiert indessen die Ansichten Uexkülls nur mit erheblichem Vorbehalt. Will man das Lebewesen nicht von seiner Umgebung unterscheiden, wird in gewissem Sinne die Suche nach Beziehungen unmöglich. Die Determinierung verschwindet zugunsten der gegenseitigen Durchdringung, und die Berücksichtigung der Totalität tötet die Erkenntnis. Damit die Erkenntnis möglich bleibt, muss in dieser Totalität Organismus-Umgebung ein nichtkonventionelles Zentrum in Erscheinung treten, von dem aus sich ein Fächer von Beziehungen aufspannt. Vgl. Kurt Goldstein, *Der Aufbau des Organismus*, „Unmöglichkeit jeder reinen Umwelttheorie“ (Den Haag: Nijhoff 1934), S. 58f.

Wenn ein Lebewesen nicht sucht, nimmt es nichts auf. Das Lebewesen ist keine Maschine, die mit Bewegungen auf Reize reagiert, es ist ein Maschinist, der mit Handlungen auf Signale reagiert. Natürlich geht es nicht darum, die Tatsache in Frage zu stellen, dass es sich hierbei um Reflexe handelt, deren Mechanismus physikalisch-chemisch ist. Für den Biologen liegt nicht hier das Problem, sondern vielmehr in der Tatsache, dass das Tier aus der Fülle des physischen Milieus, das eine theoretisch unbegrenzte Anzahl an Reizen hervorbringt, nur einige *Merkmale** aufnimmt. Sein Lebensrhythmus ordnet die Zeit dieser *Umwelt**, so wie er den Raum ordnet. Lamarck sagte mit Buffon: Zeit und günstige Umstände konstituieren nach und nach das Lebewesen. Uexküll kehrt den Zusammenhang um und sagt: Die Zeit und die günstigen Umstände sind relativ zu solchen Lebewesen.

Die *Umwelt** ist also ein ausgewählter Ausschnitt aus der geographischen *Umgebung**. Doch die Umgebung ist genau genommen nichts anderes als die *Umwelt** des Menschen, das heißt die gewohnte Welt seiner perspektivischen und pragmatischen Erfahrung. So wie diese dem Tier äußerliche geographische *Umgebung** in gewissem Sinne durch ein menschliches Subjekt – das heißt durch einen Schöpfer von Techniken und von Werken – zentriert, geordnet, ausgerichtet ist, so ist die *Umwelt** des Tieres nichts anderes als ein Milieu, das in Bezug auf jenes Subjekt vitaler Werte zentriert ist, das im Wesentlichen das Lebewesen ausmacht. An der Wurzel dieser Organisation der *Umwelt** des Tieres müssen wir uns eine Subjektivität vorstellen, die analog zu jener ist, die wir an der Wurzel der menschlichen *Umwelt** berücksichtigen müssen. Eines der trefflichsten Beispiele, die Uexküll anführt, ist die *Umwelt** der Zecke.

Die Zecke ernährt sich vom warmen Blut der Säugetiere. Das ausgewachsene Weibchen krabbelt nach der Paarung bis zur äußersten Spitze eines Baumzweiges hinauf und wartet. Es kann achtzehn Jahre lang warten. Am Rostocker Zoologischen Institut sind Zecken, die ohne Nahrung eingesperrt waren, achtzehn Jahre am Leben geblieben. Wenn ein Säugetier unter dem Baum, dem Späh- und Jagdposten der Zecke, vorbeikommt, lässt sie sich fallen. Was sie leitet, ist der Geruch ranziger Butter, der aus den Hautdrüsen des Tieres ausströmt. Das ist der einzige Reiz, der ihre Fallbewegung auslösen kann. Das ist das erste Stadium. Wenn sie auf das Tier gefallen ist, hält sie sich an ihm fest. Hat man künstlich den Geruch von ranziger Butter erzeugt, auf einem Tisch beispielsweise, bleibt die Zecke nicht dort, sondern krabbelt wieder auf ihren Beobachtungsposten. Nur die Bluttemperatur veranlasst sie, sich am Tier festzuhalten. Durch ihren Wärmesinn hält sie sich am Tier fest und unter der Leitung ihres Tastsinns sucht sie bevorzugt die Hautstellen, die unbehaart sind; sie gräbt sich dann bis über den Kopf ein und saugt das Blut. Erst in dem Augenblick, in dem das Säugetierblut in ihren Magen eindringt, brechen die Eier der Zecke auf (die seit dem Moment der Paarung eingekapselt waren und achtzehn Jahre lang eingekapselt bleiben können), reifen und entwickeln sich. Die Zecke kann achtzehn Jahre leben, um in einigen Stunden ihre Fortpflanzungsfunktion zu erfüllen. Das Tier kann also während einer beträchtlichen Zeit allen Reizen gegenüber, die ein Milieu wie der Wald ausstrahlt, vollkommen gleichgültig und unempfindlich bleiben, und der einzige Reiz, der in der Lage ist, seine Bewegung auszulösen, ist der Geruch von ranziger Butter.[22]

Die Gegenüberstellung mit Goldstein drängt sich hier auf, denn dieser baut seine Theorie auf einer Kritik der mechanischen Reflextheorie auf. Der Reflex ist weder eine isolierte noch eine willkürliche Reaktion. Die Reaktion ist immer abhängig von der Öffnung des Sinns für die Reize und von seiner Ausrichtung auf diese Reize. Diese Ausrichtung ist abhängig von der Bedeutung einer Situation in ihrer Gesamtheit. Getrennte Reize mögen einen Sinn haben für die Humanwissenschaft, sie haben keinerlei Sinn für das Empfindungsvermögen des Lebewesens. Ein Tier in einer Versuchssituation ist in einer anormalen Situation, nach der es seinen eigenen Normen zufolge kein Bedürfnis hat, die es nicht gewählt hat und die ihm aufgezwungen wird. Ein Organismus ist also niemals die theoretische Gesamtsumme seiner Möglichkeiten. Man kann seine Handlung nicht verstehen, ohne sich auf den Begriff des bevorzugten Verhaltens zu berufen. Bevorzugt soll nicht objektiv einfacher heißen. Es ist vielmehr umgekehrt. Dem Tier erscheint es ein-

[22] Das Beispiel der Zecke wird nach Uexküll von Louis Bounoure in seinem Buch *L'Autonomie de l'être vivant* (Paris: Presses Universitaires de France 1949), S. 143, wiederaufgenommen.

facher, das zu tun, was es bevorzugt, was es privilegiert. Es hat seine eigenen vitalen Normen.
Der Zusammenhang zwischen dem Lebendigen und dem Milieu etabliert sich als eine *Auseinandersetzung**, in die das Lebewesen seine eigenen Normen der Beurteilung von Situationen mit einbringt, in der es das Milieu beherrscht und es sich anpasst. Dieser Zusammenhang besteht nicht wesentlich, wie man glauben könnte, in einem Kampf oder in einem Gegensatz. Das trifft nur auf den pathologischen Zustand zu. Ein Leben, das sich gegen etwas stellt, ist bereits ein bedrohtes Leben. Zwangsbewegungen, wie z.B. die Streckreaktionen der Muskeln, sind Ausdruck der Herrschaft eines Außen über den Organismus.[23] Ein gesundes Leben, ein Leben, das Vertrauen in seine Existenz und seine Werte hat, ist ein biegsames Leben, ein geschmeidiges Leben, beinahe ein sanftes Leben. Die Situation des von außen durch das Milieu beherrschten Lebewesens ist für Goldstein das Urbild einer Katastrophensituation. Es ist die Situation des Lebewesens im Labor. Dieser experimentell und objektiv hergestellte Bezug zwischen dem Lebendigen und dem Milieu ist von allen möglichen Beziehungen diejenige mit dem geringsten biologischen Sinn, es ist ein pathologischer Bezug. Goldstein sagt, dass der „Sinn" eines Organismus sein Sein ist;[24] wir können sagen, dass das Sein des Organismus sein

[23] Zur Diskussion dieser These Goldsteins vgl. die Zusammenfassung in François Dagognet, *Philosophie biologique* (Paris: Presses Universitaires de France 1955).
[24] Goldstein, *Der Aufbau des Organismus*, a.a.O., S. 351.

Sinn ist. Natürlich kann und muss das Lebendige einer physikalisch-chemischen Analyse unterzogen werden. Diese ist theoretisch und praktisch von Interesse. Doch bildet sie ein Kapitel der Physik. In der Biologie bleibt noch alles zu tun. Die Biologie muss also zunächst das Lebendige als ein signifikantes Sein auffassen und die Individualität nicht als ein Objekt, sondern als einen Charakter in der Ordnung der Werte. Leben heißt ausstrahlen und das Milieu ausgehend von einem Bezugszentrum organisieren, das selbst nicht auf etwas bezogen werden kann, ohne seine ursprüngliche Bedeutung zu verlieren.

Während die Umkehrung des Verhältnisses von Organismus und Milieu in der Tierethologie und in der Verhaltensforschung vollzogen wurde, ist in der Erklärung der morphologischen Merkmale eine Revolution geschehen, die nun dazu tendiert, die Autonomie des Lebendigen gegenüber dem Milieu zuzulassen. Wir verweisen hier auf die mittlerweile gut bekannten Arbeiten von William Bateson, Lucien Cuénot, Thomas Hunt Morgan, Hermann Müller und deren Mitarbeitern, in denen die Untersuchungen Gregor Mendels zur Hybridisierung und zur Vererbung wiederaufgenommen und erweitert wurden. Diese Arbeiten haben mit der Gründung der Genetik zu der Behauptung geführt, dass die Ausprägung der Form und damit der Funktionen des Lebewesens in einem gegebenen Milieu von dem ihm eigenen Erbpotential abhänge und dass das Einwirken des Milieus auf den Phänotyp den Genotyp unberührt lasse. Die genetische Erklärung der Vererbung und der Evolution

(Mutationstheorie) konvergierte mit der Theorie von August Weismann. Die in einem frühen Stadium der Ontogenese vorgenommene Isolierung des Keimplasmas würde den Einfluss der durch das Milieu determinierten somatischen Veränderungen auf das Werden der Spezies unerheblich machen. Albert Brachet konnte in seinem Buch *La Vie créatrice des formes* schreiben, dass „das Milieu im eigentlichen Sinn kein Agens der Entstehung, sondern vielmehr eines der Realisierung" sei,[25] wobei er als Beleg die Formenvielfalt der Meerestiere in einem identischen Milieu heranzieht. Und Maurice Caullery schloss seine Darlegung zum Problem der Evolution[26] mit der Erkenntnis, dass die Evolution viel mehr von den intrinsischen Eigenschaften der Organismen als vom umgebenden Milieu abhängt.[27]

Doch bekanntlich hat die Konzeption einer umfassenden Autonomie der genetischen Erbmasse Kritik hervorgerufen. Man hat zunächst die Tatsache unterstrichen, dass die kernplasmatische Disharmonie dazu tendiert, die erbliche Omnipotenz der Gene einzuschränken. Wenn in der geschlechtlichen Fortpflanzung beide Eltern die Hälfte der Gene beisteuern, so liefert doch die Mutter das Zytoplasma des Eies. Da nun die Mischlinge aus zwei verschiedenen

[25] Albert Brachet, *La Vie créatrice des formes* (Paris: F. Alcan 1927), S. 171.

[26] Maurice Caullery, *Le problème de l'évolution* (Paris: Payot 1931).

[27] Bei Nietzsche lässt sich eine Vorwegnahme dieser Ideen finden. Vgl. Friedrich Nietzsche, *Nachgelassene Fragmente (Herbst 1885–Herbst 1887), 7[25], in: ders., Werke. Kritische Gesamtausgabe, Abteilung VIII, Bd. 1, hg. v. Giorgio Colli u. Mazzino Montinari (Berlin, New York: de Gruyter 1974), S. 312f. Genau genommen würde die gegen Darwin gerichtete Kritik Nietzsches eher auf die Neolamarckisten zutreffen.*

Arten unterschiedlich sind, je nachdem, ob die eine oder die andere Art durch den Vater oder die Mutter repräsentiert wird, liegt der Gedanke nahe, dass die Kraft der Gene in Abhängigkeit vom zytoplasmatischen Milieu variiert. Die Experimente von Hermann Joseph Muller (1927), in denen bei der Obstfliege durch die Einwirkung eines Milieus eindringender Strahlung (Röntgenstrahlen) Mutationen hervorgerufen wurden, haben andererseits Licht auf die Frage der äußeren Konditionierung eines organischen Phänomens geworfen, das vielleicht allzu leichtfertig zur Betonung der Trennung von Organismus und Umgebung verwendet worden ist. Wieder an Aktualität gewonnen hat der Lamarckismus schließlich auch durch die mindestens ebenso ideologischen wie wissenschaftlichen Polemiken, die die empörte Ablehnung der genetischen „Pseudowissenschaft" seitens jener russischen Biologen begleitet haben, die Trofim Lyssenko zur „gesunden Methode" Ivan Vladimirovich Mitschurins (1855–1935) zurückgeführt hat. Experimente zur Vernalisation von Kulturpflanzen wie Weizen und Roggen haben Lyssenko zu der Behauptung veranlasst, dass erbliche Veränderungen durch Variationen in den Ernährungs-, Aufzuchts- und Klimabedingungen erreicht und verstetigt werden können und dass es so im Organismus zur Auflösung oder zum Bruch der von den Genetikern als stabil angenommenen erblichen Konstitution kommt. Soweit man komplexe experimentelle Fakten überhaupt zusammenfassen kann, müsste man sagen, dass nach Lyssenko die Vererbung unter dem Einfluss des Stoffwechsels und dieser unter dem Einfluss der Existenzbedingungen steht. Die Vererbung wäre damit die Verinnerlichung der äußeren Bedingungen durch das Lebendige im Laufe aufeinanderfolgender Generationen. Die ideologischen Kommentare zu diesen Tatsachen und dieser Theorie sind gut geeignet, den Sinn dieser Letzteren zu erhellen – und zwar unabhängig davon, wie es ansonsten um die Möglichkeiten dieser Theorie bestellt sein mag, die experimentellen Gegenbeweise und Kritiken zu ertragen oder gar zu akzeptieren, die im Bereich der wissenschaftlichen Diskussion die Regel sind, wobei all dies wohlgemerkt außerhalb unserer Kompetenz liegt.[28] Anscheinend ist der technische, das heißt agronomische Aspekt des Problems wesentlich. Die Mendel'sche Vererbungslehre, die den Beleg für den spontanen Charakter der Mutationen erbringt, tendiert dazu, das menschliche und insbesondere das sowjetische Streben nach umfassender Beherrschung der Natur zu mäßigen und die Möglichkeiten der absichtlichen Veränderung der lebenden Spezies einzuschränken. Nicht zuletzt hat die Anerkennung der determinierenden Wirkung des Milieus eine poli-

[28] Für eine Darlegung dieser Frage siehe „Une discussion scientifique en U.R.S.S." in der Zeitschrift *Europe* 33/34 (1948) sowie Claude-Charles Mathon, „Quelques aspects du Mitchourinisme", in: *Revue générale des Sciences pures et appliquées* 3/4 (1951). Zum ideologischen Aspekt der Kontroverse vgl. Julian Huxley: *Soviet Genetics and World Science* (London: Chatto und Windus 1949). Jean Rostand hat mit „L'Offensive des Mitchouriniens contre la génétique mendelienne", in: ders., *Les grands courants de la biologie* (Paris: Gallimard 1951) der Frage eine historisch-kritische Darlegung mit anschließender Bibliographie gewidmet. Siehe schließlich das Werk von Raymond Hovasse, *Adaptation et évolution* (Paris: Hermann 1950).

tische und soziale Tragweite: Sie autorisiert die unbeschränkte Einwirkung des Menschen auf sich selbst vermittels des Milieus. Sie rechtfertigt die Hoffnung auf eine experimentelle Erneuerung der menschlichen Natur. Somit erscheint sie in erster Linie fortschrittlich. Theorie und Praxis sind untrennbar, so wie es sich nach der marxistisch-leninistischen Dialektik gehört. Man begreift nun, dass der Genetik alle Sünden des Rassismus und der Sklaverei aufgebürdet werden können und dass Mendel als der führende Kopf einer rückwärtsgewandten, kapitalistischen, kurzum idealistischen Biologie präsentiert wird.

Dass die Vererbung von erworbenen Eigenschaften wieder an Ansehen gewonnen hat, berechtigt natürlich nicht dazu, die jüngsten Theorien der sowjetischen Biologen ohne Einschränkung als lamarckistisch zu bezeichnen. Denn wie man gesehen hat, besteht das Wesentliche von Lamarcks Ideen darin, die Anpassung des Organismus an das Milieu der Initiative seiner Bedürfnisse, seiner Anstrengungen und seiner fortwährenden Reaktionen zuzuschreiben. Das Milieu fordert den Organismus heraus, sein Werden selbst zu lenken. Die biologische Reaktion geht sehr weit über die physische Stimulierung hinaus. Indem Lamarck die Anpassungsphänomene im Bedürfnis verwurzelte, das zugleich Schmerz und Ungeduld ist, rückte er jenen Punkt ins Zentrum, an dem das Leben mit seinem eigenen Sinn zusammenfällt und sich das Lebendige durch sein Empfindungsvermögen absolut, sei es positiv, sei es negativ, in der Existenz, in der unteilbaren Totalität des Organismus und des Milieus situiert.

Bei Lamarck wie bei den ersten Milieutheoretikern hatten die Begriffe „Umstände" [*circonstances*] und „Umgebung" [*ambiance*] eine ganz andere Bedeutung als in der Alltagssprache. Sie evozierten eine sphärische, zentrierte Anordnung. Die von Lamarck ebenfalls benutzten Begriffe „Einflüsse" [*influences*] und „einwirkende Umstände" [*circonstances influentes*] erhalten ihren Sinn aus astrologischen Konzeptionen. Wenn Buffon in der *Dégénération des Animaux* von der durch den Himmel verursachten Einfärbung [*teinture*] spricht, die beim Menschen viel Zeit benötigt, verwendet er, zweifelsohne unbewusst, einen von Paracelsus entlehnten Begriff. Selbst der Begriff „Klima" ist im 18. und zu Beginn des 19. Jahrhunderts[29] ein zugleich geographischer, astronomischer und astrologischer Begriff: Das Klima ist der graduelle Wandel der Erscheinung des Himmels vom Äquator bis zum Pol sowie der vom Himmel auf die Erde ausgeübte Einfluss.

Wir haben bereits darauf hingewiesen, dass der biologische Milieubegriff zunächst eine anthropogeographische mit einer mechanischen Komponente verband. In gewissem Sinne macht die anthropogeographische Komponente sogar die Totalität des Begriffs aus, insofern sie die andere, astronomische Komponente beinhaltete, die Newton zu einem Begriff der Himmelsmechanik gemacht hatte. Für die Griechen war die Geographie ursprünglich eine Projektion des Himmels auf die Erde, das heißt die Bildung einer

[29] Vgl. den Artikel „Climat" in der *Encyclopédie, ou Dictionnaire raisonné des sciences, des arts et des métiers*, Bd. 3, hg. v. Denis Diderot u. Jean Baptiste Le Rond d'Alembert (Paris 1753).

Übereinstimmung von Himmel und Erde. Es handelt sich um eine Übereinstimmung in einem doppelten Sinne: einem topografischen (Geometrie und Kosmographie) und einem hierarchischen (Physik und Astrologie). Die Anordnung der einzelnen Erdteile und die Unterordnung einer solchermaßen geordneten Erdoberfläche unter den Himmel lag dem astro-biologischen Verständnis des Kosmos zugrunde. Die griechische Geographie hat ihre eigene Philosophie, die der Stoiker.[30] Die intellektuellen Verbindungen zwischen Poseidonios einerseits und Hipparch, Strabon, Ptolemäus andererseits sind unbestreitbar. Die Theorie der universalen Sympathie im Sinne eines vitalistischen Verständnisses des universalen Determinismus gibt der geographischen Milieutheorie ihren Gehalt. Diese Theorie setzt sowohl die Angleichung der Totalität der Dinge an einen Organismus als auch die sphärenförmige Darstellung dieser Totalität voraus, deren Zentrum die spezifische Situation des privilegierten Lebewesens, des Menschen, ist. Diese biozentrische Konzeption des Kosmos hat sich durch das Mittelalter hindurchgezogen, um in der Renaissance zur Blüte zu gelangen.

Man weiß, was mit Kopernikus, Kepler und Galilei aus der Idee des Kosmos geworden ist und wie dramatisch der Konflikt zwischen der organischen Konzeption der Welt und der Konzeption eines dezentrierten Universums war, die sich vom privilegierten

[30] Siehe den ausgezeichneten Abriss der Geschichte der Geographie bei den Griechen in Theodor Breiters Einführung zum zweiten (Kommentar-) Band des *Astronomicon* von Marcus Manilius (Leipzig: Dieterich 1908).

Bezugszentrum der antiken Welt, der Erde des Lebendigen und des Menschen, absetzte. Ausgehend von Galilei und Descartes muss man zwischen zwei Milieutheorien, das heißt im Grunde zwischen zwei Raumtheorien wählen: zwischen einem zentrierten, qualifizierten Raum, in dem das Mi-*lieu* ein Zentrum ist, und einem dezentrierten, homogenen Raum, in dem das *Mi*-lieu ein Zwischenraum ist. Pascals berühmtes Fragment *Mißverhältnis des Menschen* stellt die Zweideutigkeit des Milieubegriffs für einen Geist heraus, der zwischen seinem Bedürfnis nach existentieller Sicherheit und den Ansprüchen der wissenschaftlichen Erkenntnis nicht wählen kann oder will. Pascal weiß wohl, dass der Kosmos in Stücke zersprungen ist, doch die ewige Stille der unendlichen Räume macht ihm Angst. Der Mensch ist nicht mehr in der Mitte [*milieu*] der Welt, doch *er ist ein Milieu* (ein Ort zwischen zwei Unendlichkeiten, zwischen nichts und allem, zwischen zwei Extremen); das Milieu ist *der Zustand, in den uns die Natur versetzt hat*; *wir treiben in einem weiten Milieu*; *der Mensch steht im Verhältnis zu den Teilen der Welt, er hat Beziehung zu allem, was er kennt*: „Er braucht Raum, der ihn fassen kann, er braucht Zeit, die ihm Dauer verleihen kann, er braucht Bewegung, um zu leben, er braucht Elemente, aus denen er sich zusammensetzen kann, er braucht Wärme und Nahrung, um sich zu stärken, er braucht Luft, um zu atmen. [...] kurz, alles geht eine Verbindung mit ihm ein."[31]

[31] Blaise Pascal, „Mißverhältnis des Menschen", in: ders., *Gedanken*, Fragment 199/72, übers. v. Ulrich Kunzmann (Stuttgart: Reclam 1987), S. 138.

Man sieht hier also, wie sich drei Bedeutungen des Milieubegriffs überschneiden: Mittelstellung, Übertragungsfluidum und Lebensumwelt. Indem Pascal diese letzte Bedeutung erläutert, beschreibt er seine organische Konzeption der Welt als eine Rückkehr zum Stoizismus, und zwar gegen Descartes und über ihn hinaus: „Da also alle Dinge verursachte und verursachende sind, da sie eine Stütze benötigen und eine Stütze geben, mittelbar und unmittelbar sind und alle sich durch ein natürliches und unmerkliches Band gegenseitig erhalten, das die am weitesten voneinander entfernten und die unterschiedlichsten miteinander vereint, halte ich es für unmöglich, daß man die Teile erkennt, ohne das Ganze zu erkennen, wie man auch das Ganze nicht erkennen kann, ohne die Teile im Einzelnen zu erkennen."[32] Und wenn er das Universum als „eine unendliche Kugel, deren Mittelpunkt überall und deren Umfang nirgendwo ist"[33] bestimmt, dann versucht Pascal paradoxerweise, durch die Verwendung eines aus der theosophischen Tradition entlehnten Bildes die neue wissenschaftliche Konzeption, die aus dem Universum ein unendliches und undifferenziertes Milieu macht, mit der antiken kosmologischen Vision zu versöhnen, die aus der Welt eine endliche, auf ihr Zentrum bezogene Totalität macht. Erwiesenermaßen handelt es sich bei dem hier von Pascal gebrauchten Bild um einen beständigen Mythos des mystischen Denkens neupla-

[32] Ebd.
[33] Ebd., S. 131.

tonischen Ursprungs, in dem sich die Erkenntnis der kugelförmigen, auf und durch das Lebendige zentrierten Welt und die bereits heliozentrische Kosmologie der Pythagoreer fügen.[34]

Selbst Newton hat aus der Lektüre Jacob Böhmes und Henry Mores, des „Platonikers von Cambridge", und ihrer neuplatonischen Kosmologie eine bestimmte symbolische Darstellung der Ubiquität einer von einem Zentrum ausgehenden Strahlenwirkung entlehnt. Als Mittel für die Omnipräsenz Gottes bzw. als Stütze und Träger von Kräften bewahren der Newton'sche Raum und Äther bekanntlich einen Charakter des Absoluten, den die Gelehrten des 18. und 19. Jahrhunderts nicht bemerkt haben. Die Newton'sche Wissenschaft, die so viele empiristische und relativistische Glaubensbekenntnisse stützen sollte, ist auf Metaphysik gegründet. Der Empirismus verdeckt die theologischen Grundlagen. Folglich ist die Naturphilosophie, in der die positivistische und mechanistische Konzeption des Milieus ihren Ursprung hat, tatsächlich selbst auf der mystischen Intuition einer Energiesphäre gegründet, deren zentrale Wirkung in allen Punkten gleichermaßen anwesend und wirksam ist.[35]

[34] Dietrich Mahnke, *Unendliche Sphäre und Allmittelpunkt. Beiträge zur Genealogie der mathematischen Mystik* (Halle: Niemeyer 1937). Der Autor widmet dem Gebrauch und der Bedeutung des Ausdrucks bei Leibniz und Pascal einige hochinteressante Seiten. Nach Ernest Havet soll Pascal den Ausdruck von Mademoiselle de Gournay (Vorwort zur Ausgabe von Montaignes *Essais* von 1595) oder von Rabelais (*Tiers livre*, Kap. XIII) übernommen haben.

[35] Vgl. Alexandre Koyré, *La Philosophie de Jacob Boehme* (Paris: Vrin 1929), S. 378f. und S. 504 sowie ders., „The Significance of the Newtonian Synthesis", in: *Archives internationales d'Histoires des Sciences* 11 (1950).

Wenn es heute jedem in den mathematischen und physikalischen Disziplinen geschulten Geist normal erscheint, dass das Objektivitätsideal der Erkenntnis eine dezentrierte Sicht der Dinge erfordert, dann scheint nun auch der Moment gekommen zu sein, um zu verstehen, dass es in der Biologie, John Scott Haldanes *Die Philosophie eines Biologen* zufolge, die Physik ist, die eine „unexakte" Wissenschaft darstellt.[36] Edouard Claparède hat treffend geschrieben: „Das Tier unterscheidet sich dadurch, dass es das *Zentrum* der es umgebenden Kräfte ist, die in Bezug auf das Tier nurmehr Reize oder Signale sind; ein Zentrum, das heißt ein intern reguliertes System, dessen Reaktionen durch eine innere Ursache gesteuert werden: das momentane Bedürfnis."[37] In diesem Sinn wird das Milieu, von dem der Organismus abhängt, durch diesen selbst strukturiert und organisiert. Das, was das Milieu dem Lebendigen bietet, ist Produkt eines Anspruchs. Deshalb finden verschiedene Lebewesen in demjenigen Milieu, das dem Menschen als ein einziges Milieu erscheint, jeweils ihr spezifisches und singuläres Milieu. In diesem Sinne kann sich der Mensch, insofern er lebendig ist, auch nicht dem allgemeinen Gesetz des Lebendigen entziehen. Das dem Menschen eigene Milieu ist die Welt seiner Wahrnehmung, das heißt das Feld seiner pragmatischen Erfahrung. Seine Handlungen, welche durch Werte orien-

[36] John Scott Haldane, *Die Philosophie eines Biologen*, übers. v. Adolf Meyer (Jena: Fischer 1936), S. 60.

[37] Siehe das Vorwort zu: Frederik J. J. Buytendijk, *Psychologie des animaux*, übers. v. H. R. Bredo (Paris: Payot 1928).

tiert und reguliert werden, die seinen Neigungen immanent sind, greifen aus diesem Feld geeignete Objekte heraus und bringen diese sowohl zueinander wie auch zu ihm selbst in ein Verhältnis. Das heißt, dass die Umgebung, auf die der Mensch reagieren soll, ursprünglich auf ihn hin und durch ihn zentriert ist.
Doch als Wissenschaftler konstruiert der Mensch ein Universum von Phänomenen und Gesetzen, das er für ein absolutes Universum hält. Die wesentliche Funktion der Wissenschaft besteht darin, die qualitativen Eigenschaften der Objekte zu entwerten, aus denen sich das eigentliche Milieu zusammensetzt, indem sie sich als allgemeine Theorie für ein reales, das heißt nichtmenschliches Milieu ausgibt. Die sinnlich wahrnehmbaren Gegebenheiten werden entqualifiziert, quantifiziert und identifiziert. Das Nichtwahrnehmbare wird zunächst erahnt, dann entdeckt und schließlich nachgewiesen. Die Messungen ersetzen die Schätzungen, die Gesetze die Gewohnheiten, die Kausalität ersetzt die Hierarchie und das Objektive das Subjektive.

Dieses Universum des wissenschaftlichen Menschen, von dem die Physik Einsteins die ideale Repräsentation gibt (ein Universum, bei dem die für seine Verständlichkeit grundlegenden Gleichungen unabhängig vom Bezugssystem sind), steht mit dem Milieu des lebendigen Menschen in einem direkten, wenn auch negativen oder reduktiven Verhältnis. Es räumt dem menschlichen Milieu eine Art Privileg gegenüber den Milieus der anderen Lebewesen ein. Aus seinem Verhältnis zum wissenschaftlichen Menschen, dessen

Forschungen der üblichen Wahrnehmung widersprechen und sie korrigieren, bezieht der lebendige Mensch eine Art unbewussten Dünkel, aufgrund dessen er sein eigenes Milieu denen der anderen Lebewesen vorzieht, als habe es nicht nur einen anderen Wert, sondern auch ein höheres Maß an Realität. Tatsächlich hat das Verhaltens- und Lebensmilieu des Menschen, das heißt das Milieu seiner sinnlich wahrnehmbaren und technischen Werte, kein höheres Maß an Realität als das Milieu der Kellerassel oder der grauen Maus. Die Bezeichnung „real" kann streng genommen nur dem absoluten Universum, dem wissenschaftlich verbürgten universalen Milieu der Elemente und Bewegungen angemessen sein. Dieses wissenschaftliche Milieuverständnis schließt notwendigerweise alle subjektiv zentrierten Milieus, dasjenigen des Menschen eingeschlossen, als vitale Irrtümer oder Illusionen aus.

Der ehrgeizige Anspruch der Wissenschaften, die Zentren der Organisation, Anpassung und Erfindung, die die Lebewesen sind, in der Anonymität der mechanischen, physikalischen und chemischen Umgebung aufzulösen, muss total sein, das heißt, er muss auch das menschliche Lebewesen einbeziehen. Und man weiß, dass viele Wissenschaftler nicht vor diesem Vorhaben zurückgeschreckt sind. Unter einem philosophischen Gesichtspunkt muss man sich dann jedoch fragen, ob nicht der Sinn der Wissenschaft an ihrem Usprung viel deutlicher erscheint als in den Ansprüchen einiger Wissenschaftler. In einer Menschheit, der man aus einer szientistischen und selbst einer materialistischen Perspektive zu Recht abspricht, die Wissenschaft mit der Muttermilch aufgesogen zu haben, müssen die Geburt, das Werden und der Fortschritt derselben als ein recht abenteuerliches Unterfangen des Lebens verstanden werden. Andernfalls müsste man absurderweise annehmen, dass die Wirklichkeit immer schon die Wissenschaft dieser Wirklichkeit als einen Teil ihrer selbst in sich trüge. Und man müsste sich dann fragen, welchem Bedürfnis der Wirklichkeit das Streben nach einer wissenschaftlichen Bestimmung derselben entsprechen könnte. Doch wenn die Wissenschaft das Werk einer Menschheit ist, die im Leben wurzelt, bevor sie durch die Erkenntnis erhellt wird, wenn die Wissenschaft also eine Tatsache in der Welt und zugleich eine Vision der Welt ist, dann unterhält sie mit der Wahrnehmung eine ständige und verbindliche Beziehung. Und demnach ist das den Menschen eigene Milieu nicht im universalen Milieu enthalten wie ein Inhalt in seinem Behälter. Ein Zentrum löst sich nicht in seiner Umgebung auf. Das Lebendige reduziert sich nicht auf einen Kreuzungspunkt von Einflüssen. Daher rührt die Unzulänglichkeit jeder Biologie, die durch vollständige Unterordnung unter den Geist der physikalisch-chemischen Wissenschaften jede Berücksichtigung des Sinns aus ihrem Gebiet ausschließen möchte. Aus biologischer und psychologischer Sicht besteht der Sinn in einer Einschätzung von Werten im Zusammenhang mit einem Bedürfnis. Und ein Bedürfnis ist für den, der es empfindet und erlebt, ein irreduzibles und von daher absolutes Bezugssystem.

DAS NORMALE UND DAS PATHOLOGISCHE

Das Denken und die Tätigkeit des Arztes bleiben ohne die Begriffe des Normalen und des Pathologischen unverständlich. Allerdings sind diese Begriffe dem medizinischen Urteil bei weitem nicht so klar, wie sie ihm unverzichtbar sind. Ist der Begriff des Pathologischen mit dem Begriff des Anormalen identisch? Ist das Pathologische das Gegenteil oder der Gegensatz des Normalen? Und ist „normal" identisch mit „gesund"? Besagt die Anomalie dasselbe wie die Anormalität? Und wie steht es mit den Monstren? Vorausgesetzt, man ist zu einer zufriedenstellenden Abgrenzung des Begriffs des Pathologischen von verwandten Begriffen gekommen, glaubt man dann, dass die Farbenblindheit im gleichen Maße ein pathologischer Fall sei wie die Angina pectoris oder die Blausucht wie die Malaria, und dass es zwischen einem Gebrechen im Bereich des relationalen Lebens [*vie de relation*][1] und einer permanenten Bedrohung des vegetativen Lebens eine andere Identität gäbe als diejenige, die das Adjektiv „pathologisch" in der menschlichen Sprache zum Ausdruck bringt? Das menschliche Leben kann einen biologischen Sinn, einen sozialen Sinn und einen existentiellen Sinn haben. All

[1] Siehe dazu „Das Experimentieren in der Tierbiologie" (Anm. 5), S. 30 in diesem Band [A.d.Ü.].

diese Arten des Sinns können bei der Bewertung der Veränderungen, die die Krankheit dem menschlichen Lebewesen zufügt, gleichermaßen in Betracht gezogen werden. Ein Mensch lebt nicht nur wie ein Baum oder ein Kaninchen.

Man hat oft auf die Doppeldeutigkeit des Begriffs „normal" verwiesen: Er bezeichnet entweder eine Tatsache, die durch statistische Erfassung beschreibbar wird – wie z.B. den Durchschnittswert der Messungen, die an einem Merkmal einer Gattung vorgenommen werden, und die Gruppe der Individuen, die dieses Merkmal dem Durchschnitt entsprechend oder mit einigen als unerheblich eingeschätzten Abweichungen aufweisen –, oder er bezeichnet ein Ideal, ein positives Bewertungsprinzip im Sinne eines Prototyps oder einer vollkommenen Form. Dass diese beiden Bedeutungen immer miteinander verknüpft sind und der Begriff des Normalen stets unklar bleibt, zeigt sich selbst in den Ratschlägen, die uns empfehlen, diese Doppeldeutigkeit tunlichst zu vermeiden.[2] Doch vielleicht ist es dringlicher, nach den Gründen für diese Doppeldeutigkeit zu suchen, um ihre aktuelle Lebendigkeit zu verstehen und ihr eher eine Lehre als einen Ratschlag zu entnehmen.

Im Grunde steht hier der Gegenstand der Biologie ebenso wie jener der medizinischen Kunst in Frage. In seinen *Recherches physiologiques sur la vie et la mort* (1800) hat Bichat die Instabilität der vitalen Kräfte

[2] Vgl. André Lalande, *Vocabulaire technique et critique de la philosophie* (Paris: Felix Alcan [4]1938).

und die Unregelmäßigkeit der vitalen Phänomene im Gegensatz zur Gleichförmigkeit der physikalischen Phänomene zum Unterscheidungsmerkmal der Organismen gemacht. Und in seiner *Allgemeinen Anatomie* (1801) hat er darauf hingewiesen, dass es keine pathologische Astronomie, Dynamik und Hydraulik gibt, weil die physikalischen Eigenschaften, insofern sie niemals von „ihrem natürlichen Typus" abweichen können, auch nicht auf diesen zurückgeführt zu werden brauchen. Das Wesentliche von Bichats Vitalismus liegt in diesen beiden Bemerkungen. Doch da es seit ungefähr hundert Jahren genügt, eine medizinische oder biologische Theorie als vitalistisch zu bezeichnen, um sie zu entwerten, hat man vergessen, diesen Bemerkungen die Beachtung beizumessen, die sie verdienen würden. Man müsste endlich jenen Vorwurf ausräumen, der die vitalistischen Biologen des 18. Jahrhunderts als Metaphysiker bezeichnet oder sie beschuldigt, Phantasiegebilden nachzuhängen. Tatsächlich lässt sich der Vitalismus – und zu gegebener Zeit und an anderer Stelle wird es uns leicht fallen, dies zu zeigen – durch die Ablehnung von zwei metaphysischen Interpretationen der Ursachen organischer Phänomene charakterisieren: die Ablehnung des Animismus und des Mechanismus. Alle Vitalisten des 18. Jahrhunderts sind Newtonianer, das heißt Menschen, die Hypothesen über das Wesen von Phänomenen ablehnen und ihre Aufgabe einzig darin sehen, die Wirkungen direkt und vorurteilsfrei so zu beschreiben und in Verbindung zu bringen, wie sie sie wahrnehmen. Der Vitalismus ist die einfache

Anerkennung der Originalität der vitalen Tatsache [*fait vital*]. In diesem Sinn müssen jene Bemerkungen Bichats, die die beiden Merkmale der Unregelmäßigkeit und der pathologischen Veränderung mit der lebendigen Organisation als deren spezifische Eigenschaft verknüpfen, wiederaufgenommen und eingehend betrachtet werden.

Es geht im Grunde um nichts Geringeres als um die Frage, ob wir das Lebendige als ein System von Gesetzen oder als Anordnung von Eigenschaften behandeln müssen, ob wir also von den Gesetzen des Lebens oder von einer Ordnung des Lebens sprechen sollten. Zu oft halten die Wissenschaftler die Naturgesetze für wesentlich unveränderbar und die singulären Phänomene für Exemplare, die den Naturgesetzen zwar nahekommen, jedoch nicht die Gesamtheit ihrer angenommenen gesetzmäßigen Wirklichkeit reproduzieren können. Aus einer solchen Perspektive erscheint das Singuläre, das heißt die Abweichung oder Variation, als ein Fehler, ein Defekt oder eine Unreinheit. Das Singuläre ist also immer unregelmäßig. Doch zugleich ist diese Tatsache vollkommen absurd, denn es ist unverständlich, wie ein Gesetz, dessen Realität durch seine Unveränderbarkeit oder Identität mit sich selbst garantiert wird, durch verschiedene Exemplare verifiziert werden kann und dennoch zugleich unfähig ist, diese Verschiedenheit, das heißt diese Ungenauigkeit einzuschränken. Denn trotz der Ersetzung des Begriffs der Gattung durch den Begriff des Gesetzes in der modernen Wissenschaft übernimmt dieser von jenem Begriff und derjenigen Philosophie, in welcher der Gattungsbegriff einen eminent wichtigen Platz einnahm, die bestimmte Bedeutung des unveränderlichen und realen Typus, so dass das Verhältnis des Gesetzes zum Phänomen (der Gesetze der Schwerkraft zum herabfallenden Ziegelstein, der Pyrrhus tötet) weiter nach dem Modell des Verhältnisses zwischen Gattung und Individuum (dem Menschen und Pyrrhus) begriffen wird. Ganz ohne paradoxe oder ironische Absichten sieht man hier das im Mittelalter berühmte Problem der Natur der Universalien wieder auftauchen.

Dies ist Claude Bernard nicht entgangen, der in seiner Abhandlung über die Prinzipien der experimentellen Medizin[3] diesem Problem der Realität des Typus und seiner Beziehungen zum Individuum im Zusammenhang mit dem Problem der individuellen Relativität des Pathologischen einige Seiten widmet, die reicher an Denkanstößen als an Antworten im eigentlichen Sinn sind. Dass wir hier Bernard eher als andere anführen, geschieht mit Absicht. Schließlich weiß man, wie viel Energie Bernard in der *Einführung in das Studium der experimentellen Medizin* und in den *Principes de médecine expérimentale*[4] verwandt hat, um die Gesetzmäßigkeit und die Konstanz der vitalen Phänomene zu behaupten, die bei wohldefinierten Bedingungen genauso streng ist wie die der physikalischen Phänomene; kurz, dieser Aufwand zielte darauf, den als Indeterminismus betrachteten Vita-

[3] Claude Bernard, *Principes de médecine expérimentale*, hg. v. Dr. Léon Delhoume (Paris: Presses Universitaires de France 1947).

[4] Vgl. ebd. Kapitel XV.

lismus Bichats zu widerlegen. Nun kommt Bernard aber gerade in den *Principes* zu folgender Feststellung: „Die Wahrheit liegt im Typus, die Wirklichkeit befindet sich immer außerhalb dieses Typus und unterscheidet sich ständig von ihm. Nun ist dies für den Arzt eine sehr wichtige Sache. Denn er hat es immer mit dem Individuum zu tun. Es gibt überhaupt keinen Arzt für den menschlichen Typus, für die menschliche Gattung." Die Untersuchung der „Zusammenhänge des Individuums mit dem Typus" wird also hier zum theoretischen und praktischen Problem. Diese Zusammenhänge scheinen folgendermaßen verfasst zu sein: „Die Natur hat in allen Dingen einen Idealtyp, das ist eine Tatsache; doch dieser Typ wird niemals realisiert. Wenn er realisiert würde, gäbe es keine Individuen, alle Welt würde sich ähneln." Der Zusammenhang, der die Besonderheit jedes Wesens, jedes physiologischen oder pathologischen Zustands konstituiert, ist „der Schlüssel der Idiosynkrasie, auf der alle Medizin beruht".[5] Doch in dem Maße, wie dieser Zusammenhang einen Schlüssel darstellt, erscheint er zugleich auch als ein Hindernis. Das Hindernis der Biologie und der experimentellen Medizin liegt in der Individualität. Auf diese Schwierigkeit stößt man beim Experimentieren im Bereich des Anorganischen nicht. Und Claude Bernard zählt die mit der Tatsache der Individualität verknüpften Ursachen auf, die die Reaktionen von anscheinend ähnlichen Lebewesen

[5] Vgl. ebd., S. 142ff.

auf anscheinend identische Existenzbedingungen in Raum und Zeit verändern.

Trotz des Ansehens, das Bernard bei den Ärzten und Physiologen[6] genießt, lassen sich einige einschränkende Bemerkungen zu den oben wiedergegebenen Überlegungen formulieren. Die Anerkennung der individuellen, atypischen, regelwidrigen Existenzen als Basis des pathologischen Falls ist im Grunde eine schöne, unfreiwillige Hommage an Bichats Scharfsicht. Was diese Hommage jedoch zu einer unvollständigen macht, ist der Glaube an eine grundlegende Gesetzmäßigkeit des Lebens, die analog zur Gesetzmäßigkeit der Materie gedacht wird. Dieser Glaube zeugt nicht wirklich von jenem großen Scharfsinn, den man Bernard für gewöhnlich zuerkennt. Denn wenn man behauptet, die Wahrheit liege im Typus, die Wirklichkeit aber außerhalb des Typus; wenn man also behauptet, die Natur besitze Typen, die jedoch nicht realisiert seien, verwandelt man dann nicht die Erkenntnis in ein Unvermögen, das Wirkliche zu erreichen? Und rechtfertigt man damit nicht den Einwand, den Aristoteles einst gegen Platon erhob: wie man denn, wenn man die Ideen und die Dinge trennt, sowohl über die Existenz der Dinge als auch über die Wissenschaft der Ideen etwas aussagen könne? Mehr noch, wenn man in der Individualität „eines der beträchtlichsten Hindernisse der Biologie und der experimentellen Medizin" sieht, verkennt

[6] Vgl. die Studie von Dr. Mirko Dražen Grmek, „La conception de la maladie et de la santé chez Cl. Bernard", in: *Mélanges Alexandre Koyré*, I (Paris: Hermann 1964), S. 208ff.

man dann nicht auf eine recht naive Weise, dass Hindernis und Gegenstand der Wissenschaft dasselbe sind? Wenn der Gegenstand der Wissenschaft kein zu überwindendes Hindernis, keine „Schwierigkeit" im Sinn Descartes', kein zu lösendes Problem darstellt, was soll er dann sein? Genauso gut könnte man sagen, dass die Diskontinuität der ganzen Zahl ein Hindernis für die Arithmetik sei. In Wahrheit enthält die Biologie Bernards eine sehr platonische Konzeption der Gesetze, die mit einem scharfen Sinn für die Individualität verbunden ist. Da sich zwischen jener Konzeption und diesem Gefühl keine Übereinstimmung herstellt, können wir uns fragen, ob die berühmte „experimentelle Methode" nicht bloß eine Abwandlung der traditionellen Metaphysik ist. Und suchten wir hierfür Belege, dann würden wir sie zuallererst in der wohlbekannten Abneigung Bernards gegen die statistischen Berechnungen finden, deren Rolle in der Biologie seit Langem bekannt ist. Diese Abneigung ist ein Symptom für die Unfähigkeit, den Zusammenhang zwischen Individuum und Typus anders als eine Alteration zu verstehen, die von einer idealen Perfektion ausgeht und als vollendete Substanz gesetzt wird, welche jedem produktiven Versuch durch Reproduktion zuvorkommt.

Im Folgenden wollen wir untersuchen, ob eine Auffassung des Lebens als Ordnung von Eigenschaften nicht viel eher in der Lage ist, einige Schwierigkeiten verständlich zu machen, die in jener anderen Perspektive unlösbar bleiben. Als eine Ordnung von Eigenschaften wollen wir eine Anordnung von Vermögen und eine Hierarchie von Funktionen bezeichnen, deren Stabilität notwendigerweise prekär ist, insofern sie die Antwort auf ein Problem des Gleichgewichts, des Ausgleichs und der möglichen Kompromisse zwischen verschiedenen und daher konkurrierenden Mächten darstellt. Die Unregelmäßigkeit und die Anomalie werden in einer solchen Perspektive nicht als Akzidenzien begriffen, die das Individuum affizieren, sondern als dessen Existenz selbst. Leibniz hatte diese Tatsache als *principium identitatis indiscernibilium* („Prinzip der Identität des Ununterscheidbaren") mehr benannt als erklärt, indem er behauptete, dass es keine zwei sich gleichenden Individuen geben könne, die bloß *solo numero* verschieden seien. So erklärt sich, dass der Grund, weshalb die Individuen ein und derselben Spezies *de facto* verschieden und nicht gegeneinander austauschbar sind, darin liegt, dass ihnen diese Bestimmungen zunächst *de jure* zukommen. Das Individuum erscheint nur dann als ein provisorisches und bedauerliches irrationales Wesen, wenn die Gesetze der Natur als ewige Gattungswesenheiten begriffen werden. Die Abweichung präsentiert sich als eine „Verirrung", die das menschliche Kalkül nicht auf die strikte Identität einer einfachen Formel zu reduzieren vermag, so dass die Erklärung die Abweichung als Fehler, Scheitern oder Verschwendungssucht einer Natur beschreibt, von der angenommen wird, dass sie zwar intelligent genug sei, um auf einfachen Wegen vorzugehen, aber zu reich, um sich an ihre eigene Ökonomie zu halten. Eine lebendige Gattung erscheint uns dennoch nur in dem Maße als lebensfähige Gattung, wie sie sich als fruchtbar erweist, das heißt als Erzeugerin von Neuerungen, so unmerklich sie auf den ersten Blick auch sein mögen. Es ist hinreichend bekannt, dass die Arten ihrem Ende entgegengehen, wenn sie auf unumkehrbare Weise unflexible Richtungen eingeschlagen und sich in starren Formen manifestiert haben. Kurz, man kann die individuelle Singularität als ein Scheitern oder als einen Versuch, als einen Fehler oder als ein Abenteuer interpretieren. Wählt man die zweite Hypothese, wird keinerlei negatives Werturteil durch den menschlichen Geist gefällt, und zwar weil jene Versuche oder Abenteuer, die die lebendigen Formen sind, weniger als Wesen betrachtet werden, die auf einen realen, vorgegebenen Typus beziehbar wären, sondern vielmehr als organisierte Strukturen, deren Geltung, sprich deren Wert, auf das eventuelle Gelingen ihres Lebens bezogen ist. Eben weil der Wert im Lebendigen liegt, wird letztlich kein Werturteil im Hinblick auf seine Existenz gefällt. Darin liegt der tiefere Sinn der durch die Sprache bescheinigten Identität zwischen Wert und Gesundheit; ‚*valere*' heißt im Lateinischen ‚sich wohl befinden'. Seitdem nimmt der Begriff Anomalie wieder den gleichen, nicht pejorativen Sinn an, den das entsprechende, heute ungebräuchliche Adjektiv ‚anomal' hatte, das im 18. Jahrhundert von den Naturforschern, insbesondere von Buffon, und noch recht spät im 19. Jahrhundert von Cournot, häufig benutzt wurde. Eine Anomalie ist etymologisch eine Ungleichheit, ein Höhenunterschied. Das Anomale ist einfach das Verschiedene.

Zur Bekräftigung der vorangehenden Analyse möchten wir zwei interessante Ausrichtungen der zeitgenössischen Biologie ansprechen. Die experimentelle Embryologie und Teratologie sehen heute bekanntlich in der Erzeugung und dem Studium von Monstrositäten oder Missbildungen die Möglichkeit, den Mechanismus der Entwicklung des Eies zu verstehen.[7] Das ist wahrlich das Gegenteil der fixistischen und ontologischen aristotelischen Theorie der Missbildung. Aristoteles hätte das Gesetz der Natur nicht in einem Missgriff der Organisation des Lebendigen gesucht. In einem aristotelischen Verständnis der Natur als Hierarchie ewiger Formen erscheint eine solche Haltung logisch. Wenn man jedoch umgekehrt die lebendige Welt als einen Hierarchisierungsversuch möglicher Formen versteht, gibt es an sich und *a priori* keinen Unterschied zwischen einer gelungenen Form und einer gescheiterten Form. Genau genommen gibt es überhaupt keine gescheiterten Formen. Wenn man nämlich annimmt, dass tausende Weisen zu leben möglich sind, kann einem Lebewesen gar nichts fehlen. So wie es im Krieg und in der Politik keinen definitiven Sieg, sondern nur relative und prekäre Überlegenheit oder ein ebensolches Gleichgewicht gibt, so gibt es in der Ordnung des Lebens keine Erfolge, die auf radikale Weise andere Versuche entwerten, indem sie diese als gescheitert erscheinen lassen. Alle Erfolge sind bedroht, da die Individuen und selbst die Arten sterben. Die Erfolge

[7] Vgl. die Arbeiten von Étienne Wolff.

sind verzögerte Misserfolge, alle Misserfolge unterbrochene Erfolge. Die Zukunft der Formen entscheidet über ihren Wert.[8] Alle lebendigen Formen sind „normalisierte Monstren", um einen Ausdruck von Louis Roule aus seinem umfangreichen Werk über das Leben der Fische aufzunehmen. Oder, wie Gabriel Tarde in *L'opposition universelle* sagt: „Das Normale ist der Nullpunkt der Monstrosität",[9] wobei Nullpunkt im Sinne von Schwundgrenze verstanden wird. Die Elemente des klassischen Referenzverhältnisses werden hier umgekehrt.

In diesem Sinn muss man auch den von einigen heutigen Biologen etablierten Zusammenhang zwischen dem Auftreten von Mutationen und dem Mechanismus der Entstehung der Arten verstehen. Die Genetik, die zunächst den Darwinismus widerlegt hatte, wird heute gern herangezogen, um ihn zu bestätigen und zu erneuern. Laut Georges Teissier[10] gibt es keine Spezies, die selbst im wilden Zustand neben den „normalen" Individuen nicht einige Originale oder Exzentriker beinhaltet, die Träger von mutierenden Genen sind. Für jede gegebene Art muss man eine gewisse Fluktuation der Gene zulassen, von der die Plastizität

[8] „Ein Keim lebt; aber es gibt solche, die sich nicht zu entwickeln vermöchten. Diese aber versuchen zu leben, bilden Ungeheuer [*monstres*], und die Ungeheuer sterben. In Wahrheit erkennen wir sie bloß an dieser *bemerkenswerten Eigentümlichkeit*: nicht fortbestehen zu können. *Anormal* sind die Wesen, die ein bißchen weniger Zukunft haben als die *normalen*." Paul Valéry, *Monsieur Teste*, „Vorwort", in: ders., *Werke*, Bd. 1, übers. v. Max Rychner u.a. (Frankfurt/M.: Insel 1992), S. 303f.

[9] Gabriel Tarde, *L'Opposition universelle. Essai sur une théorie des contraires* (Paris: Alcan 1897), S. 25.

[10] Georges Teissier, „Le Mécanisme de l'évolution", in: *La Pensée*, Nr. 2 (1945), S. 5–19, u. Nr. 3 (1945), S. 15–31.

der Anpassung, sprich das evolutive Vermögen abhängt. Es ist unmöglich zu entscheiden, ob es tatsächlich Gene gibt, die für die Mutabilität oder Veränderlichkeit zuständig sind, wie man sie bei einigen Pflanzen glaubte identifizieren zu können und deren Anwesenheit die Mutationsbreite anderer Gene vervielfachen würde. Trotzdem kann man feststellen, dass die unterschiedlichen Genotypen, die Abstammungsreihen einer gegebenen Art, unterschiedliche „Werte" im Verhältnis zu den umgebenden Umständen darstellen. Die Selektion, das heißt die Auslese durch das Milieu, ist unter stabilen Umständen konservativ und unter kritischen Umständen innovativ. In manchen Momenten „sind die gewagtesten Versuche möglich und zulässig". In Anbetracht der Neuheit der Umstände und der Aufgaben, zu denen diese das Tier nötigen, kann es sowohl Anlagen erben, die fortan unverzichtbare Funktionen unterstützen, als auch wertlos gewordene Organe. „Das Tier und die Pflanze verdienen es gleichermaßen, bewundert und kritisiert zu werden." Doch sie leben und pflanzen sich fort, und allein das ist von Bedeutung. Man versteht also, wie etliche Arten ausgestorben sind und wie andere, „die möglich waren, sich niemals verwirklicht haben".

Man kann nun schlussfolgern, dass der Begriff „normal" keinen eigentlich absoluten oder wesentlichen Sinn hat. In einer früheren Arbeit[II] haben wir vorge-

[II] Georges Canguilhem, *Das Normale und das Pathologische* [1943], übers. v. Monika Noll u. Rolf Schubert (München: Hanser 1974).

schlagen, dass weder das Lebendige noch das Milieu normal genannt werden können, wenn man sie getrennt betrachtet, sondern lediglich in ihrem Bezug zueinander. Nur so kann man eine Richtschnur bewahren, ohne die man wohl zwangsläufig jedes anomale (Anomalien aufweisende), das heißt von einem statistisch definierten spezifischen Typus abweichende Individuum für anormal – das heißt, wie man glaubt, für pathologisch – halten muss. In dem Maße, wie sich das anomale Lebendige letztlich als zunächst tolerierter, dann invasiver Mutant erweist, wird die Ausnahme zur Regel im statistischen Sinn des Wortes. Doch in dem Moment, in dem die biologische Erfindung als Ausnahme mit Blick auf die herrschende statistische Norm erscheint, muss sie gleichwohl in einem anderen Sinn normal sein, auch wenn sie als normale verkannt wird, da man andernfalls in den biologischen Widersinn geriete, dass das Pathologische das Normale durch Reproduktion hervorbringen könnte.

Durch die Überlagerung der Genfluktuationen und der Schwankungen von Quantität und Qualität der Existenzbedingungen oder deren geographischer Verteilung können wir verstehen, dass das Normale einerseits das durchschnittliche Merkmal bedeutet, dessen Abweichungen umso seltener auftreten, je auffälliger sie sind, und andererseits jenes Merkmal meint, dessen vitale Wichtigkeit und vitaler Wert in der Reproduktion offenbart wird, das heißt in der Erhaltung und Vermehrung. In dieser zweiten Bedeutung muss das Normale als das Normen Schaffende oder als normativ bezeichnet werden, es ist prototypisch und nicht mehr bloß archetypisch. Und diese zweite Bedeutung sollte normalerweise die erste begründen.

Doch verlieren wir nicht aus dem Blick, dass der Arzt sich für den Menschen interessiert. Bekanntlich stellt sich beim Menschen das Problem der Anomalie, der Monstrosität und der Mutation in derselben Weise wie beim Tier. Es genügt, an den Albinismus, die Syndaktilie, die Hämophilie und die Farbenblindheit als die geläufigsten Fälle zu erinnern. Bekanntlich werden diese Anomalien auch mehrheitlich und zu Recht für Minderwertigkeiten gehalten, und man könnte sich darüber wundern, sie nicht durch die Selektion eliminiert zu sehen, wüsste man nicht, dass sie einerseits durch Mutationen unablässig erneuert werden. Vor allem aber ist es andererseits das menschliche Milieu, das sie stets auf irgendeine Weise schützt und das offenkundige Defizit durch seine Kunstgriffe ausgleicht, das sie im Vergleich zu den entsprechenden „normalen" Formen darstellen. Vergessen wir freilich auch nicht, dass in den menschlichen Lebensbedingungen soziale Gebrauchsnormen an die Stelle der biologischen Vollzugsnormen treten. Wenn man mit einem Ausdruck von Edmond Dechambre die Domestizierung als ein biologisches Milieu betrachtet, kann man sich leicht klarmachen, dass das Leben der gezähmten Tiere Anomalien toleriert, die der Naturzustand erbarmungslos eliminieren würde. Die meisten Haustierarten sind bemerkenswert instabil; man denke nur an den Hund. Das hat einige Autoren dazu gebracht, sich zu fragen, ob diese Instabilität nicht seitens der fraglichen Tierarten ein Zeichen für einen ursächlichen Zusammenhang mit der Domestizierung wäre, zum Beispiel eine verborgene geringere Widerstandsfähigkeit. Diese würde mindestens ebenso gut wie die pragmatischen Absichten des Menschen den Erfolg der Domestizierung dieser Arten im Gegensatz zu den anderen Arten erklären. Wenn es also wahr ist, dass eine Anomalie, eine individuelle Variation eines spezifischen Themas, nur im Zusammenhang mit einem Lebensmilieu und einer Lebensweise pathologisch wird, dann kann das Problem des Pathologischen beim Menschen nicht streng biologisch bleiben, da die menschliche Aktivität, die Arbeit und die Kultur ständig das Lebensmilieu des Menschen unmittelbar verändern. Die dem Menschen eigene Geschichte verändert die Probleme. In einem gewissen Sinn gibt es keine Selektion in der menschlichen Art, insofern sich der Mensch neue Milieus schaffen kann, anstatt passiv die Änderungen des früheren zu ertragen; und in einem anderen Sinn erreicht die Selektion beim Menschen ihre äußerste Perfektion, insofern sich der Mensch als ein Lebewesen darstellt, das dazu fähig ist, in allen Milieus zu existieren, zu widerstehen und seinen technischen und kulturellen Aktivitäten nachzugehen.

Wir denken nicht, dass das Problem eine andere Form annimmt, wenn man von der morphologischen Anomalie zur funktionalen Krankheit, beispielsweise von der Farbenblindheit zum Asthma übergeht. Denn zwischen Anomalie und Krankheit lassen sich alle möglichen Vermittlungen finden, insbesondere diejenigen der konstitutionellen oder essentiellen Krankheiten (des Bluthochdrucks zum Beispiel). *A priori* kann man den Zusammenhang dieser Krankheiten mit bestimmten, noch zu entdeckenden „Mikroanomalien" nicht leugnen, von denen zu erwarten ist, dass sie eines Tages eine Vermittlung zwischen der Teratologie und der Pathologie offenlegen. So wie nun eine morphologische Anomalie, eine bloß faktische Differenz also, pathologisch werden, das heißt einen negativen vitalen Wert annehmen kann, sobald ihre Auswirkungen bezüglich eines definierten Milieus bewertet werden, das bestimmte unausweichliche Anforderungen an das Lebewesen stellt, so ist die Abweichung von einer physiologischen Konstante (Herzfrequenz, arterieller Druck, Grundumsatz, zirkadianer Rhythmus der Temperatur usw.) an sich selbst noch keine pathologische Tatsache. Doch sie wird zu einer pathologischen Tatsache in einem Moment, der objektiv und im Voraus recht schwer zu bestimmen ist. Das ist der Grund, warum so verschiedene Autoren wie Henri Laugier, Henry Sigerist und Kurt Goldstein denken, dass man das Normale nicht durch einen einfachen Bezug auf den statistischen Durchschnitt bestimmen kann, sondern durch den Vergleich des Individuums mit sich selbst in verschiedenen Situationen, die entweder als identische aufeinander folgen oder variieren.[12] Kein Autor scheint uns

[12] Henri Laugier, „L'Homme normal", in: *Encyclopédie française*, Bd. IV (Paris: Société de gestion de l'encyclopédie française 1937); Henry E. Sigerist, *Einführung*

in diesem Punkt so lehrreich wie Goldstein. Eine Norm, sagt er uns, muss uns dazu dienen, konkrete individuelle Fälle zu verstehen. Sie taugt also weniger durch ihren deskriptiven Inhalt, durch die Zusammenfassung der Phänomene und Symptome, auf die sich die Diagnose gründet, als durch die Offenlegung eines Gesamtverhaltens des Organismus, das im Sinne der Unordnung oder im Sinne des Erscheinens von Katastrophenreaktionen modifiziert wurde. Eine Änderung im symptomatischen Gehalt erscheint erst in dem Moment als Krankheit, in dem die Existenz des Lebewesens gefährlich gestört wird, das sich bis dahin in einer Gleichgewichtsbeziehung mit seinem Milieu befunden hat. Was für den normalen Organismus in seiner Beziehung zu seiner Umgebung zweckmäßig war, wird für den veränderten Organismus unzweckmäßig oder gefährlich. Es ist die Ganzheit des Organismus, die in „katastrophischer" Weise auf das Milieu reagiert, insofern der Organismus nunmehr außerstande ist, die Aktivitätsmöglichkeiten zu verwirklichen, die ihm sonst wesenhaft zukommen. „Die Angepasstheit an ein persönliches Milieu [gehört] zu den Grundvoraussetzungen für die Gesundheit".[13]

Eine solche Konzeption mag als ein Paradox erscheinen, da sie die Aufmerksamkeit des Arztes auf Tatsachen lenkt, die vom Kranken subjektiv empfunden werden, oder auf Ereignisse wie Störungen, Unange-

in die Medizin, Kap. IV (Leipzig: Thieme 1931); Kurt Goldstein, *Der Aufbau des Organismus* (Den Haag: Nijhoff 1934).

13 Goldstein, *Der Aufbau des Organismus*, a.a.O., S. 271.

messenheiten, Katastrophen oder Gefahren, die eher zur Beurteilung dienen denn als Maßeinheiten oder objektive Beschreibungen. Nach Leriche, der die Gesundheit als „das Leben im Schweigen der Organe" bestimmt, ist es nicht ausreichend, die Krankheit als das zu definieren, was die Menschen in ihren Tätigkeiten beeinträchtigt. Zweifelsohne könnte man seine Formel „Um die Krankheit zu definieren, muss man den Menschen aus ihr verbannen" zuallererst als eine Widerlegung der Thesen Goldsteins verstehen. Doch so einfach ist es nicht. Denn Leriche schreibt auch: „Nach dem gleichen anatomischen Erscheinungsbild ist man einmal krank und einmal nicht krank [...]. Die Verletzung reicht nicht aus, um die klinische Krankheit, die Krankheit des Kranken zu konstituieren."[14] Das bekräftigt den Vorrang des Physiologischen vor dem Anatomischen. Doch diese Physiologie ist nicht jene, die das Kaninchen oder den Hund zum Gegenstand nimmt. Es handelt sich um die Physiologie des ganzen Menschen, die zum Beispiel seinen Schmerz im „Konflikt zwischen einem Erreger und dem gesamten Individuum"[15] ausmacht, eine Physiologie, die not-

[14] Vgl. René Leriche, „De la Santé à la maladie", „La Douleur dans les maladies" und „Où va la médecine?", in: *Encyclopédie française*, Bd. VI (Paris: Société de gestion de l'encyclopédie française 1936).

[15] René Leriche, *Chirurgie de la douleur* [1937] (Paris: Masson [2]1940), S. 488 [in der dt. Übersetzung nicht enthalten – A.d.Ü.]; siehe auch ders., *Die Chirurgie im Einklang mit dem Leben* [1944], übers. v. K. Vöchting (Basel: Schwabe 1946).

*Über das Primat der Fehlfunktion in der Pathologie vgl. auch Pierre Abrami, „Les Troubles fonctionnels en pathologie" (Antrittsvorlesung zum Kurs in Medizinischer Pathologie an der Pariser Medizinischen Fakultät), in: *La Presse médicale* 103 (1936).

wendigerweise das Verhalten des Menschen in der Welt berücksichtigt.
Würden wir nach einer Vermittlung zwischen den Thesen Goldsteins und denen Leriches suchen, würden wir sie gern in den Schlussfolgerungen aus den Arbeiten von Selye finden.[16] Dieser Autor hat beobachtet, dass Ausfälle und Deregulierungen des Verhaltens, zum Beispiel Erregtheit und Erschöpfung, die bei häufig wiederholtem Auftreten organische Spannungen erzeugen, in der Nebennierenrinde eine strukturelle Veränderung hervorrufen, die analog zu jener Veränderung ist, die durch die Zufuhr von reinen, aber hoch dosierten oder unreinen hormonalen Substanzen oder auch von Giftstoffen in das innere Milieu hervorgerufen wird. Jeder organische Zustand von Stress, von ungeordneter Spannung, ruft die Reaktion der Nebennieren hervor. Wenn es auch in Anbetracht der Rolle des Corticosterons im Organismus normal ist, dass jede Notsituation eine Reaktion der Nebennieren verursacht, ist es denkbar, dass jedes länger anhaltende katastrophische Verhalten zunächst zu einer funktionalen Krankheit (z.B. zur Hypertonie) und später zu einer morphologischen Verletzung (z.B. zum Magengeschwür) führt. Aus Goldsteins Perspektive wird man die Krankheit im katastrophischen Verhalten sehen, aus Leriches Perspektive in der Erzeugung der histologischen Anomalie durch die physiologische Störung. Diese beiden Perspektiven schließen

[16] Hans Selye, *The Physiology and Pathology of Exposure to Stress* (Montreal: Acta, Medical Publ. 1950).

sich keineswegs aus, im Gegenteil. Es wäre nicht dienlich, hier eine wechselseitige Kausalität geltend zu machen. Wir wissen nichts Genaues über den Einfluss des Psychischen auf das Funktionale oder das Morphologische und umgekehrt. Wir konstatieren nur zeitgleich zwei Arten von Störungen.

Jedenfalls scheinen wir mit der Individualisierung der Norm und des Normalen die Grenzen zwischen dem Normalen und dem Pathologischen aufzuheben. Und dadurch scheinen wir die Vitalität eines Gemeinplatzes zu verstärken, der umso häufiger vorgebracht wird, als er den unschätzbaren Vorteil bietet, das Problem vorgeblich zu lösen, während er es tatsächlich beseitigt. Wenn das, was hier normal ist, dort pathologisch sein kann, ist die Schlussfolgerung verlockend, dass es keine Grenze zwischen dem Normalen und dem Pathologischen gebe. Wenn man damit sagen will, dass von einem Individuum zum anderen die Relativität des Normalen die Regel ist, kann man sich mit dieser Schlussfolgerung einverstanden erklären. Doch das soll nicht heißen, dass der Unterschied für das Individuum nicht absolut ist. Wenn ein Individuum beginnt, sich krank zu fühlen, sich als krank zu bezeichnen und entsprechend zu verhalten, ist es in ein anderes Universum übergegangen, ist es ein anderer Mensch geworden. Die Relativität des Normalen darf für den Arzt keinesfalls eine Ermutigung sein, in der Verwirrung den Unterschied zwischen dem Normalen und dem Pathologischen aufzuheben. Diese Verwirrung schmückt sich oft mit dem Ansehen einer im Denken Bernards wesentlichen These, der zufolge der pathologische Zustand mit dem Normalzustand homogen, ihm gegenüber also lediglich eine quantitative Veränderung zum Mehr oder zum Weniger sei. Diese positivistische These, deren Wurzeln über das 18. Jahrhundert und den schottischen Arzt John Brown bis zu Francis Glisson und den ersten Entwürfen einer Irritabilitätslehre zurückreichen, ist vor Bernard von François Broussais und August Comte allgemein bekannt gemacht worden. Wenn man die pathologische Tatsache im Detail der Symptome und im Detail der anatomisch-physiologischen Mechanismen untersucht, existieren in der Tat zahlreiche Fälle, in denen das Normale und das Pathologische als einfache quantitative Variationen eines gleichartigen Phänomens erscheinen, das in verschiedenen Formen auftreten kann (beispielsweise die Glykämie bei der Diabetes). Doch auch wenn diese atomistische Pathologie pädagogisch unumgänglich ist, bleibt sie doch theoretisch und praktisch anfechtbar.[17] Als Ganzheit betrachtet ist der Organismus in der Krankheit ein „anderer" und nicht, abgesehen von einigen Aspekten, derselbe (die Diabetes muss als eine Ernährungskrankheit angesehen werden, bei der der Kohlenhydratstoffwechsel von vielerlei Faktoren abhängt, die durch die tatsächlich unteilbare Tätigkeit des endokrinen Systems koordiniert werden; und allgemein sind die Ernährungskrankheiten Funkti-

[17] *Zur Diskussion dieser These wie auch zur Diskussion unserer Kritiken vgl. François Dagognet, *La Raison et les remèdes* (Paris: Presses Universitaires de France 1964), und Michel Foucault, *Die Geburt der Klinik* [1963], übers. v. Walter Seitter (Frankfurt/M.: Fischer 1988), S. 52f.

onskrankheiten, die in Bezug zu Fehlern in der Ernährungsweise stehen). In gewisser Weise wird eben dies von Leriche anerkannt: „Die menschliche Krankheit ist immer ein Ganzes [...]. Was sie hervorbringt, berührt in uns auf so subtile Weise die gewöhnlichen Lebensantriebe, dass deren Reaktionen weniger einer abweichenden als einer ganz neuen Physiologie angehören."[18]

Es bestehen nun gute Aussichten, die zu Beginn dieser Überlegungen gestellten Fragen einigermaßen klar zu beantworten. Wir können nicht sagen, dass der Begriff des „Pathologischen" der logische Gegensatz des Begriffs des „Normalen" sei, denn das Leben im pathologischen Zustand ist nicht Abwesenheit von Normen, sondern Anwesenheit anderer Normen. In aller Strenge müsste man sagen, dass „pathologisch" das vitale Gegenteil von „gesund" ist und nicht der logische Gegensatz von normal.[19] Im französischen Wort ‚*a-normal*' wird das Präfix *a* üblicherweise im Sinn von Verzerrung aufgefasst. Um sich davon zu überzeugen, genügt es, den französischen Begriff in die Nähe der lateinischen (*abnormis, abnormitas*), der deutschen (*abnorm*, Abnormität**) und der englischen (*abnormal, abnormity*) Begriffe zu rücken. Die Krankheit oder der pathologische Zustand entspricht nicht

[18] René Leriche, *Physiologie et pathologie du tissu osseux* (Paris: Masson 1939) S. 11.

[19] „[Es entspricht] unsern geistigen Gewohnheiten, das als anormal zu betrachten, was verhältnismäßig selten und exzeptionell ist, z.B. die Krankheit. Doch die Krankheit ist ebenso normal wie die Gesundheit, die unter einem gewissen Gesichtspunkt als eine dauernde Anstrengung erscheint, der Krankheit vorzubeugen oder sie abzuwenden." Henri Bergson, *Die beiden Quellen der Moral und der Religion*, übers. v. Eugen Lerch (Jena: Diederichs 1933), S. 27.

dem Verlust einer Norm, sondern einem Lebensvollzug [*allure de vie*], der durch im vitalen Sinn nachrangige oder entwertete Normen geregelt wird. Diese Normen versagen dem Lebewesen eine aktive und leichte Teilhabe an einer Lebensweise, die Vertrauen und Sicherheit erzeugt, die früher die seine war und die nun anderen vergönnt bleibt. Man könnte einwenden (und man hat dies im Übrigen auch getan), dass die Rede von nachrangigen oder entwerteten Normen rein subjektive Begriffe ins Spiel bringt. Jedoch handelt es sich hier nicht um eine individuelle, sondern um eine universelle Subjektivität. Denn gerade die Existenz der Medizin – als mehr oder weniger wissenschaftliche Technik der Heilung von Krankheiten, die die Menschheit in Raum und Zeit stets begleitet hat – ist ein objektives Zeichen für diese universelle subjektive Reaktion der Abwehr gegenüber der Krankheit, das heißt der Herabsetzung ihres vitalen Werts. Wie Goldstein sagt, sind die pathologischen Normen des Lebens jene, die fortan den Organismus zwingen, in einem „eingeschränkten" Milieu zu leben, das sich in seiner Struktur qualitativ vom früheren Lebensmilieu unterscheidet. Und sie zwingen den Organismus, ausschließlich in diesem eingeschränkten Milieu zu leben, da er nicht in der Lage ist, die Anforderungen zu bewältigen, die ihm durch neue Milieus gestellt werden, und auf neue Situationen zu reagieren oder sich aktiv zu ihnen zu verhalten. Doch zu leben heißt bereits für das Tier und umso mehr für den Menschen, nicht nur zu vegetieren und sich zu erhalten, sondern Risiken einzugehen und sie zu überwinden.

Die Gesundheit beschreibt gerade und hauptsächlich beim Menschen eine bestimmte Bewegungsfreiheit, ein bestimmtes Spiel der Lebens- und Verhaltensnormen. Sie wird durch das Vermögen charakterisiert, Abweichungen von den Normen zu tolerieren, denen nur die scheinbar verbürgte und tatsächlich zwangsläufig stets prekäre Stabilität der Situationen und des Milieus den trügerischen Wert des endgültig Normalen verleiht. Der Mensch ist nur dann wirklich gesund, wenn er zu mehreren Normen fähig ist, wenn er mehr als normal ist. Das Maß der Gesundheit ist die Fähigkeit, organische Krisen zu überwinden, um eine neue, von der alten verschiedene physiologische Ordnung zu errichten. Man kann sagen, ohne scherzhaft zu klingen, dass die Gesundheit der Luxus ist, krank zu werden und sich wieder erholen zu können. Jede Krankheit hingegen besteht in einer Verringerung der Fähigkeit, andere Krankheiten zu überwinden. Der ökonomische Erfolg der Lebensversicherungen [*assurances sur la vie*] beruht im Grunde auf der Tatsache, dass die Gesundheit biologisch gesprochen eine Art Versicherung im Leben [*assurance dans la vie*] ist und für gewöhnlich unter ihren Möglichkeiten bleibt, doch gelegentlich über ihre „normalen" Fähigkeiten hinaus geht.[20]

Wir denken nicht, dass diese Ansichten über das Problem der Physiopathologie durch ihre Konfrontation mit dem Problem der Psychopathologie dementiert

[20] *Zur Sicherheitsspanne in der Struktur und den Funktionen des Körpers vgl. Walter Bradford Cannon, *The Wisdom of the Body* (New York: W. W. Norton 1932).

werden. Im Gegenteil, schließlich ist es eine Tatsache, dass die Psychiater angemessener als die Mediziner über das Problem des Normalen nachgedacht haben. Unter ihnen haben viele erkannt, dass der geistig Kranke ein „anderer" Mensch ist und nicht nur ein Mensch, dessen Störungen das Leben der normalen Psyche fortsetzen, indem sie es verstärken.[21] In diesem Bereich besitzt der Anormale tatsächlich andere Normen. Doch wenn der Psychiater oder der Psychologe von anormalen Verhaltensweisen oder Vorstellungen sprechen, haben sie mit dem Begriff des Normalen eine bestimmte Form von Anpassung an das Reale oder an das Leben im Blick. Diese Form hat gleichwohl nichts von einem Absoluten, es sei denn für denjenigen, der nie eine Ahnung von der Relativität der technischen, ökonomischen oder kulturellen Werte gehabt hat und der ohne Vorbehalt dem Wert dieser Werte anhängt. Aus Sicht jedes einigermaßen kritischen Denkens wird dieser zum Opfer einer Illusion, die der von ihm im Wahn angeprangerten sehr nahe kommt, weil er die Modalitäten seiner eigenen Konditionierung durch seine Umgebung und die Geschichte dieser Umgebung vergisst und allzu gutgläubig meint, die Norm der Normen verkörpere sich in ihm. Genauso wie es in der Biologie vorkommt, dass man die Richtschnur verliert, die angesichts einer somatischen oder funktionalen Eigentümlichkeit zwischen progressiver Anomalie und regressiver Krankheit zu unterscheiden erlaubt, so geschieht es

[21] Wir denken hier an Eugène Minkowski, Jacques Lacan und Daniel Lagache.

oft in der Psychologie, dass man die Richtschnur verliert, die angesichts einer Unangepasstheit an ein gegebenes kulturelles Milieu zwischen Wahn und Genialität zu unterscheiden erlaubt. Und so wie wir in der Gesundheit ein normatives Vermögen erkannt haben, die üblichen physiologischen Normen durch die Suche nach der Auseinandersetzung zwischen dem Lebewesen und dem Milieu in Frage zu stellen – eine Suche, die voraussetzt, dass das Lebewesen sich dem Krankheitsrisiko als etwas Normalem aussetzt –, so scheint es uns nun, dass die Norm in Bezug auf die menschliche Psyche in der Forderung und im Gebrauch der Freiheit im Sinne der Fähigkeit besteht, Normen zu überprüfen und einzusetzen, – eine Forderung, die normalerweise das Risiko des Wahnsinns in sich birgt.[22] Wer würde im Hinblick auf die menschliche Psyche behaupten wollen, dass der Anormale keinen Normen gehorcht? Vielleicht ist er nur anormal, weil er ihnen zu sehr gehorcht. Thomas Mann schreibt: „Was krank ist, und was gesund, darüber soll man dem Pfahlbürger lieber das letzte Wort nicht lassen [...]. Ist das noch tolle Gesundheit, normale Tollheit, oder hat er's in den Meningen? Der Bürger ist der letzte, es auszumachen [...].“[23] Die Ärzte sind mangels persönlicher Reflexion über diese Fragen, die ihrer wertvollen Tätigkeit ihren Sinn gibt, nur zu oft kaum

[22] *Dr. Henry Ey zufolge, zitiert in: *Esprit* 12 (1952), S. 789: „Die geistige Gesundheit beinhaltet und beschränkt [*contenir*] die Krankheit, in den beiden Bedeutungen des französischen *contenir*.“

[23] Thomas Mann, *Doktor Faustus. Das Leben des deutschen Tonsetzers Adrian Leverkühn, erzählt von einem Freunde* [1947], Kap. XXV, Große Frankfurter Ausgabe, Bd. 10.1 (Frankfurt/M.: Fischer 2007), S. 344.

besser gerüstet als der Pfahlbürger, der Mann der Straße. Wie viel umsichtiger erscheint uns Thomas Mann, wenn er anlässlich eines zweifellos gewollten Zusammentreffens mit Nietzsche, dem Helden seines Buches, äußert: „Einer muß immer krank und toll gewesen sein, damit die anderen es nicht mehr brauchen [...]. Ohne das Krankhafte ist das Leben sein Lebtag nicht ausgekommen [...]. Nie hab ich etwas Dümmeres gehört, als daß von Kranken nur Krankes kommen könne. Das Leben ist nicht heikel und von Moral weiß es einen Dreck. Es ergreift das kühne Krankheitserzeugnis, verspeist, verdaut es, und wie es sich seiner nur annimmt, so ist's Gesundheit. Vor dem Faktum der Lebenswirksamkeit [...] wird jeder Unterscheidt von Krankheit und Gesundheit zunichte."[24]
Wir ziehen also die Schlussfolgerung, dass die Humanbiologie und die Medizin notwendige Teile einer „Anthropologie" sind und dass sie nie aufgehört haben, zu dieser zu gehören. Wir denken jedoch auch, dass es keine Anthropologie gibt, die nicht eine Moral voraussetzt, so dass der Begriff des „Normalen" in der menschlichen Ordnung stets ein normativer Begriff bleibt, dessen Tragweite im eigentlichen Sinn philosophisch ist.

[24] Ebd., S. 344f., S. 354.

DIE MONSTROSITÄT UND DAS MONSTRÖSE

Die Existenz von Monstern stellt das Leben hinsichtlich seines Vermögens in Frage, uns Ordnung zu lehren. Diese Infragestellung drängt sich unmittelbar auf, wie fest auch das Vertrauen und wie dauerhaft auch die Gewohnheit zuvor gewesen sein mögen, dass die Heckenrosen auf den Heckenrosensträuchern blühen, die Kaulquappen sich in Frösche verwandeln, die Stuten die Fohlen säugen und, ganz allgemein, dass Gleiches Gleiches hervorbringt. Eine Enttäuschung dieses Vertrauens, eine morphologische Abweichung, ein Anschein spezifischer Zweideutigkeit genügt, damit uns eine radikale Furcht überfällt. Furcht – mag sein, wird man sagen. Doch warum radikal? Weil wir Lebewesen sind, reale Effekte der Gesetze des Lebens und unsererseits möglicherweise Ursachen des Lebens. Ein Fehlschlag des Lebens betrifft uns zweifach, denn einerseits könnte uns selbst ein solcher Fehlschlag heimsuchen, andererseits könnte er durch uns verursacht werden. Nur weil wir Menschen Lebewesen sind, ist eine morphologische Missbildung in unseren lebendigen Augen ein Monster. Wären wir reine Vernunft, reine intellektuelle Maschinen zum Feststellen, Berechnen und Berichterstatten, also regungslos und gleichgültig gegenüber den Anlässen und Gelegenheiten unseres

Denkens, dann wäre das Monster einfach etwas anderes, eine andere als die wahrscheinliche Ordnung.
Die Bezeichnung ‚Monster' ist einzig den organischen Wesen vorbehalten. Es gibt kein anorganisches Monster. Was keine Regel des inneren Zusammenhalts hat und wessen Form und Größe keine oszillierenden Abweichungen von einem Modul – Maß, Gussform oder Modell – zulässt, kann nicht als monströs bezeichnet werden. Man wird von einem Felsen sagen, dass er gewaltig sei, doch nicht von einem Berg, dass er monströs sei, außer in der Fabelwelt, wo es vorkommt, dass ein Berg eine Maus gebiert. Das Verhältnis zwischen Gewaltigem oder Ungeheurem und Monströsem bedarf einer Klärung. Beide sind das, was außerhalb der Norm liegt. Die Norm, der sich das Gewaltige entzieht, ist bloß metrisch. Warum wird etwas als gewaltig oder ungeheuer bezeichnet, wenn es zu groß wird? Zweifellos weil ab einem gewissen Wachstumsgrad die Quantität die Qualität in Frage stellt. Die gewaltige Größe tendiert zur Monstrosität. Daher die Zweideutigkeit des Gigantismus: Ist ein Riese ungeheuer groß oder ist er ein Monster? Der mythologische Riese ist ein Wunder, der „durch seine Größe den Zweck, der den Begriff desselben ausmacht, vernichtet".[1] Wenn die Kräfte und Funktionen des Menschen auf bestimmte Weise beschränkt sind, so ist der Mensch, der sich durch seine Größe diesen Beschränkungen entzieht, kein Mensch mehr. Zu sagen, er sei kein Mensch mehr, heißt im Übrigen,

[1] Immanuel Kant, *Kritik der Urteilskraft*, § 26 (Hamburg: Meiner [7]1990), S. 97.

dass er noch einer ist. Dahingegen scheint die Kleinheit die Qualität einer Sache in der Intimität, im Geheimnis ohne weiteres zu bewahren. Je weniger die Qualität exponiert ist, umso besser wird sie bewahrt. Wir müssen bei der Bestimmung des Monsters also verstehen, dass es seiner Natur nach lebendig ist. Das Monster ist ein Lebewesen mit negativem Wert. Man kann hier von Eugène Dupréel einige der grundlegenden Begriffe seiner so originellen und tiefgründigen Theorie der Werte übernehmen. Was den Wert der Lebewesen ausmacht, oder genauer, was die Lebewesen zu Wesen macht, die im Verhältnis zur Seinsweise ihres physischen Milieus aufgewertet werden, ist ihre spezifische Beschaffenheit, die über die Wechselfälle der materiellen Umgebung entscheidet und sich durch den Widerstand gegen die Fehlbildung, durch den Kampf um die Integrität der Form ausdrückt: in der Regenerierung von Verstümmelungen bei bestimmten Arten und in der Fortpflanzung bei allen Arten. Doch das Monster ist nicht nur ein Lebendiges von vermindertem Wert, es ist ein Lebewesen, dessen Wert in seiner abstoßenden Wirkung liegt. Indem das Monster die Stabilität, an die uns das Leben gewöhnt hat – nur gewöhnt, und doch haben wir aus der Gewohnheit ein Gesetz gemacht –, als prekär offenbart, weist es der spezifischen Wiederholung, der morphologischen Regelmäßigkeit oder der erfolgreichen Strukturierung einen Wert zu, der umso größer ist, als er nun in seiner Kontingenz erscheint. Die Monstrosität und nicht der Tod ist der vitale Gegen-Wert. Der Tod beschreibt die ständige und bedingungslose Bedrohung des Organismus durch seinen Zerfall, die Beschränkung durch das Außen, die Negation des Lebendigen durch das Nichtlebendige. Die Monstrosität hingegen ist die zufällige und bedingte Gefahr der Unfertigkeit oder Verzerrung bei der Herausbildung der Form, sie ist die Beschränkung durch das Innere, die Negation des Lebendigen durch das Nichtlebensfähige.

Der Grund für die Ambivalenz des menschlichen Bewusstseins gegenüber dem Monster liegt sicherlich im unklaren Gefühl bezüglich seiner Bedeutung für eine korrekte und vollständige Einschätzung der Werte des Lebens. Diese Ambivalenz beinhaltet, wie schon gesagt, einerseits Furcht oder gar panische Angst, andererseits aber auch Neugier bis hin zur Faszination. Das Monströse ist ein gleichsam verkehrtes Wunder, aber es bleibt dennoch ein Wunder. Einerseits beunruhigt es: Das Leben kann sich seiner weniger sicher sein, als man gedacht hatte. Andererseits wertet es auf: Da das Leben scheitern kann, sind alle seine Erfolge vermiedene Misserfolge. Dass die Erfolge nicht notwendig sind, schmälert zwar ihren Wert im Ganzen, wertet sie aber im Einzelnen auf. Tritt man an die Philosophie der Werte über den Umweg der negativen Werte heran, wird man mit Gaston Bachelard sagen, dass das Wahre die Grenze der verlorenen Illusionen ist, und mit Bezug auf unser Problem kann man nicht anders, als mit Gabriel Tarde zu behaupten, dass der Normaltyp der Nullpunkt der Monstrosität ist.[2]

[2] Gabriel Tarde, *L'Opposition universelle. Essai sur une théorie des contraires* (Paris: Alcan 1897), S. 25.

Sobald das Bewusstsein beginnt, das Leben unter den Verdacht der Exzentrik zu stellen und die Begriffe von Fortpflanzung und Wiederholung voneinander zu trennen: Wer könnte es davon abhalten, das Leben für etwas weit Lebendigeres zu halten, das zu noch größeren Freiheiten in seinen Vollzügen fähig wäre, und mithin anzunehmen, dass das Leben nicht nur zu provozierten Ausnahmen imstande sei, sondern auch zu spontanen Übertretungen seiner eigenen Gewohnheiten? Sollte man angesichts eines Vogels mit drei Füßen denken, dass das einer zu viel oder vielmehr einfach nur einer mehr ist? Das Leben als schüchtern oder sparsam einzuschätzen bedeutet, in sich selbst die Regung zu verspüren, weiter als das Leben zu gehen. Und woher mag jene Regung kommen, die den Geist der Menschen dazu veranlasst, den monströsen Erzeugnissen des Lebens mehrköpfige Gryllen, perfekte Menschen, teratomorphe Embleme entgegenzustellen, gleichsam Entwürfe, die das Leben herausfordern sollten? Kommt die Regung daher, dass das Leben im geometrischen Sinne des Wortes in die Kurve eines poetischen *Élan* eingeschrieben ist, der im Imaginären bewusst und unendlich offenbar wird? Oder aber regen die Torheiten des Lebens die menschliche Phantasie zur Nachahmung an, so dass diese letztlich dem Leben nur das zurückgibt, was es ihr geborgt hat? Doch liegt hier eine derartige Kluft zwischen Leihgabe und Erstattung, die es unvernünftig erscheinen lässt, eine derart virtuose rationalistische Erklärung zu akzeptieren. Das Leben ist arm an Monstern. Das Phantastische ist eine ganze Welt.

Hier stellt sich nun die heikle Frage nach dem Zusammenhang zwischen der Monstrosität und dem Monströsen. Wir haben es mit einem Begriffspaar von gleichem etymologischem Ursprung zu tun. Beide stehen im Dienst zweier Formen des normativen Urteils, des medizinischen und des juridischen, die anfänglich im religiösen Denken eher vermischt als verbunden waren und dann fortschreitend abstrahiert und säkularisiert wurden.
Die klassische Antike und das Mittelalter haben zweifellos die Monstrosität als Wirkung des Monströsen angesehen. Selbst der dem Anschein nach so positive und deskriptive Begriff des Hybriden legt in seiner Etymologie davon Zeugnis ab. Die tierischen Mischwesen sind das Ergebnis von Kreuzungen, die die Regel der Endogamie verletzen, von Vereinigungen, die ohne Rücksicht auf Ähnlichkeit erfolgen. Von der Hybridisierung zur Monstrosität ist der Übergang nun leicht. Das Mittelalter behält die Verbindung des Monströsen mit der verwerflichen Handlung, bereichert es aber um den Bezug zum Teuflischen. Das Monster ist zugleich die Folge eines Verstoßes gegen die Regel der spezifischen geschlechtlichen Trennung und das Zeichen für den Willen, das Tableau der Kreaturen zu pervertieren. Die Monstrosität ist weniger die Folge der Kontingenz des Lebens als der Ausschweifungen der Lebenden. Warum, so fragt Scipion Dupleix, gibt es in Afrika mehr Monster als in anderen Regionen? „Weil sich alle erdenklichen Tiere, die sich gemeinsam an den Wasserstellen einfinden, um zu trinken, dort paaren, ohne Rücksicht

auf die unterschiedlichen Arten."[3] Man sieht, wie es zur Monstrosität kommt: aus einem Mangel an Diskretion – ein mehrdeutiger Begriff, der hier seinen vollen Sinn annimmt.[4] Die Monstrosität ist die Folge eines Karnevals der Tiere, die ihren Durst gestillt haben!

Wenn es sich um den Menschen handelt, ist die Monstrosität mehr noch als im Fall der Tiere eine Signatur. Die Frage des Unerlaubten stellt die des Unregelmäßigen in den Schatten, die Verantwortlichkeit verdeckt die Kausalität. Während der Orient die Monster zu Göttern erhebt, werden sie in Griechenland und Rom geopfert. In Sparta wird sogar noch deren Mutter gesteinigt, in Rom wird sie vertrieben und erst nach der Reinigung wieder in die Stadt aufgenommen. Ein solcher Unterschied zwischen Ägypten und Rom geht zunächst auf eine unterschiedliche Auffassung bezüglich der Möglichkeiten der Natur zurück. Seelenwanderung und Metamorphosen anzunehmen bedeutet, eine Verwandtschaft der Arten einschließlich des Menschen vorauszusetzen, die ihre gegenseitige Kreuzung zulässt. Sobald man hingegen in der Natur Einflusszonen von Gottheiten oder stiftende Verträge (Lukrez) annimmt und sobald man eine auf der Zeugung beruhende Klassifizierung der Arten entwirft und die Bedingungen und Umstände

[3] Scipion Dupleix, *Corps de Philosophie: La Physique ou Science des choses naturelles* [1607], Buch VII, Kap. 22 „Des monstres" (Genf 1636).

[4] In der etymologischen Rückführung auf lat. *‚discretio'* wird neben der heute gängigen Bedeutung von Zurückhaltung und Verschwiegenheit vor allem der Bezug auf Absonderung und Unterscheidung betont [A.d.Ü].

der Befruchtung beobachtet (Aristoteles), bestimmt man die Natur durch Möglichkeiten wie durch Unmöglichkeiten. Wenn man die Existenz der zoomorphen Monstrosität annimmt, muss sie als Folge eines vorsätzlichen Verstoßes gegen die Ordnung der Dinge verstanden werden, die nichts anderes als ihre Vollendung darstellt, als Folge einer Hingabe an die schwindelerregende Faszination des Unbestimmten, des Chaos und des Antikosmos. Die Verbindung von Teratologie und Dämonologie im Mittelalter erscheint also als Folge eines anhaltenden Dualismus in der christlichen Theologie, worauf Ernest Martin in seiner *Histoire des monstres* hingewiesen hat.[5] Zu dieser Frage gibt es reichlich Literatur. Wir beziehen uns hier nur in dem Maße auf sie, wie sie uns zu verstehen erlaubt, dass der anfänglich juridische Begriff des Monströsen zunehmend zu einer Kategorie der Einbildungskraft wurde. Es handelt sich im Grunde um eine Verlagerung der Verantwortlichkeit. Die Theologen, Richter und Philosophen, die die Möglichkeit eines direkten Verkehrs der Frauen mit einem Dämon (*Incubus* und *Succubus*) nicht zulassen wollten, haben ohne Zögern eingeräumt, dass der Anblick einer dämonischen Erscheinung Einfluss auf die Entwicklung eines menschlichen Embryos haben könnte. Die damals noch lebendige volkstümliche Theorie der Gelüste wird von Hippokrates in der Abhandlung *Über die Überschwängerung* dargelegt. Von diesem Für-

[5] Vgl. Ernest Martin, *Histoire des monstres depuis l'Antiquité jusqu'à nos jours* (Paris: Reinwald 1880), S. 69.

sten der Medizin berichtet man, er habe die Theorie zur Entlastung einer adligen Athenerin verwandt, indem er behauptete, für die Erklärung der Erscheinung ihres Kindes würde im Grunde der Hinweis genügen, dass sie das Porträt eines Äthiopiers betrachtet habe. Kurz gesagt war der Einbildungskraft, lange bevor sie Pascal als Gebieterin über Irrtümer und Falschheiten anprangerte,[6] die physische Macht zugesprochen worden, die gewöhnlichen Vorgänge der Natur zu verfälschen. Ambroise Paré zählt die Macht der Einbildungskraft zu den Ursachen der Monstrosität.[7] Nicolas Malebranche schlägt dafür eine streng physiologische Erklärung nach den Prinzipien des kartesianischen Mechanismus vor. Die Einbildungskraft ist hier nur eine physische Nachahmungsfunktion, der zufolge die von einer Mutter wahrgenommenen Dinge eine „Nachwirkung" [*contrecoup*] auf das im Entstehen begriffene Kind haben.[8] Malebranche nimmt nun wie Hippokrates an, dass die Wahrnehmung eines Simulakrums die gleichen Wirkungen nach sich zieht wie die Wahrnehmung des Gegenstands. Er beteuert, dass die Leidenschaften, das Verlangen und eine entfesselte Einbildungskraft ähnliche Auswirkungen haben. In rationalisierter, sprich abgeschwächter Form finden wir hier durchaus das

[6] Vgl. Blaise Pascal, „Einbildung", in: ders., *Gedanken*, Fragment 44/82, übers. v. Ulrich Kunzmann (Stuttgart: Reclam 1987), S. 47–53.

[7] Vgl. Ambroise Paré, *Des Monstres et Prodiges* [1573].

[8] Nicolas Malebranche, *Recherche de la vérité*, 2. Buch, 1. Teil, 7. Hauptstück. In der deutschen Übersetzung von Artur Buchenau wird *contrecoup* mit „Mitempfindung" übersetzt. Vgl. Nicolas Malebranche, *Von der Erforschung der Wahrheit* (München: Müller 1920), S. 201 [A.d.Ü.].

Monströse am Ursprung der Monstrositäten. Für Malebranche, Anhänger der Präformation und der Einschachtelung der Keime, liegt der Vorteil dieser Theorie darin, dass sie Gott von dem Vorwurf freispricht, im Anfang auch monströse Keime erschaffen zu haben. Man könnte einwenden, dass eine solche Theorie vielleicht im Fall der menschlichen Monstrosität passe, dass sie jedoch nicht verallgemeinert werden könne. Nun ist sie aber verallgemeinert worden. Johann Theodor Eller (1689–1760), Direktor der Königlich-Preußischen Akademie der Wissenschaften, veröffentlicht 1756 in einer Schriftenreihe der Akademie eine Abhandlung, die den Tieren aufgrund der Wirkung der Einbildungskraft die Fähigkeit zuerkennt, eine beträchtliche Monstrosität zu erzeugen. Eller beschreibt einen von ihm selbst beobachteten Hund, der mit einem Kopf zur Welt gebracht wurde, der „dem Truthahnskopfe nicht sehr unähnlich sah". In der Schwangerschaft pflegte die Mutter im Hühnerhof herumzulaufen, aus dem sie von einem jähzornigen Truthahn mit Schnabelhieben verjagt wurde. Daraufhin kann Eller schreiben: „Die Frauen dürfen sich also nicht rühmen, daß sie allein den Vorzug hätten, durch die Stärke ihrer Einbildungskraft Mißgeburten zu machen; durch den vorigen Bericht sind wir überzeuget, daß die Thiere eben dieses bewirken können."[9]

[9] Johann Theodor Eller, „Betrachtungen über die Einbildungskraft schwangrer Frauen auf den Fötus, bey Gelegenheit eines ungestalten Hundes", in: *Physikalisch-Chymisch-Medicinische Abhandlungen*, übers. v. Carl Abraham Gerhard (Berlin u.a. 1764), S. 283f.

Wir haben gesehen, dass der Einbildungskraft die Fähigkeit zugesprochen wurde, den im Entstehen begriffenen Lebewesen die Züge eines wahrgenommenen Gegenstands, eines Bildnisses, eines Simulakrums oder die unbeständigen Umrisse eines Verlangens, das heißt im Grunde eines Traumes einzuprägen. Wie könnte man angesichts der Tatsache, dass man der Einbildungskraft im 17. und 18. Jahrhundert – und zwar mit der Absicht einer rationalen Erklärung – so viel Wert beimisst, über die Vertrautheit erstaunt sein, in der die Menschen damals mit derart vielen Monstren gelebt haben, deren Geschichte und Legende sie miteinander vermengten? Genauso wenig kann ihre Sorglosigkeit hinsichtlich der Trennung von Realität und Fiktion erstaunen, denn sie waren zugleich bereit zu glauben, dass die Monster existieren, weil man sie sich vorstellt, und dass man sie sich vorstellt, weil sie existieren, dass also die Fiktion die Realität formt und dass die Realität die Fiktion beglaubigt.

Die Teratologie des Mittelalters und der Renaissance ist weniger eine Verzeichnung der Monstrositäten als vielmehr eine Verherrlichung des Monströsen. Sie ist eine Anhäufung von Legendenthemen und Figurenschemata, in denen die Tierformen Organe austauschen und deren Kombinationen variieren und in denen die Werkzeuge und Maschinen selbst wie Organe behandelt werden, die mit lebendigen Teilen verknüpft sind. Die Gryllen von Hieronymus Bosch kennen keine Abgrenzung zwischen den Organismen und den Geräten, keine Grenze zwischen dem Monströsen und dem Absurden. Die jüngsten Werke von

Jurgis Baltrušaitis, *Le Moyen Âge fantastique* und *Réveils et prodiges*,[10] liefern einen entscheidenden Beitrag zu unserer Kenntnis der Ursprünge und der Bedeutung des Monströsen. Die Monster sind die immer wiederkehrenden Motive der Flachreliefs von Kathedralen, der Miniaturmalereien von Apokalypsen, der Bestiarien und Kosmographien, der ergötzlichen Kupferstiche [*estampes drôlatiques*], der Augurensammlungen und Zukunftsauslegungen. Dieselben Schemata der Monster, dieselben zusammengewürfelten Wesen sind bald symbolisch, bald dokumentarisch und bald didaktisch. Die verschiedenen Länder Europas verbreiten sie, tauschen sie aus und stellen sie einander gegenüber. Flandern und die Schweiz, Antwerpen und Basel sind deren prächtig blühende Heimstätten. Die ersten teratologischen Werke mit ätiologischer Absicht von Chirurgen oder Ärzten wie Paré oder Fortunio Liceti unterscheiden sich kaum von den Prodigienchroniken von Julius Obsequens (4. Jahrhundert) und Conrad Lycosthenes (1557). Ihre Ikonographie stellt die Monstrosität und das Monströse nebeneinander: das Kind mit zwei Köpfen, das Kind mit Fell und das Kind mit zervikalem Rattenschwanz, die Frau mit Piebaldismus und das Mädchen mit Eselsbeinen, das Schwein mit Menschenkopf und das siebenköpfige Rindvieh (gleich dem Vieh aus der Apokalypse) – neben vielen anderen. Doch der Moment scheint gekommen, in dem das rationale Denken über die

10 Vgl. Jurgis Baltrušaitis, *Das phantastische Mittelalter: antike und exotische Elemente der Kunst der Gotik*, übers. v. Peter Hahlbrock (Frankfurt/M.: Propyläen 1985); ders., *Réveils et Prodiges. Le gothique fantastique* (Paris: Colin 1960).

Monstrosität triumphieren wird, so wie sich die Einbildungskraft in dem Glauben gefallen hatte, dass die Helden und Heiligen über die Monster triumphieren würden.

„Zu einem rechten Ungeheuer gehört das Gehirn eines Kindes", hat Paul Valéry gesagt, der die Rolle der gemalten, besungenen, geschnitzten oder in Stein gehauenen Monster in den Künsten sowie den Anblick der bizarren und verschrobenen Konstellationen lächerlich findet, den uns die paläontologischen Tiersammlungen darbieten.[11] Die Worte Valérys bringen die rationalistische Haltung gegenüber dem Monströsen im Zeitalter der positiven Teratologie auf den Punkt. Wenn die Monstrosität ein biologischer Begriff geworden ist, wenn die Monstrositäten nach Maßgabe konstanter Merkmale klassifiziert werden, wenn man sich brüstet, sie experimentell hervorrufen zu können, dann wird das Monster naturalisiert, das Unregelmäßige auf eine Regel zurückgeführt und das Wunder voraussagbar. Es wird dann zur Selbstverständlichkeit, dass der wissenschaftliche Geist den früheren Glauben an so viele monströse Tiere selbst monströs findet. Im Zeitalter der Fabeln deutete die Monstrosität auf die monströse Macht der Einbildungskraft. Im Zeitalter der Experimente wird das Monströse als Symptom von Kindlichkeit oder Geisteskrankheit angesehen, es verweist auf den Schwachsinn oder auf das Versagen der Vernunft. Mit Goya

[11] Paul Valéry, „Zu ‚Adonis' von La Fontaine", übers. v. Eva Rechel-Mertens, in: ders., *Werke*, Bd. 3 (Frankfurt/M.: Insel 1989), S. 68.

wiederholt man: „Der Schlaf der Vernunft gebiert Ungeheuer", ohne sich hinreichend zu fragen, ob man unter „gebiert" das Erzeugen oder aber das Entbinden von Monstern verstehen muss, anders gesagt, ob der Schlaf der Vernunft Monster nicht eher freisetzt als erzeugt. Die gleiche historische Epoche, die nach Michel Foucault den Wahnsinn naturalisiert hat,[12] naturalisiert auch die Monster. Das Mittelalter, das seinen Namen nicht trägt, weil es zwischen den Extremen vermittelt hätte, ist das Zeitalter, in dem man die Verrückten gemeinsam mit den Gesunden und die Monster gemeinsam mit den Normalen leben sieht. Im 19. Jahrhundert ist der Wahnsinnige im Irrenhaus, wo er die Vernunft lehrt, und das Monster im Glasbehälter des Embryologen, wo es die *Norm* lehrt.

Das 18. Jahrhundert war für die Monster nicht sehr hart. Auch wenn dessen Aufklärung [*ses lumières*] viele von ihnen wie auch viele Hexen verjagt hat – „lasst uns gehen, wenn der Tag anbricht", sagen die Hexen in einem von Goyas *Caprichos* –, hielt es doch an der Paradoxie fest, in den von der Norm abweichenden Organismen Umwege zum Verständnis der regulären Phänomene der Organisation zu suchen. Die Monster konnten jene entscheidenden Experimente ersetzen, dank derer zwischen den beiden Systemen der Zeugung und der Entwicklung von Pflanzen und Tieren unterschieden werden konnte: den Systemen der Prä-

[12] Vgl. Michel Foucault, *Wahnsinn und Gesellschaft: Eine Geschichte des Wahns im Zeitalter der Vernunft*, übers. v. Ulrich Köppen (Frankfurt/M.: Suhrkamp 1969).

formation und der Epigenese. Man hatte sie auch verwendet, um der Theorie der kontinuierlichen Stufenleiter der Wesen das Argument der Übergangsformen (oder, wie Leibniz sagt, der mittleren Arten) zu liefern. Weil die Monster auf spezifische Weise zweideutig erscheinen, ermöglichen sie den Übergang von einer Art zu einer anderen. Ihre Existenz erleichtert dem Geist die Konzeption der Kontinuität. *Natura non facit saltus, non datur hiatus formarum*: Darum existieren Monster, allerdings nur zu Vergleichszwecken. Benoît de Maillet und Jean-Baptiste Robinet tun das Nötige, um, ohne sie erfinden zu müssen, all jene Monster heraufzubeschwören, derer sie bedürfen, und lassen all die Fisch-Vögel, all die Meeresmenschen und all die Sirenen aus den Bestiarien der Renaissance wieder auferstehen. Dies geschieht im Übrigen innerhalb eines Zusammenhangs und mit einer Absicht, die an den Geist der Renaissance erinnern. Es geht um eine Revolte gegen die von der mechanistischen Physik und Philosophie der Natur auferlegte strenge Gesetzmäßigkeit, um eine nostalgische Rückwendung zur Unbestimmtheit der Formen, zum Panpsychismus und zur Pansexualität. Die Monster sind aufgerufen, eine intuitive Sicht des Lebens zu legitimieren, in der die Ordnung hinter der Fruchtbarkeit verschwindet. Der *Telliamed* (1748) ist eine orientalische Mythologie, die wiedererweckt wurde, um für die Antitheologie in Dienst genommen zu werden.[13] Und in den *Considé-*

[13] Vgl. Benoît de Maillet, *Telliamed, entretiens d'un philosophe indien avec un missionnaire français* (Amsterdam: L'Honoré et Fils 1748).

rations philosophiques de la gradation naturelle des formes de l'être (1768) liest man: „Lasst uns daran glauben, dass die dem Anschein nach bizarrsten Formen [...] dem Übergang zu benachbarten Formen dienen; dass sie die Kombinationen, die ihnen folgen, vorbereiten und herbeiführen, so wie sie von denen, die ihnen vorhergehen, herbeigeführt werden; dass sie, weit davon entfernt, die Ordnung der Dinge zu stören, zu dieser beitragen."[14] Die gleichen Thesen und ähnliche Argumente werden in Denis Diderots *D'Alemberts Traum* und in seinem *Brief über die Blinden zum Gebrauch für die Sehenden* wiederaufgenommen.[15] Indem er in seinem *Brief* Saunderson, den blindgeborenen Lehrer für physikalische Optik, dessen Lehre er anlässlich seines Besuchs der Blindgeborenen von Puisaux vorträgt, als Monster bezeichnet, will Diderot seine Methode des systematischen Gebrauchs der Monstrosität für die Analyse wie auch für die Zersetzung von Ideen und Idealen auf dem Gebiet der Entstehungslehre vorführen. Zusammenfassend lässt sich sagen, dass das 18. Jahrhundert das Monster nicht nur zu einem Gegenstand, sondern zu einem Werkzeug der Wissenschaft gemacht hat, sei es der Embryologie, der Systematik oder der Physiologie.

Die wissenschaftliche Erklärung der Monstrosität und die damit einhergehende Reduktion des Mons-

[14] Jean-Baptiste René Robinet, *Considérations philosophiques de la gradation naturelle des formes de l'être, ou les Essais de la Nature qui apprend à faire l'homme* (Paris: Saillant 1768).

[15] Beide in: Denis Diderot, *Philosophische Schriften*, übers. u. hg. v. Theodor Lücke (Berlin: Aufbau 1961).

trösen hat erst im 19. Jahrhundert wirklich Gestalt angenommen. Die Teratologie wird aus dem Zusammentreffen der vergleichenden Anatomie und der durch die Übernahme der Epigenesistheorie erneuerten Embryologie geboren. Wie bereits von Caspar Friedrich Wolff nahegelegt wurde,[16] erklärt Johann Friedrich Meckel der Jüngere bestimmte einfache Monstrositäten durch Bildungshemmungen, insbesondere die damals so genannten Missbildungen durch Nichtanlage. Étienne Geoffroy Saint-Hilaire ersetzt den Begriff der Hemmung durch den der Verzögerung. Die Monstrosität ist das Anhalten der Entwicklung eines Organs in einem Stadium, über das die anderen hinausgegangen sind. Es ist der Fortbestand einer embryonalen Übergangsform. Für einen Organismus einer gegebenen Art ist die Monstrosität von heute der Normalzustand von vorgestern. Und in den Vergleichsreihen der Arten kann es vorkommen, dass die monströse Form der einen Art für irgendeine andere Art die normale Form ist. In seiner *Histoire des anomalies de l'organisation* (1832–1837) gelingt Isidore Geoffroy Saint-Hilaire, dem Sohn von Étienne, die (an einigen Stellen definitive) Domestizierung der Monstrositäten: Er reiht sie unter die Anomalien ein, klassifiziert sie nach den Regeln der natürlichen Methode und wendet eine noch geltende methodische Nomenklatur auf sie an, aber vor allem naturalisiert er das zusammengesetzte Monster, also dasjenige, in dem

[16] Vgl. Caspar Friedrich Wolff, „Descriptio vituli biciptis cui accedit commentatio de ortu monstrorum", in: *Novi Commentarii Acad. Sc. Imp. Petropol.*, Bd XVII (Petersburg 1772), S. 542–578.

die vollständigen oder unvollständigen Teile von zwei oder mehreren Organismen vereint zu finden sind. Zuvor hatte man solche Monster-Komposita für die Monster der Monster gehalten, weil man sie an der Norm eines einzigen Individuums maß. Bezieht man aber das zusammengesetzte Monster auf zwei oder mehrere Individuen, ist dieser Typus der Monstrosität nicht monströser als der Typus der einfachen Monstrosität. Isidore Geoffroy Saint-Hilaires Überlegungen zur Existenz der Anomalien sind sehr stichhaltig. Eine Formulierung bringt seine Überlegungen folgendermaßen auf den Punkt: „Es gibt keine Ausnahmen von den Naturgesetzen, es gibt nur Ausnahmen von den Gesetzen der Naturforscher".[17] Letztlich ist es von großem Interesse, die Begriffe der Anomalie und der Varietät zueinander ins Verhältnis zu setzen, und dies wird gegen Ende des Jahrhunderts im Kontext der Evolutionstheorien erst recht wichtig erscheinen.

Die Teratologie, die aus Beschreibungen, Definitionen und Klassifikationen besteht, ist seither durchaus eine Naturwissenschaft. Doch in einem Jahrhundert, das kaum zwei Jahre älter ist als der Ausdruck und der Begriff *Biologie*, tendiert alle Naturgeschichte dazu, eine experimentelle Wissenschaft zu werden. Und die Teratogenie, die experimentelle Erforschung der Bedingungen zur künstlichen Erzeugung der Monstrositäten, wird von Camille Dareste (1822–1899) in der Mitte des Jahrhunderts begründet. Der Künst-

[17] Isidore Geoffroy Saint-Hilaire, *Histoire générale et particulière des anomalies de l'organisation chez l'homme et les animaux*, Bd. 1 (Paris: J.-B. Baillière 1832ff.), S. 31.

ler des Mittelalters brachte imaginäre Monster hervor. Der Wissenschaftler des 19. Jahrhunderts behauptet, wirkliche Monster zu erzeugen. Dem Vorbild von Marcelin Berthelot folgend, der hinsichtlich der Chemie sagt, sie müsse ihren Gegenstand selbst erschaffen, verkündet Dareste dasselbe für die Teratogenie. Er hält sich zugute, am Hühnerembryo die Mehrzahl der einfachen Monstrositäten nach der Klassifikation von Isidore Geoffroy Saint-Hilaire erfolgreich hergestellt zu haben, und hofft, dass es ihm gelingen werde, erbliche Varietäten zu erzeugen. Durch Darwins Wertschätzung seiner „für die Zukunft sehr vielversprechenden" Experimente ermutigt, nimmt sich Dareste vor, die Mittel des Experimentierens zur Erhellung des Ursprungs der Arten anzuwenden.[18]

Seither scheint die Monstrosität das Geheimnis ihrer Ursachen und ihrer Gesetze preisgegeben zu haben; und die Anomalie scheint dazu berufen, die Erklärung für die Herausbildung des Normalen zu liefern, und zwar nicht deswegen, weil das Normale nur eine abgeschwächte Form des Pathologischen wäre, sondern weil das Pathologische einem verhinderten oder devianten Normalen entspricht. Nehmt das Hindernis weg, und ihr erhaltet die Norm. Die Transparenz der Monstrosität für das wissenschaftliche Denken schneidet sie nunmehr von jeglicher Beziehung zum Monströsen ab. Systematisch verurteilt der Rationa-

[18] Camille Dareste, *Recherches sur la production artificielle des monstruosités* (Paris: Reinwald 1877), S. 44.

lismus das Monströse dazu, in der Kunst nur die Blaupause der Monstrosität zu sein. In einer Epoche, in der Gustave Courbet murrt: „Wenn Sie wollen, dass ich Göttinnen male, zeigen Sie mir doch welche“, muss man Japaner sein, um noch Drachen zu malen. Wenn das Monströse in Europa fortbesteht, wird es brav und seicht. Jean Auguste Dominique Ingres muss erst auf *Der Rasende Roland* von Ludovico Ariosto und das Thema der Befreiung Angelikas durch Roger kommen, um Anlass zu haben, ein Monster zu malen. Dieses Bild lässt zunächst die Gebrüder Goncourt sagen, die Kunst der Franzosen kenne keine anderen Monster als das aus dem Bericht des Theramenes,[19] und ruft später den Spott Valérys hervor. Parallel dazu bemüht sich die positivistische Anthropologie, die religiösen Mythen und ihre künstlerische Darstellung herabzusetzen. 1878 versucht Joseph Marie Jules Parrot, den Mitgliedern der *Société d'Anthropologie* zu beweisen, dass der von den Ägyptern verehrte Zwerggott Ptah die Merkmale eines achondroplastischen Monsters aufwies.

Wir würden gern zeigen, wie das Monströse schon seit jener Zeit in der Poesie Zuflucht gesucht hat, und mit Vergnügen würden wir der Schwefelspur folgen, die von Baudelaire ausgeht, um über Rimbaud und Lautréamont zu den Surrealisten zu führen. Doch wie soll man der Versuchung widerstehen, das Monströse gerade im Herzen des wissenschaftlichen Universums

[19] Gemeint ist der Botenbericht des Theramenes über Hippolyts Tod aus Racines *Phädra*, V. Aufzug [A.d.Ü.].

wiederzufinden, aus dem es vorgeblich vertrieben worden war, und den Biologen selbst beim Vergehen des Surrealismus *in flagranti* zu ertappen? Haben wir nicht gehört, wie Dareste der Teratologie das Verdienst zugeschrieben hat, ihren eigenen Gegenstand zu erschaffen? Haben wir nicht gesehen, wie Isidore Geoffroy Saint-Hilaire und Dareste, Ersterer noch zaghaft, Letzterer mit mehr Selbstsicherheit, die beiden Fragen der Monstrosität und der Entstehung der Rassen zusammenführen? Ist die Unterwerfung des wissenschaftlichen Geistes unter die Wirklichkeit der Gesetze nicht vielleicht doch nur eine List des Willens zur Macht?

Im Jahr 1826 hatte Étienne Geoffroy Saint-Hilaire in Auteuil frühere, in Ägypten unternommene Experimente zur künstlichen Inkubation wiederaufgenommen, die die in den berühmten Hühnerbrutöfen gebräuchlichen Techniken imitierten. Die Experimente zielten auf die Bestimmung embryonaler Anomalien. Im Jahr 1829 zieht Étienne Geoffroy Saint-Hilaire seine Lehre aus seinen Untersuchungen im Zusammenhang mit der Frage, die durch Lamarcks These bezüglich der Veränderungen der spezifischen Tiertypen aufgeworfen wurde, und schreibt: „Ich versuchte, die Entwicklung des Organismus in ungewohnte Bahnen zu lenken.“[20] Gewiss untersteht diese Entscheidung, insofern sie Operationen am Vogelei vornimmt, keinem unbewussten märchenhaften Beweggrund. Würden wir dasselbe auch von René de

[20] Zitiert in Dareste, *Recherches*, a.a.O., S. 35.

Réaumur sagen, der, nachdem er lange die Liebschaften, wie er es nannte, einer Henne und eines Kaninchens dargelegt hat, seine Enttäuschung darüber äußert, dass eine so bizarre Vereinigung ihm keine „haarigen Hennen oder mit Federn versehene Kaninchen“[21] beschert habe? Was werden wir an dem Tag sagen, an dem wir erfahren werden, dass man am Menschen teratogene Experimente vorgenommen hat? Vom Kuriosen zum Anstößigen und vom Anstößigen zum Monströsen führt ein geradliniger, wenn nicht sogar kurzer Weg. Wenn die Erprobung aller Möglichkeiten mit dem Ziel, das Reale offenzulegen, in den Code des Experimentierens eingeschrieben ist, besteht das Risiko, dass die Grenze zwischen dem Experimentellen und dem Monströsen nicht auf Anhieb erkannt wird. Denn das Monströse ist eine der Möglichkeiten. Wir würden hier gern nur das imaginäre Monströse betrachten, doch wissen wir um seine Zweideutigkeit. Zwischen den Biologen, die sich ihren Gegenstand erschaffen, und den Erzeugern von menschlichen Monstern, die zu Hofnarren bestimmt sind, so wie sie Victor Hugo in *Der lachende Mann* beschrieben hat, ist der Abstand gewiß groß. Wir müssen wünschen, dass er so groß bleibt, doch können wir nicht versichern, dass er es auch wirklich bleiben wird.

Die Unwissenheit der Alten hielt die Monster für Spiele der Natur, die Wissenschaft der Zeitgenossen

[21] René-Antoine Ferchault de Réaumur, *Herrn de Réaumurs Anweisung, wie man zu jeder Jahreszeit allerley zahmes Geflügel [...] ausbrüten und aufziehen solle*, Zweiter Teil, übers. v. Johann Christoph Thenn (Augsburg: Klett 1768), S. 287.

macht sie zu Spielen der Wissenschaftler. Manche meinen, das Spiel, einäugige Hühnchen, fünfbeinige Frösche oder siamesische Molche herzustellen, würde allein in der Erwartung gespielt, zwar keine Sirenen oder Zentauren, aber doch vielleicht einen wilden Waldmenschen herzustellen. Würde man ihren Autor nicht kennen, könnte die Formel „die Entwicklung des Organismus in ungewohnte Bahnen lenken" wie die Ankündigung eines teuflischen Projekts erscheinen. In diesem Fall würden wir das Monströse am Ursprung der Monstrositäten, und zwar diesmal wirklicher Monstrositäten wiederfinden. Das, was das Mittelalter erträumt hatte, wäre vom Jahrhundert des Positivismus in dem Glauben, diesen Traum abzuschaffen, verwirklicht worden.

Wir haben soeben im Konjunktiv gesprochen, denn wenn es auch wahr ist, dass das Monströse in der experimentellen Teratologie auf seine Weise am Werk ist, so ist es doch nicht weniger sicher, dass es in seinen Wirkungen nicht qualitativ über dasjenige hinausgeht, was das Leben ohne es fertigbringt. Der heutige Teratologe ist weniger ehrgeizig und maßvoller als Étienne Geoffroy Saint-Hilaire und Dareste. In einem kürzlich gehaltenen Vortrag[22] wies Étienne Wolff darauf hin, dass sich die Eingriffe des experimentellen Teratologen auf die Störung eines Prozesses beschränken, der ohne sein Zutun begonnen hat und dessen elementare Ausgangsbedingungen er nicht kennt. Er überlässt demnach die lebendige Materie

[22] Am *Collège philosophique* in Paris (24. Januar 1962).

sich selbst, er wartet ab und lässt die Dinge auf sich zukommen. Kurz, „der Experimentator hat das Gefühl, nur ein Requisiteur zu sein", sagt Wolff.[23] Seine Macht ist eng begrenzt, und zwar zunächst dadurch, dass die Formbarkeit der ersten embryonalen Anlagen [*ébauches*] von kurzer Dauer ist, und sodann dadurch, dass die Monstrositäten nicht gegen den spezifischen Plan verstoßen können. Der heutige Biologe schafft nicht nur nichts wirklich Neues, er weiß auch warum. Er begreift besser das Verdienst der beiden Geoffroy Saint-Hilaire, die erkannt haben, dass es Typen teratologischer Organisation gibt, die von Gesetzen dieser Organisation bestimmt sind. So sind alle Zyklopen, vom Fisch bis zum Menschen, ähnlich organisiert. Die Natur, sagt wiederum Wolff, zieht immer an denselben Fäden.[24] Der Experimentator kann nicht an mehr Fäden ziehen als die Natur.

Wir sagten, das Leben sei arm an Monstern, während das Phantastische eine ganze Welt sei.

Man kann jetzt verstehen, warum das Leben verhältnismäßig arm an Monstern ist. Es liegt daran, dass die Organismen nur in einem kurzen Moment zu Beginn ihrer Entwicklung zu strukturellen Exzentrizitäten in der Lage sind. Doch warum sagten wir vom Phanta-

[23] Vgl. Étienne Wolff, „La Genèse des monstres", in: *Encyclopédie de la Pléiade*, Bd. 18 „Biologie" (Paris: Gallinard 1965).

[24] Wolff, *Science des monstres*, a.a.O., S. 17. Vgl. vom selben Autor auch die Kapitel zu Missbildung und Finalität und zur experimentellen Erzeugung der Missbildungen in ders., *Wege des Lebens*, übers. v. Baruch Poetke (Leipzig u.a.: Urania-Verlag 1971), S. 110–129.

stischen, dass es eine Welt sei, wenn es zutrifft, dass eine Welt oder ein Kosmos eine Ordnung ist? Weil es Typen – manche sagen gar Archetypen – des Phantastischen gibt? Eigentlich haben wir sagen wollen, dass das Phantastische in der Lage ist, eine Welt zu bevölkern. Das Vermögen der Phantasie ist unerschöpflich, unermüdlich. Wie sollte es auch anders sein? Die Phantasie ist eine Funktion ohne Organ. Sie gehört nicht zu jenen Funktionen, die aufhören zu funktionieren, um ihre Funktionsfähigkeit wiederzuerlangen. Sie nährt sich allein von ihrer Tätigkeit. Wie Gaston Bachelard lehrt, deformiert und reformiert die Phantasie unaufhörlich die alten Bilder, um aus ihnen neue zu formen.[25] Das Monströse wuchert demnach als Imaginäres immer weiter. Armut auf der einen, verschwenderische Fülle auf der anderen Seite: Dies ist der erste Grund dafür, die Dualität von Monstrosität und Monströsem aufrechtzuerhalten.

Der zweite Grund steht am Ursprung des ersten. Das Leben verstößt weder gegen seine Gesetze noch gegen seine Strukturpläne. Die Zufälle sind in ihm keine Ausnahmen, und es gibt nichts Monströses in den Monstrositäten. „Es gibt keine Ausnahmen in der Natur", sagt der Teratologe im positiven Zeitalter der Teratologie. Doch diese positivistische Formel, die eine Welt als ein System von Gesetzen definiert, lässt außer Acht, dass sie ihre konkrete Bedeutung aus der Beziehung zur Bedeutung einer entgegengesetzten Maxime erhält, welche von der Wissenschaft ausge-

[25] Vgl. Gaston Bachelard, *L'Air et les Songes* (Paris: Corti 1943), S. 7.

schlossen, aber von der Phantasie angewendet wird. Diese Maxime bringt den Antikosmos, das Chaos der gesetzlosen Ausnahmen hervor. Wenn diese Antiwelt vom Standpunkt derjenigen gesehen wird, die sie heimsuchen, nachdem sie die Antiwelt erschaffen haben, und die glauben, dass dort alles ausnahmsweise möglich sei, und dabei ihrerseits vergessen, dass einzig die Gesetze die Ausnahmen erlauben, handelt es sich um die imaginäre, zwielichtige und schwindelerregende Welt des Monströsen.[26]

[26] *Dieser Artikel gibt mit einigen Änderungen einen am 9. Februar 1962 am *Institut des Hautes Études de Belgique* in Brüssel gehaltenen Vortrag wieder. Er wurde in *Diogène* 40 (1962) veröffentlicht; wir danken Roger Caillois für die Erlaubnis zum Nachdruck.

ANHANG

I. ANMERKUNG ZUM ÜBERGANG VON DER FASER- ZUR ZELLTHEORIE

Im 16., 17. und 18. Jahrhundert erkennen die meisten Anatomen in der Faser den anatomischen und funktionalen Grundbaustein des Muskels wie auch des Nervs und der Sehne. Wenn zuerst die Trennung dieser bündelförmigen organischen Formationen mit dem Skalpell, dann ihre Untersuchung unter dem Mikroskop dazu beigetragen haben, die Faserstruktur zu einer Tatsache zu machen, ist der Ursprung des *Begriffs* ‚Faser' in einem Bild zu suchen, das ihre Funktionen erklären sollte.

Seit Aristoteles erklärte man die Bewegung des Tieres durch den Vergleich der Gliedmaßen mit Wurfmaschinen; Muskeln, Sehnen und Nerven ziehen an den Knochenhebeln so wie die Taue in den Katapulten. Die Muskel-, Sehnen- oder Nervenfasern entsprachen genau den Pflanzenfasern, aus denen die Seile zusammengesetzt sind. Um die Muskelkontraktion zu erklären, suchte unter anderen der Iatromechaniker Giovanni Borelli in seinem *De motu animalium* eine Analogie zur Art und Weise, wie sich nasse Taue (*funis madidus*) zusammenziehen.[1]

[1] Giovanni Alfonso Borelli, *De motu animalium* (Rom: Angeli Bernabo 1680f.).

Die Fasertheorie hat sich durch die Übertragung dieser Struktur auf den gesamten Organismus sowie auf alle tierischen und pflanzlichen Organismen herausgebildet. Sie findet Erwähnung in Descartes' Schriften (*Über den Menschen*), und wird vor allem durch Albrecht von Haller im 18. Jahrhundert popularisiert. Unabhängig von den Beobachtungen und der Terminologie von Robert Hooke wurde der Begriff der Zelle in die Fasertheorie im Sinne einer Form im geometrischen und einer Formation im morphologischen Sinne eingeführt. Einerseits ist das, was man unter Muskelzellen versteht, eine Anlage der Faser und kein absoluter Grundbaustein. Andererseits ist das, was man dann *Zellgewebe* nennen wird, ein loses und schwammartiges Gewebe, ein paradoxes Gewebe, dessen Struktur lakunär ist und dessen Funktion darin besteht, Lücken zwischen den Muskeln, zwischen den Muskeln und der Haut, zwischen den Organen und in den Hohlräumen der Knochen auszufüllen. Heute wird das als loses Bindegewebe bezeichnet.
In der Abhandlung *De motu musculorum* (1694) schreibt Johann Bernoulli, dass die Muskelfasern im rechten Winkel von parallel verlaufenden Querfasern geschnitten werden und so eine retikulare Textur bilden. Die motorischen Muskelfasern werden im Moment ihrer Dehnung, das heißt ihrer Kontraktion, in regelmäßigen Abständen von solchen Querfasern abgeschnürt, und so wird ihr Inneres (*cavum*) durch diese Art von Ligaturen in gleichförmige internodale Räume unterteilt, die mehrere Zellen oder Bläschen bilden (*quae plures cellulas vel vesiculas efformant*).

In seinen *Elementa Physiologiae* beschreibt Haller das Zellgewebe folgendermaßen:
„Das Zellgewebe ist zum Teil aus Fasern und zum Teil aus unzähligen Plättchen zusammengesetzt, die durch ihre unterschiedliche Richtung kleine Räume abtrennen, kleine Höhlungen bilden, alle Teile des menschlichen Körpers verbinden und die Funktion eines breiten und festen Bandes ausüben, ohne die Teile ihrer Beweglichkeit zu berauben.“[2]
In manchen Abhandlungen aus der gleichen Epoche werden die beiden Vorstellungen der Zelle innerhalb der Faser und des Zellgewebes miteinander verbunden, zum Beispiel im *Traité du Mouvement musculaire* von Claude Nicolas Le Cat. Bei der Beschreibung der unter dem Mikroskop untersuchten Struktur eines Muskelfaserpräparates der Ratte schreibt der Autor:
„Die Faser schien mir einem Thermometerröhrchen ähnlich, bei dem die Flüssigkeit aufgeschüttelt und abwechselnd in Blasen oder kleine Zylinder aus Flüssigkeit und aus Luft unterteilt ist. Diese abwechselnden Blasen gaben ihr überdies das Aussehen eines aufgefädelten Rosenkranzes, oder besser das der kleinen Segmente oder Knoten des Schilfrohrs; diese Segmente waren abwechselnd opak und transparent [...]. Eine halbe Stunde später verschwanden diese Knoten, weil anscheinend die Flüssigkeiten verdünsteten oder gerannen, und das Schilfrohr schien mir einen gleichförmigen Hohlraum zu haben, der mit

[2] Albrecht von Haller, *Anfangsgründe der Phisiologie des menschlichen Körpers*, übers. v. Johann Samuel Haller (Berlin: C. F. Voss 1759).

einem retikularen oder zellulären oder medullären Gewebe gefüllt war, das mir an bestimmten Stellen aus mehreren aneinander geschmiegten, in der Art von Kettengliedern miteinander verflochtenen Zellen oder Säcken zusammengesetzt schien."[3] Daraus ergibt sich die Kurzfassung: „Die Muskelfaser ist ein Kanal, dessen Wände aus unendlich vielen miteinander verbundenen Fäden aufgebaut sind und dessen Hohlraum in eine große Anzahl rautenförmiger oder sich dieser Gestalt annähernder Zellen unterteilt ist."[4] Alles in allem sieht man, wie eine spekulative Deutung der quergestreiften Gestalt der Muskelfaser die Anhänger der Fasertheorie nach und nach dazu veranlasst hat, sich einer Terminologie so zu bedienen, dass die Ersetzung einer morphologischen Einheit durch eine andere – obgleich sie doch eine wahrhafte intellektuelle Wende erforderte – dadurch erleichtert wurde, dass sie ihr Vokabular – Bläschen, Zelle – zu einem großen Teil schon vorfand. Der Begriff des Schlauches [*utricule*], der ebenfalls verwendet wurde, um, speziell in der Botanik, die Lücken des Zellgewebes zu bezeichnen, scheint von Marcello Malpighi eingeführt worden zu sein.[5]

[3] Claude Nicolas Le Cat, *Traité de l'existence, de la nature et des propriétés du fluide des nerfs et principalement de son action dans le mouvement musculaire* (Berlin 1765), S. 74.
[4] Vgl. ebd., S. 99.
[5] *Vgl. den Artikel von Mirko Dražen Grmek, „La Notion de fibre vivante chez les médecins de l'école iatrophysique", in: *Clio Medica* 5 (1970), Nr. 4.

II. ANMERKUNG ÜBER DIE ZUSAMMENHÄNGE ZWISCHEN DER ZELLTHEORIE UND DER PHILOSOPHIE VON LEIBNIZ

Es ist nachweisbar, dass am Ende des 18. und in der ersten Hälfte des 19. Jahrhunderts der Begriff *Monade* häufig verwendet wird, um das mutmaßliche Grundelement des Organismus zu bezeichnen.[1]

In Frankreich verwendet Jean-Baptiste de Lamarck diesen Begriff, um den Organismus zu bezeichnen, der damals für den einfachsten und am wenigsten vollkommenen gehalten wurde, das Infusorium. Zum Beispiel: „[...] die einfachste tierische Organisierung [...] die Monade, die sozusagen nur ein *beseelter Punkt* ist."[2] Oder: „Die Monade [...] ist das unvollkommenste und einfachste bekannte Tier".[3] Diese Bedeutung ist noch in Littrés *Dictionnaire de la Langue française* verzeichnet: „Gattung mikroskopischer Tierchen". Wenn Auguste Comte, so hatten wir gesehen, die Zelltheorie und den Begriff der Zelle kritisiert, tut er dies in

[1] *Johannes Müller, *Handbuch der Physiologie*, Bd. 2 (Koblenz: Hölscher 1840), S. 554f.: „Urtheilchen der organischen Körper, Monaden im Sinne der Physiologen".

[2] Jean-Baptiste de Lamarck, „Discours d'ouverture (21. Floreal, Jahr VIII [1800])", in: ders., *Système des animaux sans vertèbres* (Paris: Lamarck u. Deterville 1801).

[3] Jean-Baptiste de Lamarck, *Zoologische Philosophie*, Teil 1, übers. v. Arnold Lang, bearb. v. Susi Koref-Santibañez (Leipzig: Akademische Verlagsges. Geest & Portig 1990), S. 214.

der 41. Vorlesung des *Cours de Philosophie positive* unter der Bezeichnung der „organischen Monade".[4] 1868 rückt Gobineau Zelle und Monade in verwandtschaftliche Nähe.
In Deutschland wird, wie Dietrich Mahnke in seinem Werk *Unendliche Sphäre und Allmittelpunkt* gezeigt hat,[5] das Bild der Monade mit seiner untrennbar geometrischen wie mystischen Bedeutung durch Lorenz Oken, Freund und Schüler Schellings in Jena, in die biologischen Spekulationen eingeführt. Es handelt sich hier um einen echten biologischen Pythagorismus. Die Grundelemente und die Prinzipien jedes Organismus werden ohne nähere Unterscheidung *Urbläschen*, Zellen*, Kugeln*, Sphären*, organische Punkte** genannt. Sie sind die biologischen Entsprechungen dessen, was in der kosmischen Ordnung der Punkt (maximale Intensität der Sphäre) und die Sphäre (maximale Ausdehnung des Punktes) sind. Zwischen Oken und den ersten Begründern der empirisch begründeten Zelltheorie, Matthias Jakob Schleiden und Theodor Schwann, finden sich alle möglichen Schattierungen von Unterwürfigkeit und Abhängigkeit gegenüber der im *Lehrbuch der Naturphilosophie* (1809–1811) dargelegten biologischen Monadologie. Wenn der große Botaniker Karl Nägeli (1817–1891), den die Begeisterung für Oken von der Medizin zur Biologie brachte, unter dem Einfluss des Darwinismus auch zu einem entschiedenen Materialisten wurde,

4 Auguste Comte, *Die Positive Philosophie*, Bd. 1, im Auszuge von Jules Rig, übers. v. J. H. v. Kirchmann (Leipzig: Verlag der Dürr'schen Buchhandlung 1883), S. 412.
5 Mahnke, *Unendliche Sphäre und Allmittelpunkt*, a.a.O., S. 12–19.

bewahrte er nichtsdestoweniger stets eine gewisse Treue zu den Ideen seiner Jugend, deren Spur sich in seiner Theorie der *Mizellen* (unsichtbare lebende Einheiten, die das Protoplasma bilden) findet; einer Theorie, die gewissermaßen die Zelltheorie in zweiter Potenz darstellt. Romantischer und metaphysischer veranlagt, hat sich der außergewöhnliche Maler, Arzt und Naturforscher Carl Gustav Carus (1789–1869) fast buchstäblich an die Ideen Okens gehalten. Die Vorstellung von organischer Ganzheit beherrscht seine Philosophie und seine Psychologie; die ursprüngliche universale Form ist die Sphäre, und die grundlegende biologische Sphäre ist die Zelle. In seinem Werk *Psyche* (1846) sind die Begriffe *Urzellen** und *organische Monaden** strikt gleichbedeutend.

Es steht außer Frage, dass die Naturphilosophen ihre monadologische Konzeption des Lebens Leibniz verdanken, vermittelt durch Schelling, Fichte, Baader und Novalis.[6]

In Frankreich hat im 18. Jahrhundert die Philosophie von Leibniz vor allem durch Maupertuis die Spekulationen bezüglich der Entstehung und der Struktur der Lebewesen informiert und orientiert.[7] In seinem *Essai sur la formation des êtres organisés* (1754) präsentiert Maupertuis noch deutlicher als in der *Vénus physique* (1745) seine Theorie der Entstehung der Organismen durch die Vereinigung elementarer Moleküle,

6 Ebd., S. 16.

7 *Zu Leibniz' diffusem, eher indirektem als direktem Einfluss auf Diderot vgl. Yvon Belaval, „Note sur Diderot et Leibniz“, in: *Revue des Sciences humaines* (1963), S. 435–451.

die aus allen Teilen des elterlichen Körpers stammen und in den männlichen wie den weiblichen Samen enthalten sind. Diese Vereinigung ist kein einfacher mechanischer Vorgang, nicht einmal ein Vorgang, der einfach auf die Newton'sche Anziehungskraft zurückführbar wäre. Maupertuis zögert nicht, sich auf einen jedem Teilchen innewohnenden Instinkt (*Vénus physique*) und sogar auf „ein gewisses verständiges Prinzip [*principe d'intelligence*], etwas, das dem ähnelt, was wir Verlangen, Abneigung, Gedächtnis nennen" zu berufen.[8] So kann Paul Hazard bezüglich der Entwicklung von Maupertuis' Ideen zusammenfassend schreiben: „Täuschen wir uns nicht: das, was hier erscheint, ist die Monade."[9] Wir haben gesehen, welchen Einfluss Maupertuis auf Buffon und insbesondere auf die Ausarbeitung der Theorie der organischen Moleküle hatte.[10]

[8] Pierre Louis Moreau de Maupertuis, *Versuch von der Bildung der Körper*, § 14, übers. v. „einem Freunde der Naturlehre" (Leipzig 1761), S. 21: „[...] so müssen wir zu einer verständigen Grundursach unsere Zuflucht nehmen, und zu etwas, das dem ähnlich ist, was wir Verlangen, Haß und Gedächtnis nennen" [A.d.Ü.]

[9] Paul Hazard, *Die Herrschaft der Vernunft. Das europäische Denken im 18. Jahrhundert*, übers. v. Harriet Wegener u. Karl Linnebach (Hamburg: Hoffmann u. Campe 1949), S. 421.

[10] Vgl. Jean Rostand, *La Formation de l'être. Histoire des idées sur la génération spontanée*, Kap. IX (Paris: Hachette 1930); ders., „Esquisse d'une histoire de l'atomisme en biologie", in: *Revue d'Histoire des Sciences* 2 (1949), Nr. 3 u. 3 (1950), Nr. 2.

III. AUSZUG AUS STENOS REDE ÜBER DIE ANATOMIE DES GEHIRNS VOR DEN HERREN DER VERSAMMLUNG BEI HERRN THÉVENOT IN PARIS IM JAHRE 1665

„Was Descartes betrifft, so kannte er die Mängel der Beschreibung, die wir vom Menschen haben, nur allzu gut, um es auf sich zu nehmen, den wirklichen Bau zu erklären. Darum läßt er sich in seiner Abhandlung über den Menschen auch nicht darauf ein, sondern erklärt uns dafür eine Maschine, welche alle die Handlungen ausführt, deren die Menschen fähig sind. Einige seiner Freunde sprechen sich darüber ein wenig anders aus als er selbst. Man sieht aber aus dem Beginn seiner Arbeit, daß er es auf diese Weise auffaßte, und in diesem Sinn kann man mit Recht sagen, daß Descartes in der eben genannten Abhandlung alle andern Naturphilosophen übertrifft. Er allein hat eine mechanische Erklärung aller menschlichen Funktionen gegeben, besonders der des Gehirns. Die andern beschreiben den Menschen selbst; Descartes spricht zu uns nur von einer Maschine, welche uns jedoch das Unzureichende alles dessen zeigt, was die andern uns lehren. Er weist uns mit derselben Klarheit, mit der er uns die Teile der Maschine seines Menschen zeigt, eine Methode an, nach der Funktion der anderen Teile des menschlichen Körpers zu forschen, was keiner vor ihm getan hat.

Man darf deshalb Descartes nicht zur Last rechnen, wenn sein System vom Gehirn nicht ganz mit der Erfahrung übereinstimmt. Seine glänzende Begabung, die sich besonders in seiner Abhandlung vom Menschen zeigt, wiegt die Fehler seiner Hypothesen auf. Wir sehen ja, daß sehr tüchtige Anatomen, wie Vesalius und andere, solche Fehler nicht vermeiden konnten.

Wenn diese großen Männer, die den besten Teil ihres Lebens mit dem Sezieren verbracht haben, Verzeihung für die von ihnen begangenen Fehler erlangt haben, warum sollte man da weniger duldsam gegen Descartes sein, der seine Zeit mit ausgezeichnetem Erfolg auf andere Forschungen verwendet hat? Die Ehrfurcht, die ich und wir alle, wie ich meine, Geistern von seinem Rang schulden, würde mich abgehalten haben, von den Mängeln in dieser Abhandlung zu sprechen, und ich wäre wie einige andere damit zufrieden gewesen, sie als eine Beschreibung einer schönen und durchwegs von ihm erfundenen Maschine zu bewundern, wenn ich nicht viele Menschen getroffen hätte, die sie ganz anders auffassen und sie als einen glaubwürdigen Bericht über das zutiefst Verborgene im menschlichen Körper hingenommen hätten. Da nun diese Menschen keineswegs die Waffen vor den ganz klaren Beweisen des Sylvius strecken, obwohl er ihnen oft gezeigt hat, daß die Beschreibung Descartes' mit der Sektion der Teile, die sie beschreibt, nicht übereinstimmt, muß ich Ihnen, ohne hier sein ganzes System zu behandeln, einige Stellen vorhalten, von denen ich überzeugt bin, daß man sie nur unscharf anzusehen braucht, um zu erkennen, daß ein großer Unterschied besteht zwischen der Maschine, die Descartes erdacht hat, und derjenigen, die wir bei der Dissektion des Menschen finden [...].“[1]

[1] Nicolaus Steno, „Niels Stensens Rede über die Anatomie des Gehirns“, in: *Nicolaus Steno's Lecture on the Anatomy of the Brain*, übers. v. Adolf Pilz (Kopenhagen 1965), S. 170–172.

BIBLIOGRAPHIE

Diese Bibliographie ist keine vollständige Auflistung der in den vorangehenden Studien zitierten Werke und Artikel: Sie lässt bestimmte Texte unberücksichtigt und führt andere an, die nicht ausdrücklich erwähnt worden sind. Sie will grundlegende Texte und Darstellungen vereinen, die wesentliche Fragen betreffen, um ein Literaturverzeichnis für die allgemeine Biologie anzulegen, das heute in philosophischer Absicht gebraucht werden kann.

Léo Ambard, „La Biologie“, in: *Histoire du Monde*, hg. unter der Leitung von Cavaignac, Bd. 13, Teil 5 (Paris: de Boccard 1930).

Aristoteles, *Über die Teile der Lebewesen* [*De partibus animalium*], *Werke in deutscher Übersetzung*, Bd. 17,1 = *Zoologische Schriften* 2, Teil 1), übers. v. Wolfgang Kullmann (Berlin: Akademie Verlag 2007).

Max Aron u. Pierre Grassé, *Précis de Biologie animale* (Paris: Masson 1935).

Jurgis Baltrušaitis, *Imaginäre Realitäten: Fiktion und Illusion als produktive Kraft* [1957], übers. v. Henning Ritter (Köln: DuMont 1984).

—*Réveils et prodiges. Le gothique fantastique* (Paris: Colin 1960).

Luigi Belloni, „Schemi e modelli della macchina vivente nel seicento“, in: *Physis*, Bd. V, 1963, Fasc. 3, S. 259–298.

Henri Bergson, *Schöpferische Entwicklung* [1907], übers. v. Gertrud Kantorowicz (Jena: Diederichs 1912).

—„Die Philosophie von Claude Bernard“ [1913], in: ders., *Denken und Schöpferisches Werden* [1934], übers. v. Leonore Kottje (Meisenheim: Westkulturverlag Anton Hain 1948).

Claude Bernard, *Einführung in das Studium der experimentellen Medizin* [1865], übers. v. Paul Szendrö (Leipzig: Barth 1961).

—*Principes de Médecine expérimentale*, hg. v. Dr. Léon Delhoume (Paris: Presses Universitaires de France 1947).

—*Morceaux choisies*, hg. v. Jean Rostand (Paris: Gallimard 1938).

—*Cahiers de notes 1850–1860*, hg. u. kommentiert v. Mirko Dražen Grmek (Paris: Gallimard 1965).

Ludwig von Bertalanffy, *Das biologische Weltbild* (Bern: Francke 1949).

Xavier Bichat, *Recherches physiologiques sur la vie et la mort* [1800] (Paris: Vrin 1982).

Jean Boullet, „La Galerie des monstres“, in: *Les Monstres*, Sonderausgabe der Zeitschrift *Bizarre*, Nr. 17–18, Februar 1961.

Louis Bounoure, *L'Autonomie de l'être vivant* (Paris: Presses Universitaires de France 1949).

Jean Brun, *La Main et l'esprit* (Paris: Presses Universitaires de France 1963).

Georges Louis Leclerc de Buffon, *Histoire naturelle, générale et particulière, avec la description du Cabinet du Roy* (Paris: Imprimerie Royale 1774ff.).

Frederik J. J. Buytendijk, *Psychologie des animaux*, übers. v. H. R. Bredo (Paris: Payot 1928).

Théophile Cahn, *La Vie et l'œuvre d'Étienne Geoffroy Saint-Hilaire* (Paris: Presses Universitaires de France 1962).

—„Modèles électroniques et fonctionnement de l'organisme“, in: *Revue philosophique de la France et de l'étranger*, Nr. 2 (1962), S. 187–195.
Roger Caillois, *Au Cœur du fantastique* (Paris: Gallimard 1965).
Georges Canguilhem, *Das Normale und das Pathologische* [1943], übers. v. Monika Noll u. Rolf Schubert (München: Hanser 1974).
—„Note sur la situation faite en France à la philosophie biologique“, in: *Revue de Métaphysique et de Morale*, Nr. 34, Oktober 1947.
—*Die Herausbildung des Reflexbegriffs im 17. und 18. Jahrhundert* [1955], übers. v. Henning Schmidgen (München u.a.: Fink 2008).
—„L'Homme et l'animal du point de vue psychologique selon Charles Darwin“, *Revue d'histoire des Sciences*, Bd. 13, Nr. 1, Januar–März 1960.
—„The Role of analogies and models in biological discovery“, in: *Scientific Change*, hg. von A. C. Crombie (London: Heinemann 1963).
—„La Constitution de la physiologie comme science“, in: Charles Kayser, *Physiologie*, Bd. 1 (Paris: Flammarion 1963).
Maurice Caullery, „Histoire des sciences biologiques“, in: Gabriel Hanotaux, *Histoire de la Nation française*, Bd. 15 (Paris: Plon 1924).
—*Le Problème de l'évolution* (Paris: Payot 1931).
—*Les Étapes de la biologie* (Paris: Presses Universitaires de France 1940).
—*Biologie des jumeaux* (Paris: Presses Universitaires de France 1945).
Rémy Collin, *Panorama de la biologie* (Paris: Éditions de la Revue des Jeunes 1945).
Auguste Comte, *Cours de Philosophie positive* (Paris: Schleicher 1907) [dt. *Die Positive Philosophie* [1826–42], Bd. 1, im Auszuge von Jules Rig, aus dem Französischen von J. H. v. Kirchmann (Leipzig: Verlag der Dürr'schen Buchhandlung 1883)].
Lucien Cuénot, „La Loi en biologie“, in: *Science et Loi, 5e Semaine Internationale de la Synthèse* (Paris: Alcan 1934).
—*L'Espèce* (Paris: Doin 1936).
—*Invention et finalité en biologie* (Paris: Flammarion 1941).
Lucien Cuénot u. Andrée Tétry, *L'Évolution biologique* (Paris: Masson 1951).

François Dagognet, *Philosophie biologique* (Paris: Presses Universitaires de France 1955).
—*La Raison et les remèdes* (Paris: Presses Universitaires de France 1964).
Albert M. Dalcq, *Initiation à l'embryologie générale* (Lüttich: Desoer u Paris: Masson 1952).
Christian Daremberg, *Histoire des sciences médicales*, 2 Bände (Paris: J.-B. Baillière 1870).
Charles Darwin, *Die Entstehung der Arten* [1859], in: ders., *Gesammelte Werke*, Bd. II, übers. v. J. Victor Carus (Stuttgart: Schweizerbart'sche Verlagshandlung 1899).
Jean-Baptiste Demangeon, *De l'imagination considérée dans ses effets directs sur l'homme et les animaux et dans ses effets indirects sur les produits de la gestation* (Paris: Rouen Frères u. Brüssel: Dépôt de la Librairie Médicale Française 1829).
Karl Wolfgang Deutsch, „Mechanism, Organism, and Society. Some Models in Natural and Social Science“, in: *Philosophy of Science*, Bd. 18 (1951), S. 230–252.
René Descartes, *Über den Menschen* [1664] gefolgt von *Die Beschreibung des menschlichen Körpers*, übers. v. Karl E. Rothschuh (Heidelberg: L. Schneider 1969).
André Doyon u. Lucien Liaigre, „Méthodologie comparée du biomécanisme et de la mécanique comparée“, in: *Dialectica*, Nr. 10 (1956), S. 292–353.
Hans Driesch, *Die Philosophie des Organischen* [1909] (Leipzig: Engelmann 41928)

Georges Dubois, *La Notion du cycle: introduction à l'étude de la biologie* (Neuchâtel: Éditions du Griffon 1945).

Marcel Florkin, *Naissance et déviation de la théorie cellulaire dans l'œuvre de Théodore Schwann* (Paris: Hermann 1960).
Michel Foucault, *Wahnsinn und Gesellschaft: Eine Geschichte des Wahns im Zeitalter der Vernunft* [1961], übers. v. Ulrich Köppen (Frankfurt/M.: Suhrkamp 1969).
—*Die Geburt der Klinik* [1963], übers. v. Walter Seitter (Frankfurt/M.: Fischer 1988).

Kurt Goldstein, *Der Aufbau des Organismus* (Den Haag: Nijhoff 1934).
—„Remarques sur le problème épistémologique de la biologie" [1949], in: *Congrès international de Philosophie des Sciences*, Bd. 1, „Épistémologie" (Paris: Hermann 1951). Nachdruck in Kurt Goldstein: *Selected Papers/Ausgewählte Schriften* (Den Haag: Nijhoff 1971).
Pierre Grassé, „Projet d'article sur le mot Biologie pour le vocabulaire historique", in: *Revue de Synthèse*, Nr. 19 (1940–1945).
Mirko Dražen Grmek, „Le Vieillissement et la mort", in: *Biologie*, Encyclopédie de la Pléiade Bd. 18 (Paris: Gallimard 1965).
Paul Guillaume, *La Psychologie animale* (Paris: A. Collin 1940).
Aron Gurwitsch, „Le Fonctionnement de l'organisme d'après K. Goldstein", in: *Journal de Psychologie normale et pathologique*, Nr. 36 (1939), S. 107.
—„La Science biologique d'après K. Goldstein", in: *Revue Philosophique de la France et de l'Étranger*, Nr. 129 (1940), S. 244.
Emile Guyénot, „La Vie comme invention", in: *L'Invention, 9ᵉ Semaine Internationale de la Synthèse* (Paris: Alcan 1938).
—*Les Sciences de la vie aux XVIIᵉ et XVIIIᵉ siècles* (Paris: Albin Michel 1941).
—*Les Problèmes de la vie* (Genf: Éditions du Cheval Ailé/Bourquin 1946).

Knut Hagberg, *Carl Linnaeus* [1939] übers. v. Thyra Dohrenburg (Hamburg: Goverts 1940).
John Burdon Sanderson Haldane, *The Marxist Philosophy and the sciences* (London: Allen & Unwin 1938).
John Scott Haldane, *Die Philosophie eines Biologen* [1935], übers. v. Adolf Meyer (Jena: Fischer 1936).
Heini Hediger, *Wildtiere in Gefangenschaft* (Basel: Schwabe 1942).
—*Jagdzoologie, auch für Nichtjäger* (Basel: Reinhardt 1951).

Immanuel Kant, *Kritik der Urteilskraft* (Hamburg: Meiner [7]1990).
Charles Kayser, „Les Réflexes", in: *Conférences de Physiologie médicale sur des sujets d'actualité* (Paris: Masson 1933).
—„Réflexes et comportements", in: *Bulletin de la Faculté des Lettres de Strasbourg*, Februar–März 1947.
—„Le Fait physiologique", in: *Somme de Médecine contemporaine*, Bd. 1, „La Recherche", hg. unter der Leitung v. René Leriche (Nizza: Éditions de la Diane Française 1951).
Marc Klein, *Histoire des origines de la théorie cellulaire* (Paris: Hermann 1936).
—„Sur les Débuts de la théorie cellulaire en France", in: *Thalès*, Bd. 6, Paris 1951, S. 25–36.
—„Remarques sur les méthodes de la biologie humaine", in: *Congrès international de Philosophie des Sciences*, Bd. 1, Épistémologie" (Paris: Hermann 1951).

Marc Klein u. Gaston Mayer, *Aspects méthodologiques des recherches sur les bases endocriniennes du comportement*, in: *Congrès international de Philosophie des Sciences*, Bd. 4, »Biologie« (Paris: Hermann 1951).

Jean-Baptiste de Lamarck, *Zoologische Philosophie* [1809], übers. v. Arnold Lang, bearb. v. Susi Koref-Santibañez (Leipzig: Akademische Verlagsgesellschaft Geest und Portig 1990).
—*Pages choisies*, eingeleitet u. annotiert v. Lucien Brunelle (Paris: Éditions sociales 1957).
Frank Walter Lane, *Seltsames in der Tierwelt*, übers. v. Siegfried Katzenstein (Zürich: Orell Füssli 1951).
Pierre Lecomte de Noüy, *Le Temps et la vie* (Paris: Gallimard 1936).
René Leriche, „De la Santé à la maladie" u. „La Douleur dans les maladies", in: *Encyclopédie française*, Bd. 6 (Paris: Societé de gestion de l'encyclopédie française 1936).
—*La Chirurgie de la douleur* [1937] (Paris: Masson [2]1940).
—*Physiologie et pathologie du tissu osseux* (Paris: Masson 1939).
— *Die Chirurgie im Einklang mit dem Leben* [1944], übers. v. K. Vöchting (Basel: Schwabe 1946).
—*Philosophie der Chirurgie* [1951], übers. v. Ella Ehrenwall (Zürich: : Rascher 1954).
—„Qu'est-ce que la maladie?", in: *Somme de Médecine contemporaine*, Bd. 1, „La Recherche", hg. unter der Leitung v. René Leriche (Nizza: Éditions de la Diane Française 1951).
André Leroi-Gourhan, *Hand und Wort: die Evolution von Technik, Sprache und Kunst* [1965], übers. v. Michael Bischoff (Frankfurt/M.: Suhrkamp 1980).
Jacques Loeb, *La Conception mécanique de la vie* (Paris: Alcan 1927).
Konrad Lorenz, *Les Animaux, ces inconnus*, übers. v. Ct. Jouan (Paris: Éd. de Paris 1953).
—*Darwin hat recht gesehen* (Pfullingen: Neske 1965).

Maurice Manquat, *Aristote naturaliste* (Paris: Vrin 1932).
Robert Matthey, *Dix préludes à la biologie* (Lausanne: Rouge 1945).
Everett Mendelsohn, „Physical models and physiological concepts: explanation in nineteenth-century biology", in: *The British Journal for the History of Science*, Bd. 2, Teil 3, Nr. 7 (1965).
Maurice Merleau-Ponty, *Die Struktur des Verhaltens* [1942], übers. v. Bernhard Waldenfels (Berlin u.a.: de Gruyter 1976).
Adolf Meyer-Abich, *Biologie der Goethezeit* (Stuttgart: Marquardt 1949).
Constantin von Monakow u. Raoul Mourgue, *Biologische Einführung in das Studium der Neurologie und Psychopathologie* [1928], übers. v. Erich Katzenstein (Stuttgart: Hippokrates 1930).
Hermann Joseph Muller: *Out of the night: a biologist's view of the future* (New York: Vanguard Press 1935).

Charles Nicolle, *Naissance, vie et mort des maladies infectieuses* (Paris: Alcan 1930).
Herman Nielsen, *Le Principe vital*, übers. v. ders. u. Jacques Fiszer (Paris: Hachette 1949).

Orientation des théories médicales en U.R.S.S. (Documents), Centre Culturel et Économique France-U.R.S.S., Paris 1951.

Walter Pagel, *Paracelsus. An Introduction to Philosophical Medicine in the Era of the Renaissance* (Basel u.a.: Karger 1958).
Marcel Prenant, *Biologie et Marxisme* [1936] (Paris: Hier et Aujourd'hui [2]1948).

Emanuel Rádl: *Geschichte der biologischen Theorien in der Neuzeit*, Bd. 1 (Leipzig: Engelmann [2]1913).
Walther Riese u. André Requet, *L'Idée de l'homme dans la neurologie contemporaine* (Paris: Alcan 1938).
Jacques Roger, *Les Sciences de la vie dans la pensée française du XVIIIe siècle* (Paris: Colin 1963).
Romantische Naturphilosophie, ausgewählt v. Christoph Bernoulli u. Hans Kern (Jena: Diederichs 1926).
Arturo Rosenblueth, Norbert Wiener u. Julian Bigelow, „Behavior, Purpose and Teleology", in: *Philosophy of science*, Bd. 10 (1943), S. 18–24.
Jean Rostand, *La Formation de l'être. Histoire des idées sur la génération spontanée* (Paris: Hachette 1930).
—*La Genèse de la vie: histoire des idées sur la génération spontanée* (Paris: Hachette 1943).
—*Esquisse d'une histoire de la biologie* (Paris: Gallimard 1945).
— *Les grands Courants de la biologie* (Paris: Gallimard 1951).
—*Les Origines de la biologie expérimentale et l'Abbé Spallanzani* (Paris: Fasquelle 1951).
Louis Roule, *Buffon et la description de la nature*, in: ders., *L'histoire de la nature vivante d'après l'œuvre des grands naturalistes français*, Bd. 1 (Paris: Flammarion 1924).
—*Lamarck et l'interprétation de la nature*, in: ders., *L'histoire de la nature vivante d'après l'œuvre des grands naturalistes français*, Bd. 4 (Paris: Flammarion 1924).
Raymond Ruyer. *Éléments de psychobiologie* (Paris: Presses Universitaires de France 1946).
—*Néo-finalisme* (Paris: Presses Universitaires de France 1952).
—*La Genèse des formes vivantes* (Paris: Flammarion 1958).

Max Scheler, *Die Stellung des Menschen im Kosmos*, in: ders., *Späte Schriften, Gesammelte Werke*, Bd. 9 (Bern/München: Francke 1976).
Henry E. Sigerist: *Einführung in die Medizin* (Leipzig: Thieme 1931).
Gilbert Simondon, *Du Mode d'existence des objets techniques* (Paris: Aubier 1958).
—*L'Individu et sa genèse physico-biologique* (Paris: Presses Universitaires de France 1964).
Charles Singer, *A History of Biology* [1931] (Ames: Iowa Univ. Press 1989).
Somme de Médecine contemporaine, Bd. 1, „La Recherche", hg. unter der Leitung v. René Leriche (Nizza: Éditions de la Diane Française 1951).
Jean Starobinski, „Une théorie soviétique de l'origine nerveuse des maladies", in: *Critique*, Nr. 47 (1951), Bd. 7, S. 348.

Georges Teissier, „La Description mathématique des faits biologiques", in: *Revue de Métaphysique et de Morale*, 1936, S. 55–78.
—„Le Mécanisme de l'évolution", in: *La Pensée*, Nr. 2 (1945), S. 5–19, & Nr. 3 (1945), S. 15–31.
Andrée Tétry, *Les Outils chez les êtres vivants* (Paris: Gallimard 1948).
André Tilquin, *Le Behaviorisme* (Paris: Vrin 1942).
Nikolaas Tinbergen, *Instinktlehre: Vergleichende Forschung angeborenen Verhaltens*, übers. v. Otto Koehler (Berlin/Hamburg: Parey 1952).
Jakob Johann von Uexküll, *Theoretische Biologie* (Berlin: Springer 1920).

Jakob Johann von Uexküll u. Georg Kriszat, *Streifzüge durch die Umwelten von Tieren und Menschen* (Berlin: Springer 1934).

Albert Vandel, *L'homme et l'évolution* (Paris: Gallimard 1949).
Pierre Vendryès, *Vie et probabilité* (Paris: Albin Michel 1942).

Norbert Wiener, *Kybernetik: Regelung und Nachrichtenübertragung im Lebewesen und in der Maschine* [1948], übers. v. Egbert Heinrich Serr unter Mitarbeit von E. Henze (Düsseldorf/Wien: Econ 1963).
Étienne Wolff, *Les Changements de sexe* (Paris: Gallimard 1946).
—*La Science des monstres* (Paris: Gallimard 1948).
—*Wege des Lebens* [1963], übers. v. Baruch Poetke (Leipzig/Jena/Berlin: Urania 1971).

INDEX

IMPRESSUM

Titel der Originalausgabe: *La connaissance de la vie*

Gestaltung: Christoph Stolberg
Satz: Selitsch Weig
Lektorat: Norbert Axel Richter, Berlin
Druck: Bookfactory GmbH, Stadthagen

Erschienen im
August Verlag Berlin
Imprint im Verlag der Buchhandlung Walther König, Köln
Ehrenstr. 4, 50672 Köln
Tel. +49 (0) 221 / 20 59 6-53
Fax +49 (0) 221 / 20 59 6-60
Email: august@augustverlag.de
www.augustverlag.de

Die Deutsche Nationalbibliothek verzeichnet diese Publikation in der Deutschen Nationalbibliografie; detaillierte bibliografische Daten sind über http://dnb.d-nb.de abrufbar

Printed in Germany

Vertrieb:
Buchhandlung Walther König, Köln
Ehrenstr. 4, 50672 Köln
Tel. +49 (0) 221 / 20 59 6-0
Email: verlag@buchhandlung-walther-koenig.de

ISBN 978-3-941360-00-6